- 高职高专经管类核心课教改项目成果系列规划教材
- 全国财经类高职高专院校联协会推荐教材

投资理财
——个人理财规划指南
（含实训教程）

张旺军　主　编
张启富　副主编

科学出版社
北　京

内 容 简 介

本书全面阐述了个人理财规划基础理论和实践,内容包括个人理财规划基本理论、主要理财领域各理财产品的操作实务(包括银行、证券、保险和房地产理财领域)以及家庭理财规划实务。

本书包括总论、银行产品理财、证券产品理财、保险产品理财、房地产投资、家庭理财规划,以及个人理财规划实训教程。读者可根据个人需要选用实训教程,以便检验学习效果。

作为个人理财规划普及性教程,本书适用于各高等院校为非投资理财专业学生开设个人理财公共课程和对个人理财有兴趣的读者。

图书在版编目(CIP)数据

投资理财——个人理财规划指南(含实训教程)/张旺军主编.—北京:科学出版社,2008

(高职高专经管类核心课教改项目成果系列规划教材)

ISBN 978-7-03-022418-7

Ⅰ.投… Ⅱ.张… Ⅲ.私人投资-高等学校:技术学校-教材 Ⅳ.F830.59

中国版本图书馆 CIP 数据核字(2008)第 096162 号

责任编辑:田悦红/责任校对:赵 燕
责任印制:吕春珉/封面设计:天女来

科 学 出 版 社 出版
北京东黄城根北街 16 号
邮政编码:100717
http://www.sciencep.com

三河市骏杰印刷有限公司 印刷
科学出版社发行 各地新华书店经销

*

2008 年 7 月第 一 版　开本:787×1092　1/16
2016 年 12 月第十四次印刷　印张:14
字数:329 000
定价:28.00 元(共二册)
(如有印装质量问题,我社负责调换〈骏杰〉)

销售部电话 010-62136075　编辑部电话 010-62135763-8007(VF02)

版权所有,侵权必究

举报电话:010-64030229;010-64034315;13501151303

高职高专经管类核心课教改项目成果系列规划教材编写指导委员会

主　任　周建松（浙江金融职业学院院长、教授）

副主任　申长平（山西省财政税务专科学校校长、教授）

　　　　　钱乃余（山东商业职业技术学院院长、教授）

委　员　（按姓氏笔画排序）

　　　　　王金台（河南经贸职业学院院长、教授）

　　　　　王茹芹（北京财贸职业学院院长、教授）

　　　　　王兆明（江苏经贸职业技术学院院长、教授）

　　　　　华桂宏（无锡商业职业技术学院院长、教授）

　　　　　陈德萍（广东财经职业学院院长、教授）

　　　　　陈光曙（江苏财经职业技术学院院长、教授）

　　　　　郑文海（辽宁金融职业学院院长、教授）

　　　　　骆光林（浙江商业职业技术学院院长、教授）

　　　　　耿金岭（安徽财贸职业学院院长、教授）

　　　　　高力平（四川商务职业学院院长、教授）

　　　　　郭　伟（宁夏财经职业技术学院院长、教授）

　　　　　阎　平（陕西财经职业技术学院院长、教授）

秘书长　郭福春（浙江金融职业学院教授）

序

改革开放以来，我国经济快速发展，经济总量不断增加，对从事经济活动的相关人才的需求空前高涨。社会对经济管理类人才的需求大体上可以划分为两大类。一类是从事理论研究，从宏观和微观角度研究社会经济发展和运行的总体规律，研究社会资源的最优配置及个人满足最大化等问题的学者。另一类是在各种经济领域中从事具体经济活动的职业人，是整个经济活动得以有效运行的基本元素，是在各自不同的领域发挥着使经济和各项业务活动稳定有序运行、规避风险，实现价值最大化的社会群体。从社会经济发展的实际情况来看，后一类人群应该是社会发展中需求数量最大的经济管理类人才。在上述两类人才的培养上，前者主要由普通本科以上的高等院校进行培养，后一类人才的培养工作从我国高等教育的现状来看，培养的主体主要为高等职业教育。

高等职业教育经过近年来的迅猛发展，已经占据了我国高等教育的半壁江山。特别是自 2006 年教育部、财政部启动的国家示范性高等职业院校建设工作和教育部《关于全面提高高等职业教育教学质量的若干意见》（教高［2006］16 号）文件的颁布以来，我国的高等职业教育迸发出前所未有的激情和能量，开放式办学、校企合作、工学结合、生产性实训、顶岗实习等各项改革措施深入开展，人才培养模式改革、课程改革、教材改革、双师结构教学团队的组建、模拟仿真的实验实训环境的进入课堂等项教育教学改革不断推进，使我国高等职业教育得到了长足的发展，取得了令人瞩目的成绩，充分显示出高等职业教育在我国经济发展中的举足轻重的作用和不可替代的地位。

我们依托上述大背景，同时根据技术领域和职业岗位的任职要求，以学生的职业能力培养为核心，组织了全国在相关领域资深的专家和一线的教育工作者，并与行业企业联手，共同开发了这套《高职高专经管类核心课教改项目成果系列规划教材》。这套丛书覆盖了经管类的核心课程，以职业能力为根本，以工作过程为主线，以工作项目为载体进行了教材整体设计，突出学生学习的主体地位是本系列教材的突出特点。

当然，我们也应该看到，高等职业教育的改革有一个过程，今天我们所组织出版的这套教材，仅仅是这一过程中阶段性成果的总结和推广。我们坚信。随着课程改革的不断深入，我们的这套教材也将以此为台阶，不断提升和改进，我们衷心地希望通过高质量教材的及时出版来推动教学，同时使本套教材在实际教学使用过程中不断完善和超越。

本套教材为全国财经类高职高专院校联协会和科学出版社的首次合作成果，是全国财经类高职高专院校联协会的推荐教材，适合全国各高职高专经济管理类专业使用。

周建松
2008 年 6 月 9 日

前 言

2007年,中共十七大报告中首次提出"创造条件让更多群众拥有财产性收入",意在鼓励居民个人和家庭通过动产、不动产获得收入。一时间,"财产性收入"概念深入人心。这一概念的提出为居民个人和家庭的多渠道创收提供了政策支持。同时,也对居民个人理财能力提出了更高要求。为响应中共十七大政策的号召,提高个人和家庭理财水平,我们及时组织了在理财领域有丰富经验、理论基础扎实的一线工作者和专业教师共同编写此书,目的在于使广大读者能够在最短的时间内掌握理财的基本知识和技能,在理财过程中少走弯路,为提高我国居民生活水平做出应有的贡献。

本书作为个人和家庭投资理财的普及性教材,体现出以下五方面特点:

第一,重视理财的基础理论知识。我国个人理财处于起步阶段,人们思想中还没有形成个人和家庭理财的相关概念和观念。理财大多属于盲目跟随,容易走入理财误区。本书首先从个人和家庭理财的概念和观念入手,帮助广大投资者在理财过程中明确理财目标,选择合理的理财品种,从盲目理财走向理性理财。

第二,重视理财的基本方法和策略。如何选择理财品种和进行投资价值分析,是理财实务中最重要的环节。本书通过对理财的基本方法和策略的详细讲解,为广大投资者选择理财品种提供指导。

第三,重视理财的基本操作。对于理财产品投资实际操作过程,我国大多数投资者并不完全了解,甚至不知道如何进行投资,严重影响了投资效果。本书着重在基本操作方面进行详细阐述。

第四,考虑到本书读者群的非专业特征,本书每章章首为读者设置了总体学习目标,在每节开篇处又为读者设身处地地设置了一些理财方面的问题,引导读者能够更好地理解教程内容,每章结尾处还设置了"本章小结",增强了本书的易读性。

第五,为了提高本书利用效果,更好地学习和巩固理财知识和技能,本书还配备了实训教程,通过对实训教程的学习,读者可以巩固和深化学习效果。

作为普及性教程,本书主要适用于非投资专业读者用于家庭理财指导,以及各高校为全面提高学生基本素质而为非投资专业学生开设的个人理财课程的教学。

本书根据编写人员的专业领域进行编写分工：第一章由张旺军编写，第二章由陈博编写，第三章、第六章由张启富编写，第四章由高亚丽和陈红玲编写，第五章由胡平编写。实训教程的编写分工与主教材相对应。全书由张旺军总纂定稿。

本书在编写过程中，得到了浙江工商职业技术学院副院长姚奇富、教务处长冯建新和经济管理学院副院长王希旗的大力支持，在这里对他们表示衷心感谢。

由于时间仓促，加之编写水平有限，书中难免有不足之处，恳请广大读者批评指正。

目 录

序

前言

本书使用指南

第一章 总论 …………………………………………………………………… 1
 第一节 个人理财规划概述 …………………………………………………… 2
  一、个人理财规划目标 ………………………………………………………… 2
  二、个人理财规划的特点及定义 ……………………………………………… 5
  三、个人理财规划的内容 ……………………………………………………… 5
  四、个人理财规划的步骤 ……………………………………………………… 8
 第二节 货币时间价值 ………………………………………………………… 11
  一、货币时间价值的概念 ……………………………………………………… 11
  二、货币时间价值的计算 ……………………………………………………… 12
 第三节 个人主要理财产品分析 ……………………………………………… 19
  一、理财产品介绍 ……………………………………………………………… 20
  二、理财产品综合分析 ………………………………………………………… 20
 第四节 个人理财规划观念 …………………………………………………… 24
  一、货币时间价值观念 ………………………………………………………… 24
  二、资金成本观念 ……………………………………………………………… 24
  三、风险与收益配比观念 ……………………………………………………… 25
 第五节 个人理财规划环境 …………………………………………………… 25
  一、社会环境对个人理财的影响 ……………………………………………… 25
  二、宏观经济环境对个人理财规划的影响 …………………………………… 27
  三、金融环境对个人理财规划的影响 ………………………………………… 29
 本章小结 ………………………………………………………………………… 31

第二章　银行产品理财 …… 32

第一节　银行产品概述 …… 33
一、储蓄存款 …… 33
二、银行卡 …… 40
三、外汇产品 …… 42
四、纸黄金 …… 44
五、个人贷款业务 …… 47

第二节　银行产品投资效益分析 …… 48
一、利息计算的基本规定 …… 49
二、储蓄存款利息计算 …… 51
三、外汇投资产品的投资收益 …… 56

第三节　银行产品理财的动机与信用管理 …… 57
一、合理的动机 …… 57
二、个人信用管理 …… 59

本章小结 …… 62

第三章　证券产品理财 …… 63

第一节　证券产品 …… 64
一、证券概述 …… 64
二、股票 …… 64
三、债券 …… 67
四、证券投资基金 …… 69

第二节　证券交易 …… 73
一、证券交易概述 …… 73
二、证券交易程序 …… 74
三、证券交易费用 …… 82
四、证券交易收益及其计算 …… 83

第三节　证券投资基本分析 …… 84
一、宏观经济分析 …… 85
二、行业分析 …… 89
三、公司分析 …… 93
四、证券市场供求关系分析 …… 101

第四节　证券投资技术分析 …… 102
一、K线分析 …… 102
二、趋势分析 …… 104
三、均线分析 …… 107

本章小结 …… 110

第四章 保险产品理财 ... 111

第一节 保险理财概述 ... 112
一、风险与风险管理手段 ... 112
二、保险的基本分类 ... 112

第二节 我国目前的社会保障体系 ... 115
一、社会保险 ... 115
二、社会福利 ... 118
三、优抚安置 ... 119
四、社会救助 ... 120
五、住房保障 ... 121

第三节 商业保险投资品种 ... 122
一、人身保险 ... 122
二、财产保险 ... 125

第四节 投资型寿险分析 ... 132
一、分红险 ... 132
二、万能险 ... 134
三、投连险 ... 136
四、不同寿险产品比较分析 ... 138

第五节 商业保险实务操作 ... 140
一、常用人身保险实务操作 ... 140
二、常用财产保险实务操作 ... 142

本章小结 ... 146

第五章 房地产投资 ... 148

第一节 房地产投资概述 ... 149
一、房地产投资基本含义 ... 149
二、房地产的类型 ... 151
三、房地产投资的特征 ... 153
四、房地产投资的三要素 ... 154
五、房地产投资的优缺点 ... 158

第二节 房地产投资收益与风险分析 ... 160
一、房地产投资收益 ... 160
二、房地产投资风险 ... 165

第三节 房地产投资策略 ... 167
一、住宅投资 ... 167
二、商铺投资 ... 173
三、写字楼投资 ... 177

第四节 房地产投资操作实务 ... 180

一、房地产交易合同 …………………………………………………… 180
二、房地产投资操作流程 ……………………………………………… 182
三、房地产交易税费 …………………………………………………… 185
四、房地产融资 ………………………………………………………… 185
本章小结 …………………………………………………………………… 187

第六章　家庭理财规划 …………………………………………………… 189
第一节　个人生命周期理财计划 ……………………………………… 190
一、个人生命周期理财的理论基础 …………………………………… 190
二、制定个人生命周期理财计划的技术方法 ………………………… 191
第二节　家庭财务分析 ………………………………………………… 193
一、家庭财务报表及其编制 …………………………………………… 193
二、家庭财务比率分析 ………………………………………………… 196
第三节　编制家庭理财方案 …………………………………………… 198
一、家庭理财方案概述 ………………………………………………… 198
二、编制家庭理财方案程序 …………………………………………… 199
三、家庭理财方案实例 ………………………………………………… 202
本章小结 …………………………………………………………………… 206

参考文献 …………………………………………………………………… 207

本书使用指南

本书包括个人理财规划指南和实训教程两册。
- 个人理财规划指南包括学习目标、思考问题、正文以及本章小结。
  - 学习目标按章编写，置于每章首页，以让读者明确本章学习内容和要点。
  - 思考问题按节编写，置于每节的开始。从个人或家庭的角度对本节内容提出问题，引导读者更好地了解本节内容。
  - 本章小结置于每章结尾，对本章内容进行小结，以便于读者对本章有总括性的认识。
- 个人理财规划实训教程按个人理财规划指南章节的先后顺序编写，共分为六个实训报告。每个实训报告分为两部分，即知识准备和技能训练。
  - 在知识准备中先列明每章的知识考查点，再依据知识考查点列出知识考查的题目。意在使读者通过对知识考查题的思考更好地掌握每章理论知识。
  - 在技能训练中，首先列明训练目标，在每一个训练目标后附有相应的实训任务。通过完成实训任务，读者可以检验对理财实务掌握的程度并进一步提高实务操作能力。

第一章

总　论

在本章，你将学习到如下知识点：

个人理财规划概念
- 个人理财规划目标
- 个人理财规划目标实现的条件
- 个人理财规划的特点及定义
- 个人理财规划内容
- 个人理财规划步骤

货币时间价值

理财产品种类、风险与收益

理财观念
- 货币时间价值观念
- 资金成本观念
- 风险与收益配比观念

个人理财规划环境

第一节 个人理财规划概述

现在的社会分配已经不再是计划经济时代的政府全部包干的平均分配时代，必须通过理财增加自己的财富，满足自身不断增长的物质和文化需求，但在开始理财前，我们必须明确以下几个问题：

① 在一生中，我们如何分配自己的财富，才能保证生活永远富足，不会面临窘境？
② 我们应具备哪些素质和技能才能达到理财的需要？
③ 个人理财需要考虑哪些内容？
④ 我们应从哪些方面着手开始理财？

本节将为你解决上述个人理财开始时面临的疑惑，为你的理财活动热身。

一、个人理财规划目标

(一) 个人理财规划目标的整体内容和特征

心理学家马斯洛的需求理论告诉我们，人类的需求是有层级之分的：在安全无虞的前提下，追求温饱；当基本的生活条件获得满足之后，则要求得到社会的尊重，并进一步追求人生的最终目标——自我实现。这一理论提示人们，需求是不断增长的，而要依层级满足这些不断增长的需求，必然依赖于个人物质基础的不断提高，物质基础的不断提高需要通过理财规划来实现。因此，理财规划就成为任何个人或家庭的基础经济活动。理财规划的目标就是为个人或家庭创造物质条件，这一物质条件是满足个人一生中不断增长的需求（即生活质量的不断提高）而存在的，它随着需求的不断增长而不断改善。

个人理财规划目标的制定遵循个人需求，必然体现出人的生命周期要求。在不同的生命阶段，必然体现不同的内容。图1.1体现了个人理财规划目标的整体内容和特征。

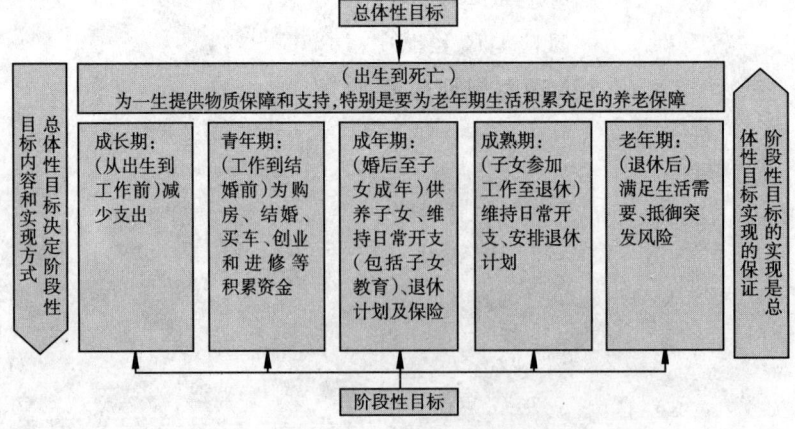

图1.1 个人理财规划目标

从图 1.1 可以看出，个人理财规划目标有以下几方面的特征：

1) 个人理财规划目标具有周期性。自然人作为一个生物，其生命遵循从出生到成长到成熟到死亡的自然规律。从出生开始，个人物质需求便随着出生而存在，死亡后便随之消失。作为创造物质条件手段——个人理财规划，其目标也是以人出生到死亡这一过程作为周期，且这一周期不具有循环性。

2) 个人理财规划目标具有阶段性。人的一生中不同阶段有不同的需求，个人理财规划目标依据不同阶段的需求有不同的内容。一个人从出生到工作前的成长期，没有工作，无固定收入，无法进行有效理财，理财目标主要是减少支出；在工作至结婚前的青年期，刚刚参加工作，有了固定收入，理财目标是为购房、结婚、买车、创业和进修积累资金；结婚后到子女成年前的成年期，理财目标转化为供养子女，除维持家庭日常开支外，还需考虑子女教育准备金、自己的退休金及保险等；在子女成年参加工作后到退休前的成熟期，理财的目标除维持家庭日常开支外，还需安排退休计划；在老年期，即退休后，开始享受一生的理财成果，理财的目标为满足生活需要，抵御突发风险。

3) 个人理财规划目标是总体性和阶段性的结合。从生命周期分析可以看出，在个人成长期，有父母作为生活的保障；从工作开始到退休前，有参加工作的收入作为生活保障；退休后进入老年期，生活没有收入和外力的保障，只能由个人在退休前的理财收益来进行保障。因此，从生命周期的各个阶段的特征可以得出结论，人的一生中最需要通过理财进行保障的是老年期，个人理财的总体性目标就应确立为为老年期的生活提供必要的保障。这一目标的实现，必须依赖于生命周期各个阶段理财目标的实现，只有将各个阶段的理财目标与总体目标相结合，才能真正实现自身的老有所养，老有所依，才能顺利度过自己的完美一生。

从个人理财规划目标的三个特点可以看出，个人理财规划目标的确立必须与人的生命周期相一致。理财的总体目标是为人的一生提供物质保障和支持，特别是要为老年期生活积累充足的养老保障。但总体目标的实现必须依赖于生命周期各个阶段的阶段性目标来实现。

(二) 个人理财规划目标实现的条件

要实现个人理财规划目标，必须结合自身的理财基础，通过一定的理财专业技能去实现理财目标。实现个人理财规划目标条件如图 1.2 所示。

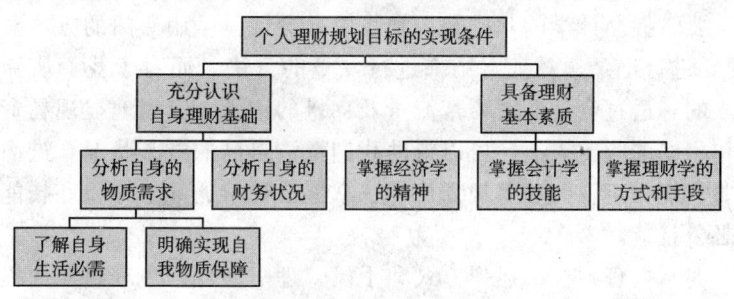

图 1.2 理财规划目标实现条件示意

1. 充分认识自身的理财基础

充分认识理财基础,目的在于确定个人所能承担的风险和对报酬的期望,风险和报酬在经济学里是一对孪生兄弟,二者之间的关系使人们在做出理财规划时,力求在控制风险的基础上追求最大的收益值。对个人自身理财基础的认识应从以下几个方面分析:

第一,全面了解自身生活的必需。主要包括基本生活条件和社会责任两个方面。基本生活条件是指个人日常的最低生活开支,如吃、穿、住、用等;社会责任是指以个人或家庭作为社会单元,社会所赋予的个人义务,如法律规定对父母的赡养和子女的教育义务等。

第二,要明确实现自我的人生目标所需的物质保障程度。在基本条件得到满足之后,人们要求得到社会的尊重并进一步追求人生最终目标——自我实现。而实现自我,必须在不同的阶段有不同的物质要求,因此,理财规划必须为此提供保障。

第三,要对个人的资产、负债和收支情况有清醒的认识,通过自己的财务状况和收支情况制定合理的理财规划。

通过对上述个人情况做出细致的分析和评估后,才能确定个人的风险承受能力和风险偏好,以及合理的投资预期收益,制定出符合自身需求的个人理财规划,并根据市场环境和家庭状况、收入情况的变化做科学修正,实现个人理财规划目标。

2. 具备理财的基本素质和技能

实现个人理财规划目标,充分认识自身的理财基础只是迈出了理财规划的第一步,要实现理财规划目标,还要求理财的主体具备理财的基本素质和技能。这些基本素质和技能主要包括以下几个方面:

第一,要有经济学的基本知识,掌握经济学的基本精神。经济学的基本精神是以最少的代价,获取最大的收益。但这并非表示我们吝于付出,因为资源是有限的,稀少的资源迫使我们必须做选择,而理财规划行为就是用聪明的选择,找出代价最少、收益最大的一条路,让有限的资源得以发挥最大的效益。在理财规划过程中,个人所掌握的资源也是有限的,理财主体通过合理的理财规划使个人所掌握的资源能够创造最大的效益。理财规划离不开对经济学基本知识的了解,对其基本精神的掌握是进行理财规划的基本素质。

第二,要掌握会计学的基础知识和技能。会计学是用专门的方法对经济业务(理财过程)进行记录、对理财结果进行计量的方法。而对于我们所拥有的、以及想要争取的,透过会计学对财富流量及存量的记录,客观地显现在资产负债表以及个人和家庭的收支表上,可以帮助我们看清自己的财务状况,进而规划出符合自己需要、能力可及的理财规划目标。掌握会计学的基本知识和技能是理财规划主体的必备技能。

第三,要掌握理财学的运作方式和手段。理财学可以为理财规划提供资金的筹措及运用的最佳的策略,并依据理财规划环境的变化,配合目标订出适合自己的资产组合。因此，进行理财规划掌握理财学是必备的能力。

个人理财规划以经济学追求极大化为精神，以会计学的客观记录为基础，以理财学的运作方式为手段。这三个方面是理财规划必不可少的基本素质和技能。

二、个人理财规划的特点及定义

同为理财规划，个人理财规划和公司理财规划相比较，基本理论和技能相似，但个人理财规划也具有自身的特点，表1.1所示为个人理财规划和公司理财规划之间不同点。

表1.1 个人理财与公司理财规划特征比较

比较项目	公司理财规划	个人理财规划
理财主体	企业	家庭或自然人
风险承受能力	有相对雄厚的财力，有限责任公司对理财的结果承担的是有限责任，可能承担较高风险	独立承担所有的经济后果，承担无限责任，风险承受能力相对较弱
收益与风险的权衡	风险与收益同等考虑	风险优于收益
理财目标	企业价值达到最大化	以保障终身生活质量为目标
理财决策环境影响因素	企业文化、治理结构和财务状况	家庭、个人本身偏好，经济条件、家庭成员构成、个人职业、社会地位等
理财的周期	持续经营假设	个人生命周期
法律法规依据	规范和指导公司行为方面的法规，如《公司法》、《证券法》等	关于家庭或个人财产保护、社会保障、保险、遗产和个人的社会责任等方面的法律法规，如《物权法》、《个人所得税法》等

结合上述对个人理财规划的分析，个人理财规划可定义为：个人理财规划是理财主体在结合自己的生命周期特征，审视自己的资产及收支状况和风险承受能力基础上，合理确定自己的阶段性生活和投资目标，本着经济学的基本精神、以会计的基本技能和理财学的运作方式和手段为工具，调整个人资产分配和投资，在达到个人资产收益的最大化，保障自身基本生活条件的同时，为实现自我价值提供可靠的物质保障。

三、个人理财规划的内容

个人理财规划一般包括以下内容：投资规划、居住规划、教育投资规划、个人风险管理和保险规划、个人税务筹划、退休计划等，具体如图1.3所示。

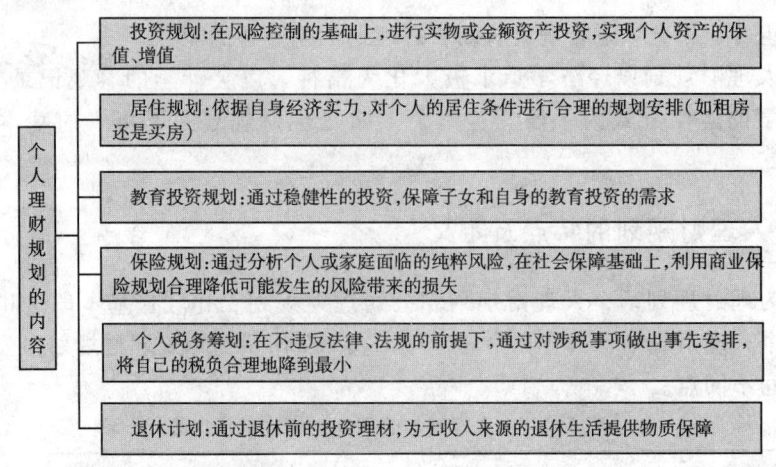

图1.3　个人投资理财规划内容

(一) 投资规划

投资规划中要注意以下几方面的问题:

1. 投资规划中的投资是指获得投资而非消费投资

这里的"投资规划"主要指为获利而进行的投资,而不是对于个人、家庭的消费投资,它在个人、家庭总投资中所占比例在消费投资结束(即家庭购买了自用住宅和汽车并逐渐还清贷款)以后会逐步提高。

2. 投资规划前先要满足以下几个方面的资金需求

1) 消费投资。

2) 还贷。

3) 未来一年内有自用资产投资之外的必须支付的大额开销,如保险费、学费和旅游费等。

4) 为谨慎起见,在进行获利投资前预留一部分资金作为紧急预备金。

3. 获利投资过程中一定要注意风险的控制

为了分散风险,获利投资一般都需要构建投资组合,而投资组合的构建依赖于不同的投资工具。这些投资工具根据其期限长短、风险收益的特征与功能的不同,大体可以分为四种类型:货币市场工具、固定收益的资本市场工具、权益证券工具和金融衍生工具。理财规划时在充分了解个人风险偏好与投资回报率需求的基础上,通过合理的资产分配,使投资组合既能够满足流动性要求与风险承受能力,同时又能够获得充足的回报。

(二) 居住规划

"衣食住行"是人生最基本的四大需要,其中"住"又是四大需要中时间最长、所需资金数额最大的一项。在个人理财规划中与"住"相对应的是居住规划。大部分消费者购买住宅都是为了自用,而事实上,住宅或房地产投资也可作为一种长期的高价值投资，不仅可以用于个人消费，还有显著的投资价值。国内消费者购买住宅主要又三大原因：自己居住、对外出租获取租金收益、投资获取资本利得。

针对自用住宅的规划，主要包括租房、购房、换房与房贷规划几大方面。规划是否合理会直接影响个人、家庭资产负债与现金流量的状况。居住规划首要需要决策是以租房还是购房来满足居住需求。如决定要购房，就要以当前的资产实力与收入、储蓄水平为基础衡量可以承受的最高房款额，从而计算出首付款和房贷。然后根据经济能力、计划购房的时间和地点、房屋面积和区位等，选择合适的房产项目。当然现阶段购买能力不能满足中意的房产项目，又不能等到资金准备充足后一次完成购房梦想的，也可以根据生涯规划循序渐进地换房以满足居住需求。

由于房地产单位价值高，且多是终身性投资，对于房地产投资应十分谨慎。在做出投资决策之前，必须详细了解自身的支付能力以及金融机构关于房地产融资的各种规定，确定最合理的房地产购置计划。

居住规划具体内容详见第五章房地产投资。

（三）教育投资规划

教育投资是一种人力资本投资，它不仅可以提高人的文化水平与生活品位，更重要的是它可以使受教育者在现代社会激烈的竞争中占据有利的位置。从内容上看，教育投资可以分为两类：自身的教育投资和对子女的教育投资。对子女的教育投资又可以分为基础教育投资和高等教育投资。大多数国家的高等教育都不属于义务教育的范畴，因而对子女的高等教育投资通常是所有教育投资项目中花费最高的一项。教育投资规划时，首先要分析教育需求和子女的基本情况，以确定当前和未来的教育投资资金需求；其次要分析当前和未来预期的收入状况，并根据具体情况确定子女教育投资资金的主要来源（如教育资助、奖学金、助学贷款、勤工俭学收入等）；最后，分析教育投资资金供给与需求之间的差距，并在此基础上通过运用各种常用的投资工具和教育投资特有的投资工具来弥补教育投资资金供给与需求之间的差额。由于教育投资本身的特殊性，它更加注重投资的安全性，因此理财规划时应侧重于选择风险较小的保值工具。

（四）非个人风险管理和保险规划

人的一生很可能会面对一些不期而至的"纯粹风险"（与投资领域那些可能引起损失也可能带来收益的"投机风险"相对应）。根据风险损害对象的不同，这些风险分为人身风险、财产风险和责任风险。为了规避、管理这些风险，人们可以通过购买保险来满足自身的安全需要。除了专业的保险公司按照市场规则提供的商业保险之外，由政府的社会保障部门提供的包括社会养老保险、社会医疗保险、社会失业保险在内的社会保险以及雇主提供的雇员团体保险也都是个人、家庭管理纯粹风险的工具。随着保险市场竞争的加剧，保险产品除了具有基本的转移风险、减少损失的功能之外，还具有融资、投资功能。在个人理财规划中，经常使用的商业保险产品包括人寿保险、健康保险、财产保险、责任保险等。个人风险管理和保险规划的目的在于通过对理财主体经济状况和保险需求的深入分析，选择合适的保险产品并确定合理的期限和金额。

具体投资规划内容见第四章保险产品理财。

（五）个人税务筹划

依法纳税是每个公民应尽的法定义务，而纳税人出于对自身利益的考虑，往往希望将自己的税负合理地减到最小。因此，如何在合法的前提下尽量减少税负就成为每一个纳税人十分关注的问题。个人税务筹划是指在纳税行为发生之前，在不违反法律、法规（税法及其他相关法律、法规）的前提下，通过对纳税主体（法人或自然人）的经营活动或投资行为等涉税事项做出事先安排，以达到少缴税和递延纳税目标的一系列筹划活动。

国外比较常用的个人税务筹划策略包括收入分解转移、收入递延、投资于资本利得、选择资产销售时机、杠杆投资、充分利用税负抵减等。我国目前的个人税法结构相对简单，可以利用的个人税务筹划策略主要有：充分利用税收优惠政策（包括最大化税收减免、选择合适的实现时间、加速累积费用的扣除）、缩小计税依据（包括最小化不可抵扣的费用、支出、扩大税前可扣除范围）和利用避税降低税负等。

（六）退休计划

人一旦退休，作为收入主要部分的工薪收入便会戛然而止，而人们退休以后还会持续生活几十年。如何在退休后保持一个特定的生活水平就成了每个人都要面对的现实问题。因此，退休计划可谓人生最重要的理财规划。在人口老龄化日趋严重的大前提下，没有一个国家的政府可以完全、无限度地支持退休民众的生活，也没有一家企业可以向退休员工提供终身确定给付的员工福利。中国尽管有养儿防老的传统观念，但随着社会的进步，随着计划生育政策的实施和子女负担的不断加重，这种养老模式也逐渐难以延续。因此现代社会退休金的筹措主要还是靠自己，着手越早，退休时相应也会越轻松。退休计划是一个长期的过程，不是简单地通过在退休之前存一笔钱就能解决，因为通货膨胀会不断地侵蚀个人的积蓄。个人在退休之前的几十年就要开始确定目标，进行详细的规划，否则不可避免地要面对退休后生活水平急剧下降所导致的困境。

四、个人理财规划的步骤

毫无疑问，个人理财规划也是一个决策过程，依据决策理论，我们可以将个人理财规划分为五个步骤（图1.4）。

（一）分析理财主体目前的状况

每一个人的现状都是制定理财规划的起点，只有弄清楚了这个起点，对这个

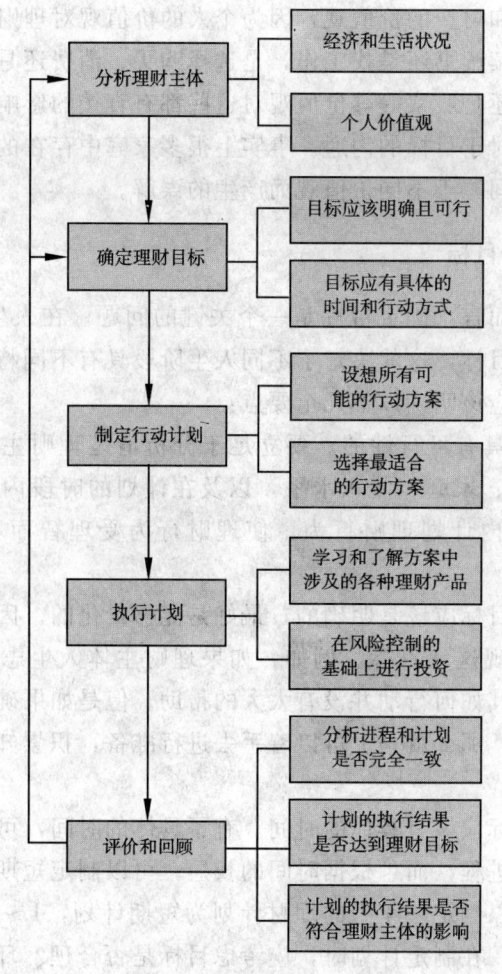

图 1.4 理财规划步骤

起点有着比较清醒的认识,才能够对理财规划有足够的准备。因为个人和家庭的状况、不同的年龄段、职业状况及婚姻状况都与理财目标有着重要的联系。表 1.2 列出了可能影响财务计划的各种生活状况。

表 1.2 影响财务计划的生活状况

年 龄	婚 姻	家庭成员的数量和年龄	就业状况
18～24	单身	无其他家庭成员	学生
25～34	已婚	夫妻	没有就业
35～44	离异	学龄前儿童	全日制工作
45～54	寡居	有上学孩子	临时或部分时间工作
55～64		有上大学孩子	
65 以上		无抚养老人 有抚养老人	

除分析理财主体的经济和生活状况,还有一个方面的分析就是理财主体否有

着明确的对待金钱和财产的价值观,因为个人的价值观对理财目标和计划也同样是有影响的。是继续读书还是找工作,是选择购买、消费还是储蓄,是创业还是打工,是购买债券还是股票等等价值观对这些都有直接的影响。而且价值观也会影响家庭成员之间对于目标的沟通。事实上很多家庭中存在的涉及理财或金钱的问题都是家庭成员间源于不同价值观而产生的误解。

(二) 确定财务目标

对于个人理财而言,确定目标是一个关键的问题。在人生各个不同的阶段,也有着不同的理财目标,这就决定了不同人生阶段具有不同特色的理财活动。在制定财务目标时,应该明确以下几个要点:

第一,目标是具有可行性的。要立足于分析清楚理财主体现在的状况,如年龄、婚姻、就业、家庭、收入水平,以及在计划的时段内这些因素的可能变化。在可行的范围内计划理财行为,使理财行为受理智而不是受情感和冲动支配。

第二,理财的目标应该是明确的,最好是能够量化的。因为目标越明确就越有助于理财主体实现这一目标。例如,如果理财主体人生志向是要成为一名伟人,这一点可能对其如何行动并没有太大的帮助。但是如果确定了要成为一个科学家,或者是医生,那么就马上可以着手去进行准备,积累知识,积累条件,以便去实现其目标。

第三,理财目标应该有具体的时间。有了具体的时间,可以帮助理财主体测量其向目标进发的进程,而且根据时间的长短,可以制定短期目标、中期目标和长期目标。例如可以确定一年内的理财计划为短期计划,1~5年为中期计划,5年以上为长期计划,在制定计划时,应考虑目标是否合理?环境是否允许?有无衡量目标达到与否的标准?

第四,理财的目标应该指出需采取何种行动。

(三) 制定行动计划

目标制定了以后,下一步就是制定行动方案。这一步骤包括两个方面,首先是设想出可能的行动方案。在收集大量信息的基础上,结合自己的现状和计划,寻找出可能的途径和方案。例如需要获得有关市场、产品投资渠道、风险、成本、收益等方方面面的信息。

然后在这些设想好的方案之中,选择比较适合自己的特点和性格的投资方案。

(四) 执行计划

在执行计划的阶段,特别是在金融、理财活动中,往往就意味着我们要和大量的金融机构、金融市场、金融产品打交道。所以我们需要通过大量的信息源来了解和熟悉它们。例如,通过信托投资公司来投资信托产品,通过证券公司购买股票和债券,投资共同基金等,在规避风险的同时可获得较好的收益。

(五) 评价和回顾

客观的情形和理财主体状况都在发生变化,同时执行计划的进程也可能会与计划不完全一致,更何况还会有某些不可预测的因素产生突然的冲击。因此需要根据这些新的变化来对计划进行评价及调整。整个理财规划过程是一个循环的、动态的过程,理财主体需要至少每年依据理财环境和要求的变化重新确定理财目标并对理财计划进行评价和修正。

第二节 货币时间价值

为什么不愿意借钱给别人?存款时银行为什么会付我们利息?而贷款时,银行为什么要收利息?这是理财的一个最基本的问题——货币时间价值,本节将为你阐释什么是货币时间价值,它是如何计算的。

一、货币时间价值的概念

(一) 货币时间价值的定义

关于货币时间价值定义有不同的观点,大多数观点认为货币时间价值是指一定量的货币随着时间推移而形成增值,货币经过一定时间投资和再投资所增加的价值即为货币时间价值。在现实生活中,经常可以看到货币时间价值的应用。如企业为了实现现金销售为客户让利,企业为收回投资将产品降价销售,个人借贷过程中收取利息等。

从货币时间价值的定义中可以得出如下结论:
1)等量资金在不同时间点上的价值量是不同的。
2)等量的资金随着时间的推移,价值会逐步降低;反之,一定量的货币随着时间的推移要保值必然要实现增值。
3)时间对货币的价值产生重大影响。

(二) 货币时间价值产生的条件和决定因素

1. 产生货币时间价值的条件

货币随着时间而产生的增值并非是节省而产生的,如将一定量的货币以现金形式存放并不能使其增值。因此,货币时间价值的产生是有条件的,只有当资金进入社会资金流通过程中,如存入银行由银行放贷给贷款人、进行直接投资或证券投资等。让资金参与到社会再生产过程中,资金才会随着时间的推移而增值。因此,马克思的"货币时间价值是剩余价值的一部分"的观点,从本质上说明了货币时间价值产生的条件。

2. 货币时间价值大小的决定因素

货币时间价值是价值增值,这一增值额的大小取决于以下三个方面:

1）投资生产和流通领域的货币量。在资金量一定的条件下，资金有两个流向，一是投资再生产过程，即投资生产和流通领域，二是投入消费领域消费。投入消费领域的货币并不能产生时间价值，只有投资再生产过程中的货币才能产生时间价值，因此要增加货币时间价值量，必须增加投资生产和流通领域的货币量。

2）时间价值产生于资金运动之中，只有资金运动才能产生货币时间价值。凡处于停顿状态的资金都不会产生时间价值，而且资金运动速度和货币时间价值的大小成正相关关系。因此，要增加货币时间价值，必须加快资金的周转速度。这就是企业利用降价来进行产品促销的原因。

3）货币时间价值的大小还取决于投资时间的长短，投资时间越长，时间价值就越大。如银行存款时间越长，所获得的利息就越高。

（三）货币时间价值的表现形式

货币时间价值可以用绝对数表示，也可以用相对数表示，即以利息额和利息率表示。在实际理财过程中，这两种表示方法并不作严格区分，通常以利息率进行计量。利息率的实际内容是社会平均资金利润率。其原因是在激烈的市场竞争中，市场经济中各部门投资的利润率趋于平均化。每个企业在投资某项目时，至少要取得社会平均利润，否则，不如投资于另外的项目或行业，因此货币时间价值成为评价投资方案的基本标准。个人理财对时间价值的研究目的在于：以货币时间价值作为标准，判断个人投资项目的报酬率是否达到理财规划所要求的报酬率。

利息率的表示方法有三种：年利率、月利率和日利率。年利率一般用百分数表示，月利率用千分数表示，日利率用万分之几表示。在实际换算中，年利率除以12为月利率，年利率换算为日利率用360天换算，而月利率换算为日利率用30天换算。

二、货币时间价值的计算

货币时间价值揭示了不同时点上货币之间的数量关系，因而它是个人理财规划中投资和筹资所不可或缺的理论基础。为了表达不同时间点上货币数量概念，便于计算货币时间价值，产生了现值和终值两个概念。所谓现值，是指一定量货币的现在价值，也就是指本金；而终值是指一定量货币在若干期限以后的总价值，也就是指本利和。货币时间价值的计算就是通过计算来表达现值和终值之间的数量关系。

（一）现值和终值的计算

现值和终值的计算按照利息产生的基础不同，分为单利和复利两种计算方法。

本书将现值等用字母分别表示如下：

A——年金；
P——现值；
i——利率，通常指年利率；
I——利息；
n——年数；
F——终值。

1. 单利的计算

单利是指在规定期限内仅就本金计算利息的一种计息方法，即计息时间期本金不变。其每期本金如图 1.5 所示。

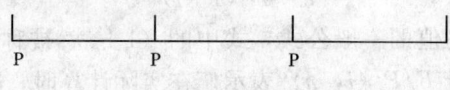

图 1.5 单利本金示意

（1）单利利息的计算

单利每期本金不变，其计算公式为

$$I = P \times i \times n$$

（2）单利终值的计算

计算公式为

$$F = P + I = P + P \times i \times n = P \times (1 + i \times n)$$

（3）单利现值的计算

单利现值是单利终值的逆运算。其计算公式为

$$P = \frac{F}{(1 + i \times n)}$$

【例 1.1】 将 10 000 元存入银行，年利率为 5%，两年期满后可获得的利息为

$$I = 10\ 000 \times 5\% \times 2 = 1000\ (元)$$

两年后得到的本利和为

$$F = 10\ 000 \times (1 + 5\% \times 2) = 11\ 000\ (元)$$

若此人两年后想得到 11 000 元，现在应存入的金额为

$$P = \frac{11\ 000}{(1 + 5\% \times 2)} = 10\ 000\ (元)$$

2. 复利的计算

复利是指在规定期限内，每经过一个计息期，都要将所生利息计入本金再计利息，逐期滚算，俗称"利滚利"。复利本金如图 1.6 所示。

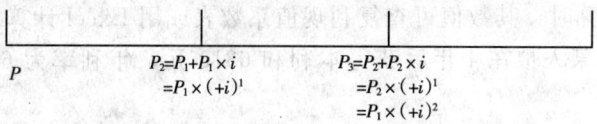

图 1.6 复利本金示意图

(1) 复利终值

【例1.2】 将10 000元存入银行,年利率为5%,经过三年以后,银行应付其金额为

第一年终值:$F=P+P\times i\times 1=P\times(1+i)$

第二年终值:$F=P\times(1+i)+P\times(1+i)\times i=P\times(1+i)^2$

第三年终值:$F=P\times(1+i)^2+P\times(1+i)\times i=P\times(1+i)^3$

……

第N年终值:$F=P(1+i)^N$

第n年后应付其金额为

$$F=P(1+i)^n$$

上式是计算复利终值的一般公式,式中的$(1+i)^n$被称为复利终值系数或1元的复利终值,用符号$F/P(i,n)$表示。在实际计算时,其数值可查复利终值系数表或通过Excel公式计算器求得。

一年后应付其金额为

$$F=P+P\times i=P(1+i)=10\,000\times(1+5\%)=10\,500(元)$$

两年后应付其金额为

$$F=[P(1+i)]\times(1+i)=P(1+i)^2$$
$$=10\,000\times(1+5\%)^2=11\,025(元)$$

三年后应付其金额为

$$F=P(1+i)^3$$
$$=10\,000\times(1+5\%)^3$$
$$=11\,576.25(元)$$

【例1.3】 某人存入银行1000元,年利率为6%,4年期满后此人应得的本利和为

$$F=P(1+i)^n$$
$$=1000\times(1+6\%)^4$$
$$=1000\times F/P(6\%,4)$$
$$=1000\times 1.2625=1262.5(元)$$

(2) 复利现值

复利现值是复利终值的逆运算,它是指未来一定量的货币,按一定利率折算的现在价值。计算公式如下:

$$P=\frac{F}{(1+i)^n}=F\times(1+i)^{-n}$$

式中$(1+i)^{-n}$被称为复利现值系数,或1元的复利现值,用符号$P/F(i,n)$表示,在实际计算时,其数值可查复利现值系数表或用Excel计算求解。

【例1.4】 某人拟在4年后获得本利和6310元,年利率为6%,则现在应存本金为

$$P=F\times P/F(i,n)$$
$$=6310\times P/F(6\%,4)$$

$$= 6310 \times 0.7921 = 5000（元）$$

（3）名义利率与实际利率

复利的计息期不一定总是一年，有可能是季度、月或日。当利息一年内要复利几次时，给出的年利率叫名义利率。

【例1.5】 现有本金1000元，年利率8%，每年复利一次，4年后的本利和与利息分别是：

$$F = P(1+i)^n$$
$$= 1000 \times (1+8\%)^4$$
$$= 1000 \times F/P(8\%, 4)$$
$$= 1000 \times 1.3605 = 1360.5（元）$$
$$I = F - P$$
$$= 1360.5 - 1000 = 360.5（元）$$

上例若每季度复利一次，则

$$每季利率 = \frac{8\%}{4} = 2\%$$

$$复利次数 = 4 \times 4 = 16$$

$$F = 1000 \times (1+2\%)^{16}$$
$$= 1000 \times 1.3728 = 1372.8（元）$$
$$I = 1372.8 - 1000 = 372.8（元）$$

从例1.5可以看出，当一年内复利几次时，实际得到的利息要比按名义利率计算的利息高。

实际年利率和名义利率之间的关系是：

$$1 + i = \left(1 + \frac{r}{M}\right)^m, \quad 即 \ i = \left(1 + \frac{r}{M}\right)^m - 1$$

式中，r——名义利率；

M——每年复利次数；

i——实际利率。

将例1.5中数据代入：

$$i = \left(1 + \frac{r}{M}\right)^m - 1$$
$$= \left(1 + \frac{8\%}{4}\right)^4 - 1$$
$$= 1.0824 - 1 = 8.24\%$$
$$F = 1000 \times (1 + 8.24\%)^4$$
$$= 1372.8（元）$$

（二）年金的计算

年金是指一定时期内每期相等金额的收付款项。如折旧、租金、利息、保险金、养老金等通常都采取年金的形式。按照收付的次数和支付的时间划分，年金有以下几类。

1. 普通年金

普通年金又称后付年金，是指每期期末收付的年金。由于在经济活动中后付年金最为常见，故又称普通年金。

1) 普通年金的终值。年金终值犹如零存整取的本利和，它是一定时期内每期期末收付款项的复利终值之和。年金终值如图1.7所示。

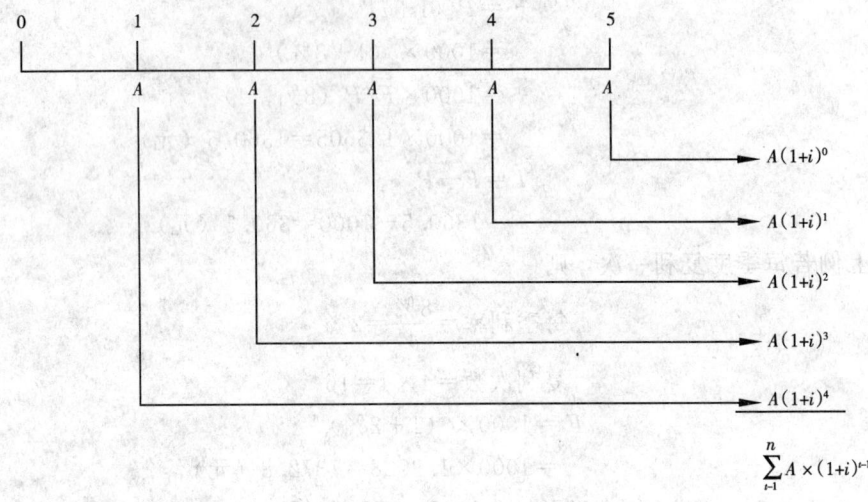

图 1.7　年金终值计算过程

按复利计算的年金终值 F 为

$$F = A + A(1+i) + A(1+i)^2 + \cdots + A(1+i)^{n-1}$$

等式两边同乘 $(1+i)$：

$$(1+i)F = A(1+i) + A(1+i)^2 + A(1+i)^3 + \cdots + A(1+i)^n$$

上述两式相减，得

$$(1+i)F - F = A(1+i)^n - A$$

则

$$F = \frac{A(1+i)^n - A}{(1+i) - 1}$$

$$F = A \times \frac{(1+i)^n - 1}{i}$$

式中的 $\frac{(1+i)^n - 1}{i}$ 称为年金终值复利系数，用符号 $F/A(i, n)$ 表示。

实际计算时，其数值可查年金终值系数表或用 Excel 计算。

2) 普通年金的现值。普通年金现值，是指一定时期内每期期末收付款项的复利现值之和。假若每年取得收益 100 元，年利率为 i，为期 5 年，年金现值如图 1.8 所示。

普通年金现值的一般计算公式如下：

$$P = A(1+i)^{-1} + A(1+i)^{-2} + A(1+i)^{-3} + \cdots + A(1+i)^{-n}$$

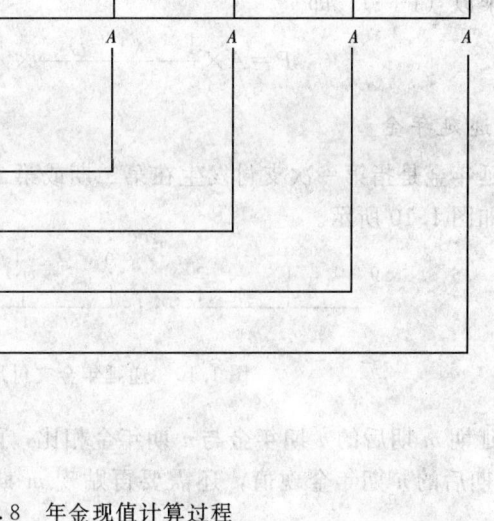

$$\sum_{t=1}^{n} A \times (1+i)^{-t}$$

图 1.8 年金现值计算过程

等式两边同乘 $(1+i)$，则
$P(1+i)=A+A(1+i)^{-1}+A(1+i)^{-2}+\cdots+A(1+i)^{-(n-1)}$
两式相减，得 $P(1+i)-P=A-A(1+i)^{-n}$
则
$$P=A\times\frac{1-(1+i)^{-n}}{i}$$

式中的 $\frac{1-(1+i)^{-n}}{i}$ 称为普通年金现值系数，用符号 $P/A(i,n)$ 表示。在实际计算时，其数值可查年金现值系数表或用 Excel 计算。

2. 预付年金

预付年金是指在每期期初支付的年金，又称先付年金。

1) 预付年金的终值。预付年金的支付形式如图 1.9 所示。

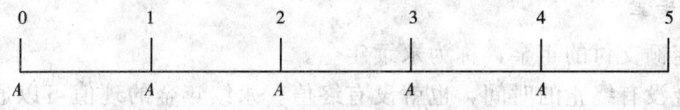

图 1.9 预付年金支付形式

预付年金终值的公式为
$F=A(1+i)+A(1+i)^2+A(1+i)^3+\cdots+A(1+i)^n$

上式与普通年金终值计算公式相比，在普通年金终值计算公式的基础上乘以 $(1+i)$，因此，其计算可以通过普通年金终值公式求得，即
$$F=A\times\frac{(1+i)^n-1}{i}\times(1+i)$$

2) 预付年金的现值。预付年金现值的计算公式为
$P=A+A(1+i)^{-1}+A(1+i)^{-2}+\cdots+A(1+i)^{-(n-1)}$

与预付年金终值计算相同,预付年金现值计算也是在普通年金现值计算公式基础上乘以 $(1+i)$,即

$$P = A \times \frac{1-(1+i)^{-n}}{i} \times (1+i)$$

3. 递延年金

递延年金是指第一次支付发生在第二期或第二期以后的年金。递延年金的支付形式如图1.10所示。

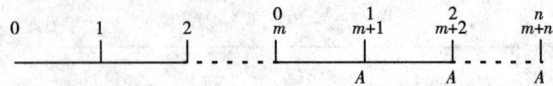

图1.10 递延年金支付形式

递延期 m 期后的 n 期年金与 n 期年金相比,两者付款期相同,但递延年金现值是 m 期后的 n 期年金现值,还需要再贴现 m 期。因此,递延年金的现值计算公式如下:

$$P = [A \cdot P/A(i,n)] \times P/F(i,n)$$

递延年金的终值大小,与递延期无关,故计算方法与普通年金终值相同,即

$$F = A \cdot F/A(i,n)$$

【例1.6】 某理财产品现投资200 000万元,5年后返还收益,收益期为10年。每年收益40 000元。其投资者要求必需报酬6%,该产品是否值得投资?

按年收益6%计算,该项目10年收益的现值为

$$\begin{aligned}P &= A \cdot P/A(i,n) \cdot P/F(i,n) \\ &= 40\,000 \cdot P/A(6\%,10) \cdot P/F(6\%,5) \\ &= 40\,000 \times 7.3601 \times 0.7473 \\ &= 220\,008 \text{(元)}\end{aligned}$$

计算结果表明,该理财产品现值大于成本投资,收益率大于6%。

4. 永续年金

无限期定额支付的年金,称为永续年金。

永续年金没有终止的时间,也就没有终值。永续年金的现值可以通过普通年金现值的计算公式导出:

$$P = A \times \frac{1-(1+i)^{-n}}{i}$$

当 $n \to \infty$ 时,$(1+i)^{-n}$ 的极限为零,故上式可写成:

$$P = A \times \frac{1}{i}$$

【例1.7】 某人准备存入银行一笔基金,预期以后每年年末取出利息16 000元,用以支付希望工程奖学金。若存款利息率为8%,则现在应存入资金为

$$P = A \times \frac{1}{i} = 16\,000 \times \frac{1}{8\%} = 200\,000 \text{(元)}$$

（三）贴现率的计算

在上述货币时间价值的计算中，都假定贴现率是给定的。在理财规划时，有时仅知道计息期、终值和现值，要根据已知条件去求得贴现率，以便将投资项目的报酬率与必要报酬率进行比较，来进行项目决策。

【例1.8】 某企业发行债券，期限5年，面值2000元，按面值发行，到期一次还本付息共3200元，该债券报酬率的计算如下：

$$F = P \times F/P\ (i, n)$$
$$3200 = 2000 \times F/P\ (i, 5)$$
$$F/P\ (i, 5) = 1.6$$

在复利终值表中，凡属5年期的各系数中，年利率 i 的值为10%时，复利现值系数为1.6105，与1.6十分接近。可见，年利率大约为10%时才能保证5年后得到3200元。

如果要使贴现率计算得更加准确，可用插值法进行计算。

【例1.9】 某银行推出一投资品种，购买该投资品种5000元，以后10年中每年得到750元利息，则该投资品种的年收益率的计算如下：

$$P = A \cdot P/A\ (i, n)$$
$$5000 = 750 \times P/A\ (i, 10)$$
$$P/A\ (i, 10) = \frac{5000}{750} = 6.6667$$

从年金现值表中可以看到，在 $n=10$ 的各系数中，i 为8%时，系数是6.7101；i 为9%时，系数是6.4177。可见利率应在8%至9%之间。假设 x 为超过8%的百分数，则可用插值法计算 x 的值如下：

贴现率			年金现值系数		
8%			6.7101		
?	x%	1%	6.6667	0.0434	0.2924
9%			6.4177		

$$\frac{x\%}{1\%} = \frac{0.0434}{0.2924} \qquad x = 0.1484$$

所以

$$i = 8\% + 0.1484\% = 8.1484\%$$

以上说明了有关货币时间价值主要指标的计算方法，这些方法是运用货币时间价值的基础。掌握了这些基本的计算方法，在个人理财规划中就可以根据实际情况加以具体应用。

第三节 个人主要理财产品分析

理财必须投资于某些理财产品才能获得理财收益，使资产保值增值。现在我国市场上有哪些理财产品可以供我们投资？它们都具有什么特征？哪些理财产品才是适合于我们个人投资的品种？本节将全面介绍我国目前主要的投资理财产品的品种，并对各种产品的风险和收益等投资价值因素进行综合分析，以帮助你初步了解这些理财品种。

一、理财产品介绍

如图1.11所示，个人理财产品，从理财对象的属性上可以分为金融理财产品和实物理财产品。

理财产品 ── 金融理财产品：银行理财产品、股票、债券、基金、保险、外汇等
　　　　 └─ 实物理财产品：创办经营实体、黄金、房产、邮币卡、艺术品等

图1.11 理财产品品种示意图

二、理财产品综合分析

（一）风险比较分析

从产品的大类来看，储蓄和债权类产品的风险通常较低，股权类产品的风险通常较高，可转换债券的风险界于其间，基金的风险要看具体产品品种，衍生产品类的风险则是最高的。

1. 储蓄类产品的风险

银行不发生破产的情况下，本金和利息能够得到保障，安全性比较高，一般无需特别提示风险。适合厌恶风险、追求稳定收益的个人。

2. 债权类产品的风险

不同的债券具有不同的风险，由于债券的风险直接取决于债务人还本付息的能力，债券的主要风险是信用风险。国债是建立在国家信用基础之上的政府债券，是债券中风险最小的一类，同时也是所有理财产品中风险最小的一类；垃圾债券是经营业绩较差的公司发行的债券，故风险很高；风险介于两者之间的债券有金融债券、实力雄厚的大公司发行的公司债券等。需要指出的是，债券的低风险特征、国债的无风险特征，主要是针对债券持有到期这种情况而言的，在其他情况下则不然。如果投资者在债券到期之前通过二级市场出售，则要承担债券的价格风险。特别是如果在利率很低的时候买入一次性还本付息债券，在到期前再卖出，则投资者不但有可能得不到利息的收益，甚至要承担亏本的风险。

3. 股权类产品的风险

在股票市场上，风险往往与上市公司所在的行业、规模、经营战略等相联系。一般来说，周期性明显、固定成本高的行业风险较大，周期性不明显、调整成本比例低的行业风险较低；大公司的风险相对较小，小公司的风险较大；相对保守的公司的风险较小，相对激进的公司的风险较大。公司在行业、规模和战略

等方面的基本因素最终将体现在经营业绩的好坏以及持续性和增长性上。业绩好并且持续增长的公司的风险较小,业绩差且波动大的公司的风险较高。也就是人们常说的,蓝筹股的风险较小。

4. 可转换债券的风险

可转换债券兼有债权和股权的双重性质,持有人有权在规定的条件下将债券转换为股份,由债权人变为公司的股东。由于具备选择权,持有人可以选择持有债券、卖出债券或者转换为股票,其所承担的风险界于债券和股票之间。

5. 基金的风险

基金产品的种类很丰富,不同基金品种的风险特征相差也很大,而造成这种差异的主要原因是基金投资对象的差异。一般而言,各类基金的风险特征由高到低的排序依次是:股票型基金、债券型基金、混合型基金、货币市场型基金。

6. 衍生金融产品的风险

衍生金融产品的风险很高,适合偏好风险、追求高收益的投资者。衍生产品的价格很大程度上取决于标的产品的价格波动,例如,股票指数期货的价格波动主要取决于股票指数的现货价格的波动,如果股票的现货市场存在着被操纵的可能性或者存在着能够导致股票价格巨幅波动的因素,那么经过杠杆倍数的放大效应后,这样的股票衍生产品就具有很大的风险。衍生产品的高风险还取决于衍生产品的交易制度。如期货市场上往往采用保证金制度,如果保证金为10%,杠杆比率就是10倍,价格变动1%,投资者的盈亏就变动10%。产品创新也带来新的风险,近年来创新较多的结构性衍生产品与形形色色的金融工具挂钩,经过一系列组合后产品特征更加复杂,其中所包含的风险需要投资者细致地辨识。

不同类别理财产品的风险与其本身的基本特征密切相关。理财产品的基本特征包括其发行者、认购者、期限、价格、收益率、流通性等要素,它们共同决定了理财产品的风险特征。但在实际理财操作中,理财产品的风险大小还可能受到政策因素、市场环境、市场预期等多方面的影响,比上述情况要复杂得多。

(二)收益比较分析

1. 储蓄类产品的收益

储蓄类产品的收益主要来源于存款利息,收益比较稳定,收益水平不高。但如果发生通货膨胀,固定利率低收益存款产品的实际收益水平可能大大降低。

2. 债权类产品的收益

债权类产品的收益主要来源于利息收益和价差收益两方面。前者是债券投资者长期持有债券,按照债券票面利率定期获得的利息收入;后者是债券投资者买卖债券形成的价差收入或价差亏损。影响债券类产品收益的因素主要有基础利率、市场利率、债券的票面利率、债券的市场价格、流动性、债券的信用级别等。

3. 股权类产品的收益

股权类产品的收益主要来源于股利和资本损益。股利来源于公司的税后净利。税后净利是公司分配股息的基础，其要作必要的公积金、公益金扣除。股利收益根据投资人的持股份额确定。所谓资本损益，又称"资本利得"，是投资人在股票市场上利用价格波动低买高卖赚取的差价收入。当卖出价大于买入价时为资本收益，卖出价小于买入价时为资本损失。获取资本利得，是目前我国绝大部分个人证券投资者进行股票理财的主要目的。影响股票收益的因素主要有宏观经济状况、行业景气周期、证券市场态势、上市公司盈利情况和成长性、政府的经济和金融政策、突发性的自然因素和重大政治事件等。

4. 可转换债券的收益

根据可转换债券的特性，可转换债券持有人只能享有该债券利息，而只有当持有人将债券转换成股票时，才能成为公司股东，与其他股东一起享有该公司的分红派息。因此可转换债券持有人在转换为股票之前的收益水平与债券类似，在转换为股票之后则可以体现出高收益的特征，非常适合希望在低风险、低收益与高风险、高收益这两种不同收益结构之间灵活选择的投资者。

5. 基金的收益

影响基金类产品收益的因素主要来自两个方面。一是基金的基础市场，即基金所投资的对象，如债券、股票、货币市场工具等。这些基础市场的行情波动对基金的收益有很大的影响。基金产品的种类很丰富，不同基金品种的收益特征相差也很大，而造成这种差异的主要原因在于基金投资对象的差异。二是基金自身的因素，如基金管理公司的整体业务素质、基金管理公司的道德水平、研究团队的研究实力、基金经理的投资管理能力、基金管理公司的整体业务运行情况等。一般而言，各类基金的收益特征由高到低的排序依次是：股票型基金、混合型基金、债券型基金和货币市场型基金。其中，货币市场型基金由于其安全性和相对固定的收益，可被视为储蓄的替代品。

6. 衍生品的收益

期货等基础金融衍生品的风险很高，但收益也可能很高，这与其交易制度所决定的杠杆倍数密切相关。商业银行推出的人民币理财计划、外币理财计划等结构性金融衍生品的预期收益水平通常高于储蓄存款而低于期货等衍生产品的杠杆投资收益，不过其收益相对稳定。部分人民币理财计划由于其安全性和相对稳定的收益，也可以被视为储蓄的近似替代品。

（三）流动性比较分析

1. 储蓄类产品的流动性

活期储蓄存款的流动性一般较好，定期储蓄存款的流动性相对差一些，但也可以提前提现。

2. 债券类产品的流动性

债券产品往往到期才能够还本,即使在二级市场出售,债券市场的交易通常也没有股票市场活跃,因此债券的流动性一般弱于股票。

3. 股权类产品的流动性

股票市场的成交往往比其他市场活跃,上市股票的流通转让非常快捷,流动性较强。

4. 可转换债券的流动性

可转换债券持有人可以在二级市场出售债券,也可以将债券转换为股票,因此其流动性比一般债券要强,转换为股票后则流动性与股票一样。适合对流动性要求比较高、投资目标不太确定、希望投资方式有一定灵活性的投资者。

5. 基金的流动性

一般而言,各类基金的流动性比较好。其中货币市场基金有"活期储蓄"之称,客户可以随时申购、赎回,具备非常好的便利性、流通性,一般在买入基金后的第2个工作日,就可进行赎回。

6. 衍生品的流动性

期货等基础金融衍生品的流动性与金融市场的交易活跃程度密切相关。商业银行推出的人民币理财计划、外币理财计划等结构性金融衍生品的流动性则相对较弱,如部分人民币理财产品更像是"定期储蓄"的替代品,属于封闭式管理,收益率与年限挂钩,投资者不能随时赎回,其流动性也受一定限制。

(四)其他特性比较分析

1. 保障功能

保险产品具有其他投资理财工具不可替代的保障功能。如果人们仅仅为了获得高回报则完全可以投资股票等产品,而不必购买保险,事实上人们购买保险的主要目的还是侧重于发挥保险的保障功能而不是投资功能。此外,在温和的通货膨胀条件下,房地产、艺术品、黄金等产品也具有较好的保值功能,可使个人资产免受缩水损失。

2. 准入门槛

各产品的准入门槛有所不同。比如我国商业银行是人民币理财产品起点最低一般都在5000元至1万元,部分小投资者可能会被拒之门外。货币市场基金的准入门槛较低,申购起点一般在1000元左右,首发门槛还有不断降低的趋势,例如在辅以特定投资计划的情况下南方基金管理公司的定期定额投资计划申购门槛只有200元。相比之下,期货等高风险金融衍生品的准入门槛就比较高,一般情况下,不具备风险承受能力的中小投资者难以参与。

3. 专业知识要求

期货等高风险金融衍生品对投资者的知识要求较高,如果不熟悉期货交易技巧和期货市场特点就贸然入市，很可能倾家荡产、血本无归；而购买国债、储蓄等产品的风险不大，对投资者知识要求也就比较低。在购买银行理财产品，特别是与汇率、利率等挂钩的结构性产品时，最好根据自己对挂钩工具的了解程度来选择。因为在信息不对称的情况下很难去跟踪挂钩产品未来的收益表现与风险，所以最好选择一些自己比较熟悉的挂钩工具，这样购买理财产品就能够做到心中有数，有的放矢。

4. 交易费用

不同的交易费用水平对投资者的投资成本与收益有一定的影响。货币市场基金可随时申购、赎回，且不收取任何手续费；人民币理财产品，一般都有期限限制，如果投资者提前解约的话就要缴纳一定的解约手续费；证券投资基金的买卖免征印花税，其交易费用就明显低于股票。

第四节　个人理财规划观念

理财不是简单的买股票、买债券、买房地产，在理财过程中我们需要注意哪些问题，才能避免投资损失？本节将提醒你理财应具备的观念，以避免在投资过程中犯低级失误。

一、货币时间价值观念

货币时间价值是投资理财领域最基本的观念。这一观念的应用不仅因为货币具有时间价值，更为重要的是在投资理财领域，货币时间价值的计算采用的复利原理。因为在任何投资理财领域，前期投资所获得的收益都可以作为后期投资的成本。复利是投资理财领域计算货币时间价值的主要方法，而在分析投资理财的成本与效益时，也用的是复利。

阿尔伯特·爱因斯坦（Albert Einstein）曾将复利称作是世界上第八大奇迹。原因在于复利能给投资理财规划带来令人意想不到的收获。依据货币时间价值计算的原理，投资所获得的报酬（终值）的大小取决于投资额、复利的次数和投资时间，在前两者不变的情况下，投资时间越长，取得的报酬越高，而且是以加速度方式提高报酬，因而复利也被称作"滚雪球"。在个人理财规划时，要及早投资，享受复利的"滚雪球"效应。如每月投资100元，年利率为10%的条件下，一个人如果从20岁开始进行此项投资，在60岁退休时可以获得632 408元，但如果30岁才开始此项投资只能获得226 049元，在40岁才开始此项投资只能获得75 937元。由此可看出复利给个人投资理财规划带来的神奇魅力和货币时间价值观念的重要性。

二、资金成本观念

资金成本观念是投资理财的基本观念。个人投资的所有资金都有成本，在理财规划过程中必须考虑资金的成本。有的人认为，在理财过程中，只要不进行借贷，只用自己的资金进行投资，就没有资金成本。这一观念是错误的。正如货币时间价值的观念，资金是具有时间价值的，如果将资金投资于一投资项目，那么该资金将没有机会获取其他投资项目的投资收益，货币资金不能同时在两个或两个以上的项目上同时获益。即在考虑理财规划的投资项目时，要考虑资金的机会成本。在考察理财规划的某一项目的投资价值时，机会成本成为评价投资项目的标准。不考虑风险条件下，如果该项目的报酬高于机会成本，则该项目可以投资；反之，不如投资于产生机会成本的项目。

另外，在投资过程中如果有借入资金，还要考虑借入资金的成本，并将其与机会成本相结合，作为投资项目的评价标准。

三、风险与收益配比观念

在理财规划过程中，风险永远是一个不可回避的问题。"股市有风险，投资需谨慎"，时时在提醒股票投资者注意风险防范。在任何投资中都存在风险。即使将资金保存在手中，看似不会损失，没有风险，但有通货膨胀所带来的货币贬值的风险；将资金存在银行或购买企业债券，也有可能面临银行或企业破产而使资金受到损失的风险，即使银行和企业没有破产，也可能会因为报酬率过低而产生货币贬值的风险；投资于股票、黄金、房地产等，则可能面临降价风险；投资于期货、期权风险则更大，不仅可能损失保证金，而且可能因此形成巨额负债。因此，风险是理财规划过程中必须考虑的一个重要因素。

风险和收益是两个紧密联系的因素，二者呈正相关关系。即风险越大，收益越高；风险越小，收益越低。在理财规划过程中，评价投资项目时，必须将风险和收益结合考虑。在控制风险的基础上，尽量提高收益率。

第五节 个人理财规划环境

我国政府越来越关心民生了，物价今年又涨了，汇率改革以来外汇汇率波动幅度越来越大，人民币在持续升值……面临不断变化的社会、经济环境，我们如何判断环境变化对理财行为的影响？本节将为你解答理财规划环境对个人理财的影响。

个人理财规划作为社会活动的组成部分，必然受到理财环境的制约，影响个人投资理财规划的环境主要有社会环境、宏观经济环境和金融环境三个方面，具体影响因素如图1.12所示。

一、社会环境对个人理财的影响

社会环境包括社会进步、开放程度和社会保障体系等。

（一）社会进步和开放程度对个人理财规划的影响

社会越进步、越开放，个人理财需求可能越广泛。在发达国家，为了追求更

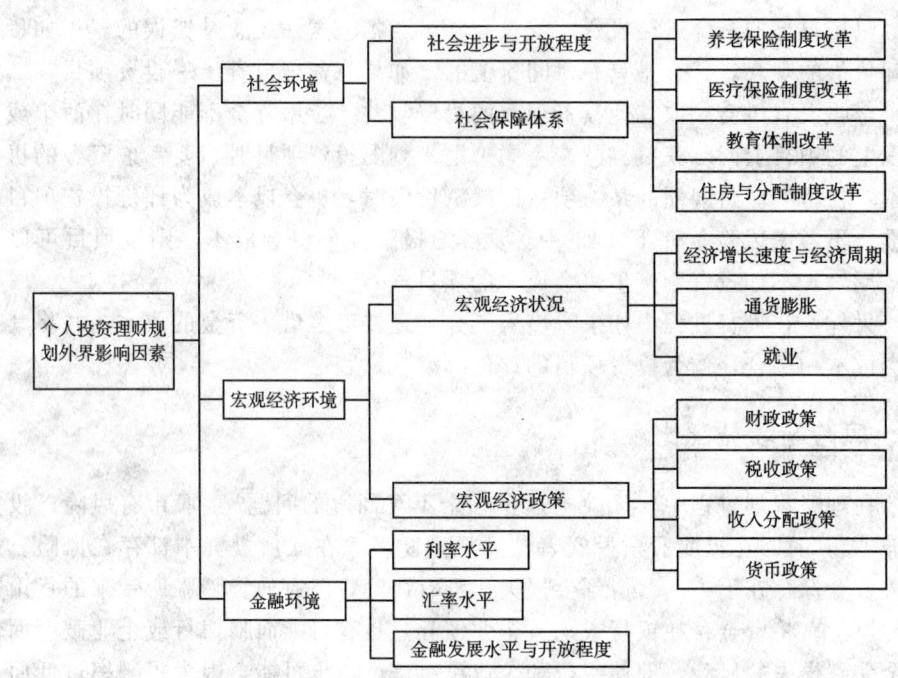

图1.12 个人投资理财规划外界影响因素

高的生活质量和品位,人们大量使用信用卡透支消费,商业银行也提供非常丰富的个人消费信贷服务,个人理财业务由此得到迅速发展。除此以外,当地社会关于养老、继承、子女抚养等方面的传统习俗也会影响到个人理财需求和理财偏好。人群的文化水平与知识结构对个人理财也有一定的影响。如果人们普遍接受良好的教育、具有较高的文化水平和丰富的知识结构,那么他们对于金融产品的理解和接受能力就比较强,完全有可能将一些创新产品纳入到他们的理财组合方案中。

(二)社会保障体系对于个人理财规划的影响

社会保障是个人理财规划的重要内容,个人是否参与社会保障对于他是否顺利度过一生有较大的影响。养老保险制度、住房制度、医疗制度、教育制度等改革对居民家庭支出影响较大。随着这几项支出中个人承担部分的加大,在理财规划活动中,社会保障制度的完善程度与否直接影响个人理财规划的行为。

1. 养老保险制度改革对个人理财规划的影响

人口老龄化是当今世界各国普遍面临的重大社会问题,中国也不例外。我国人口老龄化与先期进入人口老龄化的国家相比,具有老龄化发展快、老年人口数量大、地区之间不平衡、超前于社会经济发展等特点,因此老龄化问题不容忽视。首先,老龄化加重了劳动年龄人口对老年人的赡养负担。其次,老年人的社会保障问题尤为突出,我国农村老年人口普遍缺乏养老、医疗、照料服务等基本社会保障。老龄化问题还会加重现代家庭的负担,独生子女政策的推行导致未来我国很多家庭一对夫妇将要面临供养双方父母和抚养一个未成年子女的沉重负担。

1999年我国改革养老制度，实行"统账结合"的基本养老保险制度，原来由单位履行的社会职能正逐渐社会化，在理财规划过程中，除基本养老保险制度的保障外，由于人口老龄化的影响，理财规划主体还应为自身在基本保障外增加养老规划，养老支出应纳入到个人理财规划中。

2. 医疗保险等制度改革对个人理财规划的影响

1998年以来，国家有关部门陆续出台文件，改革和完善医疗保险制度体系。医疗制度改革后，由个人承担的医药费比例提高，居民家庭用于治疗和药品方面的支出有所增长，也在一定程度上刺激了个人理财需求的增加。

3. 教育体制改革对个人理财规划的影响

随着高等教育体制改革的不断深入，个人负担部分逐步增加，子女教育费也成为人们生活财务预算的重要组成部分，教育支出也逐步纳入到个人理财计划中。

4. 住房分配制度改革对个人理财规划的影响

我国住房制度改革到今天，已经基本取消了实物分房，推行住房分配货币化，住房支出主要由个人负担，居民已经成为住房市场的消费主体。住房支出是人生当中非常大的一笔支出，给个人带来的负担显而易见，通过恰当的理财规划可以化解一部分经济压力。

二、宏观经济环境对个人理财规划的影响

（一）宏观经济状况对个人理财规划的影响

宏观经济状况变动，从投资组合设计到投资策略的确定，乃至具体的投资买卖操作，将直接或者间接影响到我们投资理财活动的各个方面。在确定投资理财决策时，最好能够对其作出综合判断，而不是简单考虑其中的某个指标。衡量宏观经济状况的指标非常多，与个人理财关系密切的主要有以下几个方面。

1. 经济增长速度和经济周期对个人理财规划的影响

在经济增长较快、处于景气周期时，由于对未来经济增长的心理预期作用，个人和家庭倾向于增持收益股票、房产等资产，特别是买入对周期波动比较敏感的行业的资产，同时降低防御性低收益资产如储蓄产品等的投资，以分享经济增长成果；反之，在经济增长放缓、处于衰退周期时，个人和家庭倾向于增持防御性资产如储蓄产品等，特别是买入对周期波动不敏感的行业的资产，同时降低股票、房产等资产的配置，以规避经济波动带来的风险。表1.3列出了经济增长对个人投资理财倾向产生影响的不同情况。

表1.3 经济增长对个人投资理财倾向影响

投资方式	预期未来经济增长比较快、处于景气周期		预期未来经济增长放缓、处于衰退周期	
	理财倾向	理由	理财倾向	理由
储蓄	减少配置	收益偏低	增加配置	收益稳定

续表

投资方式	预期未来经济增长比较快、处于景气周期		预期未来经济增长放缓、处于衰退周期	
	理财倾向	理由	理财倾向	理由
债券	减少配置	收益偏低	增加配置	风险较低
股票	增加配置	企业赢利增长，可以支撑牛市	减少配置	企业亏损增加，可能引发熊市
基金	增加配置	可实现增值	减少配置	面临资产缩水
房产	增加配置	价格上涨	适当减少	市场转淡

2. 通货膨胀对个人理财规划的影响

在通货膨胀条件下，名义利率不能完全、真实地反映资产的投资收益率，实际利率要低于名义利率，甚至是负值。在通货膨胀环境下，固定利率资产都将大幅度贬值，居民的实际收入也可能跟不上物价上涨，个人和家庭的购买力大打折扣。为应付通货膨胀风险，个人和家庭倾向于减持固定利率、债券等固定收益产品，增持股票、房产和外汇等资产，以对自己的财富进行保值。当然，在严重通货膨胀的条件下，股票等资产同样也面临贬值，持有外汇资产可能成为仅存的保值选择。如果发生通货紧缩，则情况正好相反。

表1.4列出了通货膨胀对个人投资理财倾向产生影响的不同情况。需要注意的是，通货膨胀（或者通货紧缩）根据严重程度可区分为多种不同情形，而且对具体产品的影响也比较复杂，需要结合其他各方面情况才可以做出符合实际的判断，因此实际理财过程中需要作更加细致的综合判断。

表1.4 通货膨胀对个人投资理财倾向的影响

投资方式	预期未来温和通货膨胀		预期未来通货紧缩	
	理财倾向	理由	理财倾向	理由
储蓄	减少配置	净收益走低	维持配置	收益稳定
债券	减少配置	净收益走低	减少配置	价格下跌
股票	适当增加配置	资金涌入价升	减少配置	价格下跌

3. 就业对个人理财规划的影响

如果就业率比较高，社会人才供不应求，预期未来家庭收入可通过努力劳动获得明显增加，那么个人理财策略偏于积极，更多配置股票、房产等风险资产。反之，如果就业率不断下降，社会人才供过于求、失业人数不断增加，预期未来家庭收入存在不确定性，那么个人理财策略偏于保守，更多配置防御性资产如储蓄产品等，以避免投资损失。

(二) 宏观经济政策对投资理财的影响

1. 财政政策对个人理财规划的影响

政府可以根据宏观经济形势，采取国家预算、税收、国债、财政补贴、财政管理体制、转移支付制度等财政政策手段,调控财政收入与支出规模,使之达到预定的财政政策目标,并以此影响整体经济的运行。紧缩的财政政策会抑制证券投资需求,支持资产价格上涨。

2. 货币政策对个人理财规划的影响

中央银行可以根据客观经济形势,运用法定存款准备金率、再贴现率、公开市场业务操作、直接信用控制、间接信用指导等货币政策工具,调控货币供应量和信用规模,使之达到预定的货币政策目标,并以此影响整体经济的运行。紧缩的货币政策会抑制证券投资需求、房地产投资需求等,造成相应的资产价格下跌;而扩张的货币政策则会刺激投资需求,支持资产价格上涨。比如在宏观经济调控是背景下,房地产市场走向不明和股市低迷,都可能使高收入群体更多地转向保障和保值型投资。

3. 收入分配政策对个人理财规划的影响

收入分配政策是指国家为实现宏观调控总目标和总任务,针对居民收入水平高低、收入差距大小在分配方面制定的原则和方针。倾向于减少个人可支配收入的收入分配政策会抑制个人投资需求,造成个人理财需求减少;反之,会刺激个人投资需求,造成个人理财需求增加。

4. 税收政策对个人理财规划的影响

税收政策是稳定的经济社会中对投资理财策略影响最大、最深刻、最全面也是最复杂的一个方面。税收政策直接影响到收入水平和交易成本,从而影响个人理财的需求和积极性。如降低股市的印花税,刺激了股票投资的积极性。

三、金融环境对个人理财规划的影响

在金融环境中,影响个人理财的因素主要包括利率水平、汇率水平、金融行业发展水平和开放程度等。

(一) 利率水平对个人理财规划的影响

在日常生活中,利率总是一个备受关注的重要经济变量。对于个人理财来说,利率是最基础、最核心的影响因素之一,几乎所有的理财产品都与利率有着联系,利率水平的变动对各理财产品的风险和收益状况产生重要影响。利率水平的变动影响人们对投资收益的预期,从而影响其消费支出和投资意愿。利率水平的变动还会影响从银行获取的各种信贷的融资成本。投资机会成本的变化对投资决策往往也会产生非常重要的影响。此外,利率水平的高低还是投资者衡量经济形势好坏、信用状况松紧的一个重要经济指标。

投资者一般基于利率的预期,判断自己持有的理财产品可能会受到怎样的影响。银行储蓄存款的收益率是利率变动的最直接反映,利率上升则引起银行储蓄存款产品的收益率同步上升。其他类产品所受的影响相对就复杂一些。一般来说,市场利率上升会引起债券等固定收益产品价格下降,股票价格会下跌,房地

产市场走低；反之，市场利率下降会引起债券类固定收益产品价格上升，股票价格上涨，房地产市场走高。对于其他固定收益的银行理财产品或者储蓄类保险产品，实际上也是将未来的一个长期储蓄锁定在当前的利率水平上，如果判断当前的利率水平较高，未来利率水平将逐渐下降，则这种锁定是有益的，反之则是不利的。表1.5列出了利率变化对个人投资理财倾向产生影响的不同情况（注意这只是一个不全面的静态分析）。

表1.5 利率变化对个人投资理财倾向的影响

投资方式	预期利率上升		预期利率下降	
	理财倾向	理由	理财倾向	理由
储蓄	增加配置	收益将增加	减少配置	收益将减少
债券	减少配置	面临下跌风险	增加配置	面临上涨机会
股票	减少配置	面临下跌风险	增加配置	面临上涨机会
基金	减少配置	面临下跌风险	增加配置	面临上涨机会
房产	减少配置	贷款成本增加	增加配置	贷款成本降低
外汇	减少配置	人民币回报高	增加配置	外汇率可能高

（二）汇率水平对个人理财规划的影响

汇率风险通常被人们所忽略，实际上在某些特殊情况下汇率风险对个人和家庭经济的打击是致命的，因为汇率的大幅度走低几乎影响到家庭资产各个方面。1997年亚洲金融危机及后来的俄罗斯、阿根廷金融危机均以当地货币大幅贬值为标志，导致大批个人和家庭经济陷入困境，在这种情况下，如果一个家庭的资产中包含一定比例的外汇资产（相对疯狂贬值的本币具有较高支付能力），则金融危机对他们的影响就会小得多。随着国内居民外汇的增加和外汇理财的普及，特别是2005年人民币汇率制度改革后人民币汇率不断小幅走高，汇率变动对个人理财的影响越来越显著。

如果利用汇率波动进行短期理财，则需要较高的专业水平，必须在充分掌握各国经济动态的基础上对国际市场各主要货币汇率走势做出正确判断，并适时在强势和弱势的币种之间做出调整。表1.6列出了汇率变化对个人投资理财倾向产生影响的不同影响。

表1.6 汇率变化对个人投资理财倾向的影响

投资方式	预期本币升值		预期本币贬值	
	理财倾向	理由	理财倾向	理由
储蓄	增加配置	收益将增加	减少配置	收益将减少
债券	增加配置	本币资产增值	减少配置	本币资产贬值
股票	增加配置	本币资产增值	减少配置	本币资产贬值
基金	增加配置	本币资产增值	减少配置	本币资产贬值
房产	增加配置	本币资产增值	减少配置	本币资产贬值
外汇	减少配置	人民币更值钱	增加配置	外汇相对价值高

（三）金融业发展水平和开放程度对个人投资理财的影响

金融业发展水平和开放程度直接影响个人理财的发展。金融业越发达，开放程度越高，个人理财的发展空间就越大。近年来，随着各种证券类和保险类产品的不断涌现，人们已不再仅仅局限于银行储蓄存款，但在城市家庭户均拥有人民币金融资产中，储蓄存款仍以绝对优势排在首位。造成这种状况的原因有两个方面：一是可投资的金融产品太少，国内金融市场基本上没有金融衍生品交易，对金融衍生品的应用有很严格的管制，这样投资者就缺乏必要的对冲避险工具，只能单向买入金融产品，风险较大；二是居民缺乏金融相关知识，在各种各样的金融产品面前无所适从。随着我国2006年年底开放境内的人民币业务，外资银行的介入给国内的人民币理财市场带来全新的产品和服务，并加剧商业银行理财产品的差异化竞争。

本章小结

个人理财规划确立与人的生命周期相一致，总体目标的实现依赖于阶段性目标的实现作为保障；要实现个人理财目标，理财主体在充分认识自身理财基础条件下，必须具备经济学的基础精神、会计学的基础知识和技能以及理财学的运作方式和手段；与公司理财相比，个人理财规划在理财主体、理财目标、决策环境、理财周期以及依据的法律法规方面都有所不同；人个理财规划的内容包括投资规划、居住规划、教育投资规划、个人风险管理和保险规划、个人税务筹划以及退休计划等。

货币时间价值是货币量随着时间的推移而形成的增值，计算货币时间价值的方法有单利和复利两种方法。年金是每期等额收付的系列款项，是复利计算结果之和。

个人理财产品从对象属性上分为金融理财产品和实物理财产品两大类。在分析理财产品时，要考虑各种理财产品的风险和收益之间存在正相关的关系，如理财产品的流动性以及保障功能、税收、交易成本、理财门槛等因素。

在理财时，理财主体要具备货币时间价值观念、资金成本观念和风险与收益观念。

个人理财规划活动作为社会活动的组成部分，必须受到理财环境的制约，影响个人投资理财规划的环境主要有社会环境、宏观经济环境和金融环境。

第二章

银行产品理财

在本章，你将学习到如下知识点：
银行理财产品种类的介绍
银行理财产品的投资效益分析
- 利息计算的基本规定
- 储蓄存款利息计算
- 外汇投资产品的投资收益

银行产品理财的动机与信用管理
- 合理的动机
- 个人信用管理

第一节　银行产品概述

过去银行对居民来说，只是一个存款的地方。银行卡的大量流行，使我们可以从银行每月进行循环信贷。自从我们买了房，就开始了从银行进行长期贷款。银行的理财产品推出层出不穷，银行目前有哪些主要理财产品？我们还可以通过银行进行哪些理财？本节将为你列示银行目前的主要理财产品的品种，并将其逐一介绍。

一、储蓄存款

储蓄存款是指居民个人将闲置不用的货币资金存入银行，并可以随时或按约定时间支取款项的一种信用行为，是银行对存款人的负债。按照《中华人民共和国商业银行法》的规定，办理储蓄业务，应当遵循"存款自愿、取款自由、存款有息、为存款人保密"的原则。根据国务院颁布的《对储蓄存款利息所得征收个人所得税的实施办法》（自1999年11月1日起施行，2007年7月20日修订）规定，从中华人民共和国境内的储蓄机构取得的人民币、外币储蓄存款利息，应当缴纳储蓄存款利息所得税，利息税税率为5％，由存款银行代扣代缴。国务院颁布的《个人存款账户实名制规定》（2000年4月1日起施行）规定，个人在金融机构开设个人存款账户时，应当出示本人身份证件，使用实名。

储蓄存款可分为活期存款、定期存款、定活两便存款、个人通知存款、教育储蓄存款和定活通等。具体分类如表2.1所示。

表2.1　储蓄存款业务种类

储蓄存款	活期存款	
	定期存款	整存整取
		零存整取
		整存零取
		存本取息
	定活两便存款	
	个人通知存款	
	教育储蓄存款	
	定活通	

（一）活期存款

1. 概念及基本规定

活期存款是指不规定存款期限，客户可以随时存取的存款。客户凭存折或银行卡及预留密码可在银行营业时间内通过银行柜面或通过银行自助设备随时存取现金。活期存款存折不能转让和流通，也不能透支。在现实中，活期存款通常1

元起存，以存折或银行卡作为存取凭证，部分银行的客户可凭存折或银行卡在全国各网点通存通兑。

2. 优缺点

无固定存期、可随时存取、存取金额不限，但利率最低，不适合作为大笔资金的长期投资。

3. 适用对象

由于活期储蓄的利率最低，一般只用于经常性生活用款或一般开支，如缴纳水电费、电话费等。

4. 理财建议

建议储户将每月固定收入（如工资）存入活期存折，并可以以代扣代缴的形式缴纳水电费、电话费等费用。而且应该定时核查，一旦发现活期账户结余了大笔的存款，应该随时支取转为定期存款。

（二）定期存款

定期存款是个人事先约定偿还期的存款，其利率视存款期限长短而定。根据不同的存取方式，定期存款又可分为四种：整存整取、零存整取、整存零取和存本取息。其中，整存整取最为常见，是定期存款的典型代表。

1. 整存整取

（1）概念及基本规定。

整存整取定期存款是在存款时约定存期，一次存入本金，全部或部分支取本金和利息的存款方式。一般 50 元起存，存期分三个月、半年、一年、二年、三年、五年，本金一次性存入，由储蓄机构发给存单（折），到期凭存单（折）支取本息，存期内按存入时同档次定期利率计息，到期末支取，超过存期部分按支取日公布的活期利率计息。也可根据储户意愿，办理定期存款到期约定或自动转存，存款到期转存，按转存日挂牌公告利率计息。

（2）优缺点

1）利率较高。定期存款利率高于活期存款，是一种传统的理财工具。定期存款存期越长，利率越高。

2）可约定转存。储户可在存款时约定转存期限，定期存款到期后的本金和税后利息将自动按转存期限续存。

3）可质押贷款。如果定期存款临近到期，但又急需资金，储户可以办理质押贷款，以避免利息损失。

4）可提前支取。如果储户急需资金，亦可办理提前支取。未到期的定期存款，全部提前支取的，按支取日挂牌公告的活期存款利率计付利息；部分提前支取的，提前支取的部分按支取日挂牌公告的活期存款利率计付利息，剩余部分到期时按开户日挂牌公告的定期储蓄存款利率计付利息。

5）受时间限制，如果提前支取，利息损失较大。

(3) 适用对象

事先预知使用的资金或长时间不动用的资金。

(4) 理财建议

1) 在整存整取的同时，储户不妨把大额的款项拆分开来，这样不但利息不会损失，而且万一出现需要提前支取或者应急的情况，也不会"牵一发而动全身"，避免利息损失。

2) 很多储户往往存钱之后到期忘记去取款，结果超期的利息只按照活期计算，如果和自动转存结合起来，到期之后可自动转存，就算忘了日期也不用担心了。

3) 大笔的长期闲散资金应该考虑大额定期存单和大额可转让定期存单。

4) 选择定期储蓄的期限时，应该选择想存的年限直接存入，这样利息最高。比如，想存5年，就直接选择存定期储蓄5年期，收益最高。如果确定自己这笔资金7年内不用，可是银行又没有这个年限的定期储蓄可以选，在这种情况下，选择两种存期差距最大的定期储蓄，收益相对会较高。也就是说，如果你想存一个7年期的定期储蓄，选择1个5年期和两个1年期的定期存款，就比选择两个3年期和一个1年期的定期存款收益要大。

2. 零存整取

(1) 概念及基本规定

零存整取存款是指按月定额存入款项，到期一次支取本息的存款方式。5元起存，多存不限。零存整取存款存期分为一年、三年、五年。存款金额由储户自定，每月存入一次，中途如有漏存，应在次月补齐，未补齐者，到期支取时按实存金额和实际存期计算利息。

(2) 优缺点

1) 同整存整取相似，零存整取利率较高，也可约定转存、质押贷款和提前支取。

2) 存入时负担较小，积少成多，可培养理财习惯。

3) 受时间限制，如果提前支取，利息损失较大。

4) 每月存入，较麻烦，但随着网络银行的普及，客户可通过网络银行办理存款业务。

(3) 适用对象

适用于工薪族或"月光族"，可以逐渐半强制性地为自己将来的开支积累一些资金。

(4) 理财建议

这种储蓄一旦约定了存款金额，就必须每个月按时存款，如果中途因为特殊原因漏存，那么下个月一定要补上，如果没有补存，那么这份合同就视同违约，到期支取时对违约之前的本金部分按实存金额和实际存期计算利息；违约之后存入的本金部分，按实际存期和活期利率计算利息。

3. 整存零取

(1) 概念及基本规定

整存零取指在存款时约定存期及支取方式，一次存入本金，分次支取本金和利息的存款方式。整存零取存款1000元起存。整存零取存款存期分为一年、三年、五年。由储蓄机构发给存单，凭存单分期支取本金，支取期分一个月、三个月、半年一次，由储户与储蓄机构协商确定，利息于期满结清时支取。

(2) 优缺点

1) 多次支取本金，取款灵活。

2) 可质押贷款。

3) 利息受时间限制。

(3) 适用对象

适用于有固定开支的储户。

4. 存本取息

(1) 概念及基本规定

存本取息指存款本金一次存入，约定存期及取息期，存款到期一次性支取本金，分期支取利息的存款方式。存本取息定期存款5000元起存。存本取息定期存款存期分为一年、三年、五年。取息日由客户开户时约定，可以一个月或几个月取息一次；取息日未到不得提前支取利息；取息日未取息，以后可随时取息，但不计复息。如果储户需要提前支取本金，这要按整存整取计算存期内利息，并扣取多支付的利息。

(2) 优缺点

1) 可多次支取利息，灵活方便。

2) 可质押贷款。

3) 可提前支取。客户需要提前支取本金时，按照整存整取定期存款的规定计算存期内利息，并扣除多支付的利息。

4) 本金受时间限制。

5) 起存金额较高。

(3) 适用对象

适用于照顾对象的消费。如：离退休人员的固定支出存本取息是一种实用的储蓄品种，特别适合为老年人存养老金，为孩子存上学费用，它存入的方法是约定存期、整笔存入，然后分次取息，最后到期一次支取本金。

(4) 理财建议

对于一些有大笔的资金较长时间不用，又不愿意投资一些有风险产品的储户，不妨考虑采用"存本取息＋零存整取"的组合模式，一方面能获得较高的收益，另一方面则能把产生的利息再存起来，达到"利滚利"的效果。目前存本取息的最低起点是5000元，存期分为一年、三年和五年3个档次。开户时，整笔存入按约定期限（可1个月或几个月）分次取息，到期还本。具体操作是，先把资金按照存本取息的模式一次性存入银行，然后再和银行约定一个"每月自动转息"的业务，这样既不用每个月到银行取息再转存，同时也能把这部分利息再利用起来，获取更大的组合收益。

定期存款的四种方式比较如表2.2所示。

表 2.2 定期存款种类比较

存款种类	存款方式	取款方式	起存金额	存取期类别	特点
整存整取	整笔存入	到期一次性支取本息	50元	三个月、六个月、一年、二年、三年、五年	长期闲置资金
零存整取	每月存入固定金额	到期一次性支取本息	5元	一年、三年、五年	利率低于整存整取定期存款，高于活期存款
整存零取	整笔存入	固定期限分期支取	1000元	存款期分为一年、三年、五年；支取期分为一个月、三个月或半年一次	本金可全部提前支取，不可部分提前支取。利息于期满结清时支取。利率高于活期存款
存本取息	整笔存入	约定取息期，到期一次性支取本金，分期支取利息	5000元	存期分为一年、三年、五年；可以一个月或几个月取息一次	本金可全部提前支取，不可部分提前支取。取息日未到不得提前支取利息，取息日未取息，以后可随时取息，但不计复利

（三）其他种类的储蓄存款

除常见的活期存款和定期存款外，随着银行产品的创新，还会有更多的储蓄存款方式，下面介绍除活期和定期存款外的四种主要存款种类。

1. 个人通知存款

（1）概念及基本规定

个人通知存款是存入款项时不约定存期，但约定支取存款的通知期限，支取时按约定期限提前通知银行，约定支取存款的日期和金额，凭存款凭证支取本金和利息的存款方式。

人民币通知存款的最低存款金额为5万元（含），外币通知存款的最低存款金额各地区略有不同，约为等值人民币5万元（含）。本金一次存入，可一次或分次支取。通知存款按提前通知的期限，分为一天通知和七天通知两个品种。外币通知存款提前通知的期限为七天。

（2）特色

1）收益高，资金支取灵活。客户不仅可获得高于活期存款的利率，并且可以随时支取存款。

2）专有积利存款计划。客户可按最短八天（七天通知存款）或两天（一天通知存款）为周期对通知存款的本金和利息进行自动滚存，并可根据实际需要定制通知存款转账周期和存期。还可提供自动转存定期存款服务。客户可约定在通知存款存期结束后将本金和利息自动转存为定期存款。

2. 定活两便存款

(1) 概念及基本规定

定活两便储蓄存款 50 元起存，存款时不确定存期，一次存入本金随时可以支取的存款方式。利率规定见本章利息计算。

(2) 特色

1) 存取灵活，流动性较好。

2) 可质押贷款。

3. 定活通

(1) 概念及基本规定

"定活通"是指银行自动每月将储户活期账户的闲置资金转为定期存款，当活期账户因刷卡消费或转账取现资金不足时，定期存款将自动转为活期存款的存款方式。"定活通"账户活期向定期转账的起点金额为 5000 元。

(2) 特色

1) 智能理财，省却经常管理账户的麻烦，省时省心。

2) 高效现金管理，满足定期存款收益与活期存款便利的双重需要，避免活期账户余额不足的尴尬的同时，提高存款收益率。

4. 教育储蓄存款

(1) 概念及基本规定

教育储蓄是指为接受非义务教育积蓄资金，分次存入，到期一次支取本息的方式。开户对象为在校小学四年级（含四年级）以上学生。存期分为一年、三年、六年，50 元起存，每户本金最高限额为 2 万元。

教育储蓄存款利率规定：

1) 一年期、三年期教育储蓄按开户日同期同档次整存整取定期储蓄存款利率计息；六年期按开户日五年期整存整取定期储蓄存款利率计息。

2) 教育储蓄在存期内遇利率调整，仍按开户日利率计息。

(2) 特色

1) 税务优惠。按照国家相关政策规定，教育储蓄的利息收入可凭有关证明享受免税待遇。

2) 积少成多。适合为子女积累学费，培养理财习惯。

(3) 操作注意事项

1) 开户：开户时，须凭储户本人（学生）户口簿或居民身份证到储蓄机构以储户本人（学生）的姓名开立存款账户，金融机构根据储户提供的上述证明，登记证件名称及号码。开户对象为在校小学四年级（含四年级）以上学生。

六年期教育储蓄的最佳开户时间为小学三年级下学期暑假至四年级上学期初；三年期教育储蓄的最佳开户时间为小学升初中那一年 9 月或初中升高中那一

年7月至9月。一年期教育储蓄最佳开户时间为升高二那年9月。

2) 存款：开户时储户须与银行约定每次固定存入的金额，分次存入，中途如有漏存，应在次月补齐，未补存者按零存整取定期储蓄存款的有关规定办理。

3) 支取：到期支取时，储户凭存折、身份证或户口簿（户籍证明）、学校提供的正在接受非义务教育的学生身份证明（税务局印制），一次支取本金和利息，每份"证明"只享受一次利息税优惠。储户如不能提供"证明"的，其教育储蓄不享受利息税优惠，即一年期、三年期按开户日同期同档次零存整取定期储蓄存款利率计付利息；六年期按开户日五年期零存整取定期储蓄存款利率计付利息。同时，应按有关规定征收储蓄存款利息所得税。

4) 提前支取：教育储蓄提前支取时必须全额支取。提前支取时，储户能提供"证明"的，按实际存期和开户日同期同档次整存整取定期储蓄存款利率计付利息，并免征储蓄存款利息所得税；储户未能提供"证明"的，按实际存期和支取日活期储蓄存款利率计付利息，并按有关规定征收储蓄存款利息所得税。

5) 逾期支取：教育储蓄超过原定存期部分（逾期部分），按支取日活期储蓄存款利率计付利息，并按有关规定征收储蓄存款利息所得税。

（四）外币储蓄存款

外币存款业务与人民币存款业务除了存款币种和具体管理方式不同之外，有许多共同点：两种存款业务都是存款人将资金存入银行的信用行为，都可按存款期限分为活期存款和定期存款，按客户类型分为个人存款和单位存款等。许多银行提供"本外币一本通"之类的存款产品，实际上已将人民币账户与外币账户的界限淡化。

目前，我国银行开办的外币存款业务币种主要有：美元、欧元、日元、英镑、澳大利亚元、加拿大元、瑞士法郎、新加坡元；另外，我国还开设了港币兑换业务。其他可自由兑换的外币，不能直接存入账户，需由存款人自由选择上述货币中的一种，按存入日的外汇牌价折算存入。

银行外汇牌价表中的这几个价格（除中间价外）都是以银行为主体的表示方法。现汇是指可自由兑换的汇票、支票等外币票据。现钞是具体的、实在的外国货币、硬币。

现汇买入价（汇买价）：银行买入外汇的价格。

现钞买入价（钞买价）：银行买入外币现钞的价格。

现汇卖出价（汇卖价）：银行卖出外汇的价格。

现钞卖出价（钞卖价）：银行卖出外币现钞的价格。

中间价（基准价）：中国人民银行公布的当日外汇牌价。

汇买价、钞买价、卖出价的区别

个人外汇买卖业务多本着钞变钞、汇变汇的原则。现钞不能随意兑换成现汇，需要支付一定的钞变汇手续费。现汇买入价和现钞买入价往往不同，因为银行买入现钞后需要对其按面额和版式进行分类、保管、运输到发钞国，或在不同网点之间调剂、运送，成本比买入现汇后只需要进行会计处理要高得多，而且还有收进假钞的风险，因此，钞买价比汇买价要低。

有些银行的卖出价却只有一个（即不分钞卖价、汇卖价），因为银行卖出时都是现汇，客户可以支付一定的汇兑手续费之后以现钞的形式取出，所以卖价只有一个。

（五）外汇储蓄存款

中国人民银行发布的《个人外汇管理办法》（以下简称《办法》，从2007年2月1日起施行）规定："个人外汇账户按主体类别区分为境内个人外汇账户和境外个人外汇账户；按账户性质区分为外汇结算账户、资本项目账户及外汇储蓄账户。"结算账户用于转账汇款等资金清算支付，储蓄账户只能用于外汇存取，不能进行转账。

《办法》对个人外汇管理进行了相应调整和改进，"不再区分现钞和现汇账户，对个人非经营性外汇收付统一通过外汇储蓄账户进行管理"。现钞和现汇管理的界限虽然取消，但由于现钞和现汇的成本费用不一样，各家银行在日常操作上还会有区分，现钞和现汇执行两种不同的汇率，进行独立核算。

现钞账户和现汇账户

凡从境外汇入、携入和境内居民持有的可自由兑换的外币票据均可存入现汇账户；不能立即付款的外币票据，需经银行办理托收后，方可存入现汇账户。

凡从境外携入或境内居民持有的可自由兑换的外币现钞，可存入现钞账户。

二、银行卡

（一）银行卡的概念

银行卡是由银行发行的具有消费信用、转账结算、存取现金等全部或部分功能的信用支付工具。银行卡的功能多样，如图2.1所示。

图2.1 银行卡的功能

按不同的分类标准，银行卡可以有多种分类，如表 2.3 所示。

表 2.3 银行卡分类

分类标准	银行卡种类
清偿方式	信用卡、借记卡
结算币种	人民币卡、外币卡（境内外币卡、境外银行卡）、双（多）币卡
发行对象	单位卡（商务卡）、个人卡
信息载体	磁性卡、智能卡（IC卡）
信誉等级	金卡、普通卡等不同等级
流通范围	国际卡、地区卡
持卡人地位和责任	主卡、附属卡

（二）借记卡

借记卡是指银行发行的一种要求先存款后消费的银行卡。借记卡与储户的储蓄存款账户相联结，卡内消费、转账、ATM 取款等都直接从存款账户扣划，不具备透支功能。借记卡按功能的不同分为转账卡（含储蓄卡）、专用卡、储值卡。转账卡是实时扣账的借记卡，具有转账结算、存取现金和消费功能。专用卡是具有专门用途，在特定区域使用的借记卡，具有转账结算、存取现金功能。储值卡是发卡银行根据持卡人的要求将其资金转至卡内存储，交易时直接从卡内扣款的预付钱包式借记卡。

（三）信用卡

1. 信用卡的概念

信用卡是指由银行或非银行金融机构向其客户提供具有消费信用、转账结算、存取现金等功能的信用支付工具。持卡人可根据发卡机构给予的消费信贷额度，凭卡在特约商户直接消费或在其指定的机构、地点存取款及转账，在规定的时间内向发卡机构偿还消费贷款本息。

2. 信用卡的分类

按是否向发卡银行交存备用金，信用卡分为贷记卡和准贷记卡两类。贷记卡是指发卡银行给予持卡人一定的信用额度，持卡人可在信用额度内先消费、后还款的信用卡。准贷记卡是指持卡人须先按发卡银行的要求交存一定金额的备用金，当备用金账户余额不足支付时，可在发卡银行规定的信用额度内透支的信用卡。

3. 信用卡消费信贷的特点

1) 循环信用额度。我国发卡银行一般给予持卡人 25～50 天的信用周期，持卡人的信用额度最高一般是 5 万元人民币。

2) 具有无抵押无担保贷款性质。

3) 一般有最低还款额要求。我国银行规定的最低还款额一般是应还金额的10%。

4）通常是短期、小额、无指定用途的信用。

5）信用卡除具有信用借款外，还有存取现金、转账、支付结算、代收代付、通存通兑、额度提现、网上购物等功能。

4. 信用卡透支

信用卡透支是指持卡人进行信用消费、取现或其他情况，所产生的累计未还款金额。按照发行对象，信用卡透支分为个人卡透支和单位卡透支两种。

(1) 个人卡透支

个人卡是发卡银行面向有稳定收入的个人发行的具有消费信用、转账结算、存取现金等全部或部分功能的信用支付工具，负责信用卡还款责任的是申请者本人。当个人卡持卡人利用个人卡的信用消费功能进行透支消费或取现时，所产生的累计未还款金额就称为个人卡透支。

个人卡透支额度根据持卡人的信用状况核定，每月一般不超过5万元（含等值外币），有些银行的白金卡可以享受更高的透支额度。

贷记卡持卡人在非现金交易时进行透支，可享受免息还款期待遇和最低还款额待遇。免息还款期最长为60天，但如选择最低还款额方式或超过发卡银行批准的信用额度用卡时，不再享受免息还款期待遇。

准贷记卡透支不享受免息还款期待遇和最低还款额待遇，透支期限最长为60天。两种卡的透支利率都是日利率万分之五（相当于年利率18%），透支按月计收单利。

(2) 单位卡透支

公司卡（商务卡，下同）是向企事业单位、团体、部队、学校等发行的具有消费信用、转账结算等全部或部分功能的信用支付工具。其申请人是单位，负责信用卡还款责任的是申请单位。当公司卡持卡人利用公司卡的信用消费功能进行透支消费时，所产生的累计未还款金额就称为公司卡透支，俗称单位卡透支。

三、外汇产品

个人进行外汇投资有两种方式：一是进行外汇买卖，通过外汇的买进和卖出的汇率差价赚取收益；二是外汇储蓄，通过将外汇存入银行赚取利息收益。

(一) 外汇理财产品的种类

按投资期限，外汇理财产品大致可以分为：1年内（不包括一年），1～3年（包括3年），3～5年（包括5年），5年以上等理财产品。

按投资币种，外汇理财产品主要有美元、英镑、欧元、日元和港元等。

按照产品设计思路和运用金融工具的不同，可以分为：个人外汇存款类、实盘操作类、浮动收益类、结构投资类和期权类。

1）个人外汇存款是指居民将自有的外币现钞或国外汇入的外汇直接存入银行，并获得利息。

2）实盘外汇买卖是由银行根据国际外汇市场行情，提供即时外汇交易牌价，接受客户的委托，为客户把一种外币兑换成另一种货币，获取汇率差价。交易币种有欧元（EUR）/美元（USD）、澳元（AUD）/美元（USD）、英镑（GBP）/美元（USD）、美元（USD）/日元（YEN）、美元（USD）/加拿大元（CAD）、美元（USD）/瑞士法郎（CHF）、美元（USD）/港元（HKD）、欧元（EUR）/日元（YEN）。其中，欧元/美元、美元/日元、英镑/美元三大货币组合的交易量占了整个市场的90％。

3）浮动收益类产品是指利率随着市场利率浮动，即每隔一段时间利率被重新调整一次，且合约中不包括期权调控的外汇投资工具。

4）结构类投资工具是指将基础产品如储蓄、浮动收益产品等，与利率期权、汇率期权等相结合，并在合约中体现这种期权的复合产品。

5）期权类产品是指客户向商业银行买入或出售的在未来某一时刻或一定期限内，以特定汇率购进或卖出一定数额的某种外汇的权利。

此外，境内居民个人可以使用境内现汇和现钞以及从境外汇入的外汇资金购买B股。

（二）结构性外汇理财产品

1. 结构性外汇理财产品的概念

目前，各家银行的个人外汇理财产品实际上都是一种结构性存款。结构性存款是结构性外汇产品的一种，这类产品将固定收益产品与外汇期权交易相结合，赋予交易双方一定的选择权，将产品本金及报酬与信用、汇率和利率等标的价格波动相联动，以达到保值和获得高收益的目的。客户为获得较高收益则要承受一定损失的风险，有时甚至是本金损失。

结构性存款的主要种类有与利率挂钩型、与汇率挂钩型和与利率区间挂钩型等品种。目前我国银行推出的外汇理财产品一般采用的是与外币的利率或者利率区间挂钩，具有100％的本金保证，化解了本金风险，但是它的期限和收益具有一定的不确定性。

2. 结构性外汇存款的分类

我国目前的结构性个人外汇存款大体可以分为以下两类：

1）收益固定型。此类产品的收益固定，但是银行可行使提前终止权。一般而言，当市场利率下跌，银行可以用更低的利率吸收存款时，银行会行使提前终止权。

2）收益与利率挂钩型。在整个投资期限内，收益不固定，根据该区市场利率的变化情况来确定最终的收益。目前，美元、港元、欧元等主要货币都有结构性理财产品。

3. 结构性外汇存款的风险

虽然结构性外汇产品也被称为"存款"，但是它有一定的投资风险。由于本金能够得到保证，结构性存款与一般存款相比，风险主要体现在收益的不确定性和机会成本方面。具体说，一是利率风险。利率上升的风险。如果投资者现在购买了美元理财产品，美联储宣布加息，国内美元利率也会跟着"水涨船高"，但投资者的收益不会因为美元存款利率的提高而提高。二是汇率风险。如果在购买了外汇理财产品期间人民币升值，那么投资者以人民币表示的外汇资产就会缩水，从而蒙受损失。三是流动性风险和资金的机会成本。大多数产品的提前终止权都握在银行手中，客户一般不能提前支取，即使急需资金也无法动用该笔结构性存款。

四、纸黄金

（一）纸黄金的概念及类型

纸黄金又可称为黄金单证，是指黄金所有人所持有的只是一张物权凭证而不是黄金实物，黄金所有人凭这张凭证可随时提取或支配黄金实物，这种黄金物权凭证就被称之为纸黄金。纸黄金的类型除了常见的黄金储蓄存单、黄金交收定单、大面额黄金可转让存单外，还包括黄金债券、黄金账户存折、黄金仓储单、黄金提货单，黄金现货交易中当天尚未交收的成交单，以及国际货币基金组织的特别提款等均属纸黄金的范畴。

（二）纸黄金交易的特点

纸黄金交易的特点有以下两点：
1）在黄金市场上采用纸黄金交易方式，可以节省实金交易必不可少的保管费、储存费、保险费、鉴定费及运输费等费用的支出，降低黄金价格中的额外费用，提高金商在市场上的竞争力。
2）纸黄金交易可以加快黄金的流通，提高黄金市场交易的速度。

（三）纸黄金的发行与交易

1. 纸黄金的发行

纸黄金的发行一般是由黄金市场上资金实力雄厚、资信程度良好的商业银行、黄金公司或大型黄金零售商所出具，如商业银行出具的黄金定期储蓄存单、黄金汇票和黄金账户存折，上海黄金交易所出具的黄金提货单或黄金仓储单据，黄金企业发行的黄金债券等。

2. 纸黄金交易地点

由于纸黄金交易时买卖双方成交后清算交收的标的物是一张黄金所有权的凭证而不是黄金实物，因此纸黄金可以在交易所的一级市场内交易，也可以在二级市场上交易。一般视纸黄金的发行机构而确定其在何类市场上交易。即纸黄金交易如果是由商业银行发行，就在商业银行的柜面上买卖交易，并由出具黄金凭证的银行办理过户交收手续；如果是由交易所发行，则应在交易所场内交易并在交易所清算部办理过户交收手续。

3. 纸黄金交易开户与交易方式

拥有完全民事行为能力的境内居民个人持有效身份证件，到提供纸黄金交易业务的银行办理活期一本通，填妥相关申请表和协议，并存入一定数量的美元或人民币，便可通过委托柜面服务人员进行纸黄金的交易，如果开通了与活期一本通关联的借记卡，还可通过电话委托、网上银行等方式交易。客户可通过柜面和网银系统查询交易结果，如果通过电话委托，则需记住交易委托号。纸黄金交易的资金结算时间短，为"T+0"交易，即当日买进可以当日卖出，当日能进行多次反复交易，提供更多投资机遇。

在纸黄金交易方式中，黄金投资者每次通过银行进行黄金买卖交易时，在指定的资金账户上作转账收付款项，同时在所开设的黄金存折上作转账存取黄金记录，无需作黄金实物的提取和交收。纸黄金交易方式简化了成交以后的清算交割手续，节省了交易费用，降低了交易成本。为了简化交易手续，便于业务在商业银行的各个营业网点推广，因此银行规定纸黄金投资业务不直接收取现金也不作黄金实物的提取交割。为此，客户黄金账户上的黄金只能作买入卖出交易，不能作黄金实物的提取或存放。在纸黄金买卖交易过程中，由于银行与个人投资者之间不发生实金提取和交收的二次清算交割行为，从而减免了黄金交易中的成色鉴定、重量检测等手续，简化了黄金实物交割的操作过程，加快了黄金交易的流转速度。同时，客户黄金存折账户的存金既可作卖出交易，也可充作抵押物或保证金向银行申请黄金贷款。因此纸黄金交易的推出，将会对参与交易的个人投资者带来极大的方便。

4. 纸黄金交易价格形成

纸黄金交易的价格标示分为买入价和卖出价，买入价和卖出价之间的差价就是纸黄金交易的点差。个人通过把握国际金价走势低吸高抛，赚取黄金价格的波动差价。买入价为银行向客户买入黄金时所使用的价格，卖出价为银行向客户卖出黄金时所使用的价格。由于黄金买卖不作实金的交割，省却了黄金的运输、保管、检验、鉴定等步骤，其额外费用要比实金买卖要少，即买入价与卖出价之间的差额要小于实金买卖的差价。

目前国内商业银行开始操作的纸黄金交易的中间价就是商业银行在上海黄金交易所场内交易的基准价，税金、运输保险、仓储保管等场内交易的二次结算费用以及银行的手续费则以买入价与卖出价之间的差价体现，银行不再向投资者另行收取其他交易费用，同时银行也不向储户支付存金利息。

（四）我国的纸黄金交易

目前国内主要的纸黄金理财产品有：中国银行的"黄金宝"、中国工商银行的"金行家"以及中国建设银行的"账户金"三种。

1. 中行"黄金宝"

中国银行的"黄金宝"分为"上海金"和"伦敦金"，投资者可动用存在

"一本通"账户上的人民币或美元投资买卖国际金融市场上的黄金。"上海金"和"伦敦金"的报价均参考国际金融市场黄金报价,通过即时汇率折算成人民币报价得到。"黄金宝——上海金"的交易单位为"克",用人民币元/克报价和结算;"黄金宝——伦敦金"的交易单位为"盎司",用美元/盎司报价和结算。

"黄金宝"的交易时间为24小时不间断交易,因此在不同的时间段,报价所依据的国际市场也会有所不同。例如在白天的交易时间段,报价来自东京的黄金交易市场;晚间时段,报价来自伦敦的黄金交易市场;而夜间则取决于纽约的市场报价。

"黄金宝"业务单边的交易点差(银行所收取的手续费)为0.4元/克。比如国际市场的即时价格折算成人民币为160元/克,那么"黄金宝"的即时报价就为投资者买入价160.4元/克,卖出价159.6元/克。"单笔投资量只要达到10克就可以进行黄金投资了",这个门槛还是能被大多数投资者所接受的。

中国银行目前向客户提供三种"黄金宝"买卖交易方式:柜台交易、电话交易、网上交易。柜台交易——客户凭"活期一本通"存折即可前往中国银行的营业网点办理"黄金宝"买卖交易;电话交易——客户拨打银行提供的黄金宝交易电话号码,凭电话交易密码即可进入中国银行"黄金宝"电话交易系统,根据电话语音的提示,进行"黄金宝"买卖交易;网上交易——客户凭开户时银行提供的网址及网银密码登录中国银行的网页,进行"黄金宝"买卖交易。在交易次数上和炒卖外汇一样,没有次数限制,市民完全可以根据报价的变动高卖低买,从中获利。

2. 工行"人民币账户金"

中国工商银行推出的"人民币账户金"业务的报价方式则略复杂些。在金交所的交易时间段,"人民币账户金"的报价是以金交所提供AU99.99的即时交易报价为基准;在此外的时间段里,报价采用即时的国际市场报价折算成人民币报价的方式来确立。而"美元账户金"的报价就比较简单,"由于直接按照美元来计价,因此采用的是综合国际市场报价的方式,也就是不同时间段根据不同国际市场的即时行情,经过汇率换算后来确立。"在交易时间上,投资者可以从周一8时到周六凌晨4时不间断地进行交易。"人民币账户金"的单边点差为0.4元/克,"美元账户金"的单边点差为3美元/盎司,与中行差不多,属于较低的收费标准。

3. 建行"账户金"

中国建设银行"账户金"相对比较落后一些。"账户金"业务目前的交易时间确定在白天10:00～15:30,因此直接采用了依据金交所的AU99.99和AU99.95的实时报价为基准的报价方式。"账户金"的单边交易点差为0.5元/克。单笔投资量只要达到10克就可进行交易。目前这种业务还只能通过银行网点办理,但是中国建设银行提供了委托服务,投资者可以通过业务委托进行交易。相比中国银行和中国工商银行的网上银行、电话银行以及网点办理等交易方式,中国建设银行的系统还算不上太完善。但系统正在紧张的建设当中,建设完毕后上述方式都能进行,而且交易时间也会延迟至 24 小时。

五、个人贷款业务

个人贷款是指银行向个人购买房屋、汽车以及个人求学等提供的融资。个人贷款可由银行直接向个人发放或通过零售商间接发放。

我国针对个人的贷款业务主要有个人住房贷款、个人汽车贷款、信用卡透支、个人助学贷款等。具体如表 2.4 所示。

表 2.4 个人贷款业务

个人贷款品种	用途	还款保障	利率浮动区间	最长贷款期限/年	最高贷款比例/限额
住房贷款	居住、商用、二手	抵押、质押	上限放开,下限为基准利率的 85%	20	70%
汽车消费贷款	自用、商用、二手	抵押、质押	—	5	70%
信用卡透支	消费、取现等	—	—		
助学贷款	学费、生活费	国家提供风险补偿专项资金	—	10	6000 元/人·年

(一) 个人住房贷款

个人住房贷款是银行向购买、建造、大修各类型住房的自然人发放的贷款,即通常所称的个人住房按揭贷款。

个人住房贷款期限一般最长不超过 20 年,住房贷款与房价款的比例最高为 70%。实际上,借款者考虑到尽量降低还款压力、提前偿还尚无惩罚性措施,选择 10 至 20 年贷款期限的较多。

2005 年 3 月 16 日发布的《中国人民银行关于调整商业银行住房信贷政策和超额准备金存款利率的通知》规定,个人住房贷款利率上限放开,实行下限管理。客户可以在贷款合同上与银行约定贷款利率按照固定方式或是浮动方式执行,如果选择浮动方式,则可根据最近调整的贷款利率进行调整,并商定具体调整方式。

在还款方式上,贷款期限在一年以下(含一年)的,采用利随本清的还款方式;贷款期限定在一年以上的,采用按月还款方式偿还贷款本息。有两种按月还款方式可供选择:

一是等额本息还款法,即借款人每月以相等的金额偿还贷款本息。又称为等额法。每月还款额计算方法如下:

$$每月还款额 = \frac{贷款本金 \times 月利率 \times (1+月利率)^{总还款期数}}{(1+月利率)^{总还款期数} - 1}$$

二是等额本金还款法，即借款人每月等额偿还本金，贷款利息随本金余额的逐月递减而递减，还款额逐月递减，因此又称为递减法。每月还款额计算方法如下：

$$每月还款额 = \frac{贷款本金}{贷款期月数} + （本金-已归还本金累计额）\times 月利率$$

两种方式又可分别选择按 360 天或者 365 天来计算，具体还款方式以借款人和银行签订的贷款合同约定为准。

（二）个人汽车消费贷款

个人汽车消费贷款是银行向申请购买汽车的借款人发放的贷款。中国人民银行和银监会联合发布的《汽车贷款管理办法》（自 2004 年 10 月 1 日起施行）规定，贷款人发放自用车贷款的金额不得超过借款人所购汽车价格的 80%；发放商用车贷款的金额不得超过借款人所购汽车价格的 70%；发放二手车贷款的金额不得超过借款人所购汽车价格的 50%。汽车贷款的贷款期限（含展期）不得超过 5 年，其中，二手车贷款的贷款期限（含展期）不得超过 3 年。

（三）个人助学贷款

个人助学贷款是指银行向正在接受高等教育的在校学生或者直系亲属、法定监护人或准备接受各类教育培训的自然人发放的贷款。个人助学贷款分为国家助学贷款和一般商业性助学贷款。国家助学贷款是指银行向已签署合作协议的中国境内（不含中国香港、澳门、台湾地区）高等院校中经济困难的全日制普通本、专科学生（含高职生）、研究生及攻读第二学士学位的在校学生发放的、用于支付学杂费和生活费的人民币贷款。

根据教育部、财政部、中国人民银行、银监会 2004 年 6 月 8 日发布的《关于进一步完善国家助学贷款工作的若干意见》的规定，普通高校每年的借款总额原则上按照在校生总数 20% 的比例、每人每年 6000 元的标准计算确定。借款学生毕业后视就业情况，在 1 年至 2 年后开始还贷，6 年内还清。贷款期限最长不得超过 10 年。借款人在校期间的贷款利息全部由财政补贴，毕业后则由个人承担全部贷款利息。

一般商业性助学贷款是银行对正在接受非义务教育学习的学生或直系亲属或法定监护人发放的商业性贷款。贷款额度最高不超过 50 万元。贷款最短期限为 6 个月，最长期限不超过 8 年。

第二节　银行产品投资效益分析

在银行进行储蓄，可以获取利息收益。外汇储蓄，除可以获取储蓄利息收益外，还可以获取汇差收益。那么收益如何计算？这些投资品种是否值得投资？本节将详细讲解这两方面的收益计算，为你的投资提供指导。

一、利息计算的基本规定

（一）计算利息的基本公式

1）利息计算公式为

$$利息 = 本金 \times 存期 \times 利率$$

2）年利率、月利率和日利率之间的换算公式为

$$年利率 = 月利率 \times 12 = 日利率 \times 360$$
$$月利率 = 年利率 \div 12 = 日利率 \times 30$$
$$日利率 = 月利率 \div 30 = 年利率 \div 360$$

注：《中国人民银行关于人民币存贷款计结息问题的通知》中规定，银行可选择将计息期全部化为实际天数计算利息，即每年为 365 天（闰年为 366 天），每月为当月公历的实际天数。

3）积数计息法应按实际天数结计利息[1]，计算公式为

$$利息 = 累计计息积数 \times 日利率$$

$$累计计算积数 = \sum_{t=1}^{n} 第\ t\ 次变动前存款余额 \times 第\ t\ 次变动前存款余额实存天数$$

4）逐笔计息法计算公式为

$$利息 = 本金 \times 年（月）数 \times 年（月）利率$$

计息期有整年（月）又有零头天数的，再加零头天数利息。

5）罚息和复息的计算公式为

$$罚息 = 逾期贷款本金 \times 罚息利率 \times 逾期天数$$
$$复息 = 应还利息 \times 罚息利率 \times 违约天数$$

（二）计息规则

1）存、贷款年利率应按一年 360 天折算为日利率，并按实际天数结计利息。

2）储蓄定期存款到期日为节假日的，30 日支取 31 日到期的存款或到期日遇储蓄网点例假日不对外营业时，储户在假期的前一天支取均不算提前支取，扣除到期日与支取日之间的天数计算储蓄定期存款利息。

3）如在办理业务过程中客户对日利率折算标准或计息规则存在异议，应以中国人民银行《银行会计基本规范指导意见》为依据。

（三）计息要求

1）本金以"元"为起点计息，角、分不计息。

2）各种储蓄存款除活期储蓄（我国对活期存款实行按季度结息，每季度末月的 20 日为结息日，次日付息）、定期储蓄存款的到期约定自动转存以外，不计复息。

---

[1] 两种利息计算方法计算的利息差异很小，因此，本教材为简化，只采用积数计息法计算利息。

3）利息金额计算至分位，分以下四舍五入。分段计息时，各段利息应计算至厘位，加总后厘位四舍五入计至分位。计算机内的利率文件以年利率储存，小数点后保留5位。

（四）计息方式

《中国人民银行关于人民币存贷款计结息问题的通知》中规定，除活期和定期整存整取两种存款外，国内银行的通知存款、协定存款、定活两便、存本取息、零存整取、整存零取6个存款种类，只要不超过中国人民银行同期限档次存款利率上限，计结息规则由各银行自己把握。银行除仍可沿用普通使用的每年360天（每月30天）计息期外，也可选择将计息期全部化为实际天数计算利息，即每年为365天（闰年为366天），每月为当月公历的实际天数。《通知》中提供了两种计息方式的选择：一种是积数计息，另一种是逐笔计息。上述6种存款具体采用何种计息方式由各银行决定，储户只能选择银行，不能选择计息方式。中国人民银行将计结息方式选择权下放到商业银行，意味着对于同一存款种类，各家商业银行之间将会出现计息方式的差异，从而使储户的最终利息收入并不相同。也就是说，在这6个存款种类上，储户在存款时可以通过比较利息差异来选择银行。

（五）个人利息所得税计算规定

1）凡个人从中国境内营业网点机构取得的人民币、外币储蓄存款利息所得，均应计算缴纳个人储蓄存款利息所得税。

2）对储蓄存款利息所得征收个人所得税的计税依据为纳税人取得的人民币、外币储蓄存款利息，适用5%的比例税率。在1999年11月1日后孳生的利息所得，应当依法征收个人所得税。

3）对个人取得的教育储蓄存款利息所得以及国务院财政部门确定的其他专项存款或者储蓄性专项基金存款的利息所得，免征个人所得税。

4）来自税务局税收协定缔约国的居民从中国境内营业网点取得的储蓄存款利息所得按税收协定规定的税率征收个人所得税。

（六）其他存款计息规定

1. 教育储蓄

教育储蓄存款可享受所规定相应档次的优惠利率。

2. 凭证式国库券

凭证式国库券一般规定期限、年利率，到期后由财政部一次性还本付息，超过兑付期不到银行办理支取的，逾期不计息。

3. 委托收款储蓄存款

储户委托时不约定转存者，原存款行计算利息至款项划出日前一天止，托收存途时间不计利息。储户委托时约定转存者，委托行收到款项后，以原存款行划出日为起息日，为储户办理转存手续。

4．银行卡存款

借记卡在电子存折账户内存款，按照中国人民银行规定的其他活期存款或活期储蓄存款利率及计算办法计算利息；国际卡、贷记卡、纪念卡、智能卡、电子钱包账户内存款均不计利息；个人在发卡机构办理定期存款并以存单做质押的，其存款应按照中国人民银行规定的同档次定期存款利率及计算办法计算利息。

5．职工个人住房公积金存款

职工个人住房公积金存款，当年归集的按结息日挂牌公告的活期存款利率计息，结息后转入上年结转户；上年结转的按结息日挂牌公告的3个月定期整存整取存款利率计息。公积金存款的结息日为每年6月30日。

二、储蓄存款利息计算

（一）活期储蓄存款利息计算

活期储蓄存款的计息采用日积数计息法，按业务发生日至下一结息日的实际存取款天数加减利息积数。活期储蓄存款季度结息，按结息日挂牌公告的活期储蓄存款利率计付。结息后的利息计入本金起息，元以下尾数不计息。

【例2.1】 王先生在2007年1月1日存入一笔1000.85元的活期存款，2月1日全部取出，按照积数计息法，假设活期存款年利率0.72%，他能得到的本利和是多少？

解析： 计息金额为1000（存入零头0.85元不计计息）

累计计息积数为 $1000 \times 31 = 31\,000$（元）

日利率 $= 0.72\% \div 360 = 0.002\%$

本利和为 $1000.85 + 31\,000 \times 0.002\% \times (1-5\%) = 1001.44$（元）

（二）定活两便储蓄存款利息计算

定活两便储蓄存款是开户时一次存入本金，不确定存期，随时可以支取，利率随存期的长短而变化的一种储蓄存款。

定活两便储蓄存款，存期不满3个月的，按支取日挂牌的活期储蓄存款利率计息；存期3个月（含）以上不满半年的，整个存期按支取日挂牌公告的整存整取3个月定期储蓄存款利率的60%计息；存期半年以上（含）不满1年的，整个存期按支取日挂牌公告的整存整取半年期定期储蓄存款利率的60%计息；存期在1年以上（含），无论存期多长，整个存期一律按支取日挂牌公告的整存整取一年期定期储蓄存款利率的60%计息。

【例2.2】 某客户2006年7月31日存入10 000元定活两便存款，若客户2007年3月10日全额支取。支取日，银行确定的半年期整存整取利率为1.89%。该客户能获得多少利息？

解析：应付利息＝10 000×7×(1.89%×60%÷12)×(1－5%)＋10 000× 10×(1.89%×60%÷360)×(1－5%)＝65.84（元）

(三) 通知储蓄存款利息计算

一天通知存款必须提前一天通知约定支取存款，七天通知存款必须提前七天通知约定支取存款。通知存款存入时，存款人自由选择品种，金融机构按支取日挂牌公告的相应利率和实际存期计息，利随本清。

【例 2.3】 股民张某在股市低迷期间，将 100 万元炒股资金存入七天通知存款，2 个月后，张某可获得的利息是多少？（利率为 1.62%）

解析：100 万元×60 天×1.62%÷360 天×(1－5%)＝2565 元

(四) 定期储蓄存款利息计算

1. 整存整取

整存整取定期储蓄存款在原定存期内如遇利率调整，不论调高或调低，均按存单开户日挂牌公告的整存整取定期储蓄存款利率计息。

利息计算公式为

到期利息＝本金×存期×开户日整存整取定期储蓄存款利率

整存整取定期储蓄存款，提前支取或部分提前支取的部分，均按支取日挂牌公告的活期储蓄存款利率计息，未支取部分仍按原定存期和利率重新开户。

【例 2.4】 某客户在 2007 年 1 月 8 日存入一笔 12 345.67 元的一年期整存整取定期存款，假设年利率为 3.00%，一年后存款到期时，从银行取回的全部金额是多少？

解析：计息金额：12 345（元）（存入的零头 0.67 元不计利息）

利息金额：12 345×3.00%＝370.35（元）

税后利息：370.35×(1－5%)＝281.47（元）

取回金额：本金＋利息＝12 345.67＋281.47＝12 627.14（元）

逾期支取的存款，除按规定计算到期利息外，还应计算逾期部分的利息，逾期部分均按支取日挂牌公告的活期储蓄存款利率计息。

【例 2.5】 某客户 2006 年 2 月 28 日存入 10 000 元，定期整存整取 6 个月，假定利率为 2.70%，到期日为 2006 年 8 月 28 日，支取日为 2006 年 9 月 18 日。假定 2006 年 9 月 18 日，活期储蓄存款利率为 0.72%。问该客户能支取多少利息？

解析：原定存期选择公式"利息＝本金×年（月）数×年（月）利率"，逾期部分按活期存款计息，利息计算如下：

应付利息＝$10\,000 \times 6 \times \frac{2.70\%}{12} \times (1-5\%) + 10\,000 \times 21 \times \frac{0.72\%}{360} \times (1-5\%)$

＝132.24（元）

2. 零存整取

零存整取定期储蓄存款，每月以固定金额存入，存期分 1 年、3 年和 5 年，中途如有漏存,应在次月补齐,未补存者,视同违约,对违约后存入的部分,支取时按活期储蓄存款利率计息。

零存整取定期储蓄存款的计息方法采取"日积数"计息法计算。开户和续存时,积数为发生额乘以存入日至存款到期日的实际天数。到期时,存款的累计积数乘以开户日的日利率即为到期息。利息计算公式为

到期利息=存款余额日积数×开户日挂牌公告的零存整取定期储蓄存款日利率

【例 2.6】 某客户每个月存入 1000 元,一年期本金为 1.2 万元,利率按照一年期零存整取 3.33‰ 来计算,问该客户到期可以获得多少本利和?

解析: 一年后的收益为 12 000+12 000×3.33‰×(1−5%)=11 779.62(元)

零存整取储蓄存款提前支取及逾期支取的利息计算,比照相应的整存整取定期储蓄存款利息计算规定办理。

3. 存本取息

存本取息定期储蓄存款存期分为 1 年、3 年和 5 年,存期内按月支取利息,取息时间应按对月、对日计算。取息日未到不得提前支取利息,如到取息日未取的利息,以后可随时支取但不计复利。

利息计算公式为

利息总额=本金×存期×利率

每次支取利息数=利息总额÷取息次数

【例 2.7】 2007 年 7 月 1 日存入 10 000 元存本取息储蓄,定期三年,利率年息 1.89%,约定每月取息一次,计算利息总额和每次支取利息额分别为多少?

解析: 利息总额=10 000×3×1.89%×(1−5%)=538.65(元)

每次支取利息=538.65÷36=14.96(元)

存本取息定期储蓄存款提前支取及逾期支取的利息计算,比照相应的整存整取定期储蓄存款利息计算规定办理。

4. 整存零取

整存零取定期储蓄存款存期分为 1 年、3 年和 5 年,按 1 个月、3 个月或半年一次支取本金,利息于期满结清时支取。

利息计算公式为

到期利息=存款余额日积数×开户日整存零取日利率

【例 2.8】 假如某客户在 2004 年 2 月 1 日存入 12 000 元整存零取储蓄,定期 1 年,年利率 1.71%,约定每月取息一次,计算利息总额和每次支取利息额为多少?

解析: 每次支取本金=12 000÷12=1000 元

到期应付利息=(全部本金+每次支取金额)/2×支取本金次数×每次支取
     间隔期×月利率×(1−利息税)
    =(12 000+1000)÷2×12×1×1.71÷12×(1−5%)
    =105.59(元)

整存零取定期储蓄存款提前支取及逾期支取的利息计算,比照相应的整存整取定期储蓄存款利息计算规定办理。

5. 整存整取定期储蓄存款约定转存

办理定期储蓄存款约定到期转存仅限于存单账户和定期本外币综合账户。储户预约转存业务,按储户约定转存期限或原定期限给予无限次转存。约定转存的除原存期到期日及转存期到期日为到期支取外,其余皆视为提前支取,按提前支取的有关规定办理,转存期内不办理部分支取业务。转存时原存款到期利息和3、5年定期储蓄存款的保值贴补息并入本金。

计算公式为

$$转存本金＝上次本金＋上次到期利息＋保值贴补息$$

再次起息时,按原存款到期日挂牌公告的同档次利率计息。

【例2.9】 某客户在2006年1月8日存入一笔10 000元的一年期整存整取定期存款,假设年利率为3.00%,一年后存款到期时转存一年期整存整取定期存款,2008年1月8日他从银行取回的全部金额是多少?

解析: 第一年到期本利和:10 000＋10 000×3.00%×(1−5%)＝12 160(元)
转存存款,利息计算方法如下:

① 存期满到期支取

应付利息＝转存本金×约定存期×上一次到期日挂牌公告的同档次利率

应付利息＝10 240×3.00%×(1−5%)＝291.84(元)

② 转存期内提前支取

应付利息＝转存本金×实际存期×支取日挂牌公告的活期储蓄存款利率

应付利息＝10 240×240÷360×0.72%×(1−5%)＝46.69(元)

(五) 教育储蓄存款利息计算

储户在办理教育储蓄存款支取时,凡能提供学校出具的非义务教育学生身份证明(以下简称为"证明"),其存款可享受所规定相应档次的优惠利率,即1年期按开户日挂牌公告的1年期整存整取定期储蓄存款利率计付利息;3年期按开户日挂牌公告的3年期整存整取定期储蓄存款利率计付利息;6年期按开户日挂牌公告的5年期整存整取定期储蓄存款利率计付利息。凡不能提供"证明"者,其存款支取时不享受所规定相应档次的优惠利率,只能按相应档次的零存整取定期储蓄存款利率计付利息。储户提供的"证明",一份只能享受一次利率优惠。

教育储蓄的存储方式分为按月存入和分月存入两种。

1. 教育储蓄按月存入的计息规定

储户在办理教育储蓄以按月存入的方式存款时,每月必须以约定的固定金额存入,中途如有漏存,应在次月补齐,未补存者视同违约,对违约后存入的部分,支取时按活期储蓄存款利率计付利息。

2. 教育储蓄分月存入的计息规定

储户在办理教育储蓄以分月存入的方式存款时,在整个存期内至少要存储两次，每次最高存储金额为1万元。如约定1年期教育储蓄，则必须至少在存期开始的前两个月分别存入固定金额的存款，剩余的10个月可不存入。若第二个月漏存，则必须在次月补齐，仍可视同教育储蓄存款，若整个存期内只存入一次，则视同一般的零存整取定期储蓄存款。

3. 教育储蓄利息计算公式

（1）到期支取

利息＝存款余额日积数×开户日挂牌公告的1年、3年或5年期整存整取定期储蓄存款利率

（2）提前支取

1）存期不足三个月的利息计算：

利息＝存款余额日积数×支取日挂牌公告的活期储蓄存款利率

2）存期在三个月（含）以上的利息计算：

利息＝存款余额日积数×开户日挂牌公告的整存整取定期储蓄存款同期同档次利率

3）逾期支取的利息计算：

利息＝存款余额日积数×开户日挂牌公告的1年、3年或5年期整存整取定期储蓄存款利率＋逾期本金积数×支取日挂牌公告的活期储蓄存款利率

（六）凭证式国库券（国债）利息计算

自1994年起国家发行凭证式国库券，采用填制"国库券收款凭证"的发行方式，规定期限、年利率，到期后由财政部一次性还本付息。该债券持满期限（一律对年对月对日计算）实行保值。居民购买时以百元为起点整数发售。发行期结束后可随时到银行办理提前支取，银行按提前支取本金的一定比例收取手续费，但不得办理部分提前支取。

如需购买时，可到指定网点买入。银行再次卖出的国库券，购买日即为起息日。凡发行期内卖出的国库券均以对年、对月、对日为到期日。发行期结束后卖出的国库券到期日为原债券规定的到期日。凭证式国库券超过兑付期不到银行办理支取的，逾期不计息。

凭证式国库券（国债）利息计算公式如下：

1）发行期内购买，到期兑付

$$利息＝本金×存期×同档次利率$$

【例2.10】 王先生购买本金10 000元3年期凭证式国债，该期3年期凭证式国债的年利率为2.22%，若持有到期，其应得本息为多少？

解析：购买3年期本期国债且持满3年的本息：

$$10\,000×（1＋2.22\%×3）＝10\,666（元）$$

2）发行期内购买或二次卖出的国库券，提前兑付：

$$利息＝本金×实际存期×相应的档次利率$$

实际存期为购买日至提前兑付日。

3）二次卖出的国库券，到期兑付：

利息＝本金×实际存期×相应的档次利率

实际存期为购买日至本期国库券规定的到期日。

（七）储蓄存款利息所得税计算

储蓄存款利息所得税的计算公式为

利息所得税＝利息×适用税率

对储蓄存款利息所得征收个人所得税，以结付利息的营业网点为扣缴义务人，实行代扣代缴。扣缴义务人代扣税款时，应当在给客户的利息清单上注明，已扣税款的利息清单视同完税证明。如对以利息清单作为完税凭证有异议，请其到税务部门，咨询解决。

扣缴义务人每月所扣的税款，应当在次月7日内缴入中央国库，并向当地主管税务机关报送《储蓄存款利息所得扣缴个人所得税报告表》。所扣税款不是人民币的，应当按缴款当月最后1日中国人民银行公布的人民币基准汇价折算成人民币，以人民币缴入国库。除美元、日元、港币外，其他币种按各行缴库日当月最后1日现汇买入价折成人民币入国库。

三、外汇投资产品的投资收益

（一）外汇投资产品开户

根据中国人民银行和国家外汇管理局的有关规定，凡持有有效身份证件，拥有完全民事行为能力的境内居民个人，有一定金额的外汇，均可进行个人实盘外汇交易。个人外汇买卖业务交易的起始金额为100美元或等值外币，个别银行甚至取消了起始金额的限制。

（二）外汇投资产品的选择

目前，我国商业银行不仅大力推介包括个人外币定期、活期储蓄，境外汇入款和汇兑等传统业务品种，同时，还针对投资者需求和汇市变化不断创新，设计出许多新型的外汇产品，主要是一些结构性存款。投资者应当注意到，商业银行的信誉度不同，外汇产品的信用等级也随之不同。合约设计不同，收益和风险差别也会很大。如外币存款是一种保本投资，其收益主要随利率而变化，而外币买卖赚取汇率差价，风险则相对较高。

投资者在选择外汇理财产品时主要应考虑以下几个因素：

1）收益率。外汇结构性存款产品的收益率有名义收益率与实际收益率之分。通常固定收益率的外汇结构性存款的实际收益率与名义收益率相同。与利率挂钩的外汇结构性存款实际收益率与名义收益率则有可能相差很大。很多情况下，银行给出的收益率都是名义收益率，只有在一切要求都满足条件时客户才可能得到银行承诺的收益。

2）期限。目前各家银行推出的结构性存款的期限多在 6 个月至 6 年之间。外汇理财产品的投资期限越长，客户承受的风险越大。当然，投资期限越长，产品的收益率越高。客户在选择投资之前一定要分析未来市场的利率和汇率的走势，并规划自己的资金使用。

3）流动性。即外汇结构性存款是否可以转让、银行与客户是否可以提前终止、是否可以办理质押贷款等。目前各家银行的外汇结构性存款都不能转让。在客户是否可以提前支取问题上，部分产品规定，在任何条件下客户都不得提前支取，另外一些产品虽然可以提前支取，但也得交纳很高的违约金。银行提前终止结构性存款有可能给客户带来损失。在是否可以办理质押贷款方面，各家银行的规定有所不同。客户在购买时要注意比较。

4）其他。挂钩的利率种类、利率水平、利率变动范围和利息税等因素也会对客户的收益产生影响。以与利率挂钩的外汇结构性存款为例，目前美元产品采用的主要是与 LIBOR（伦敦银行同业拆借利率）挂钩，我国的港币采用的多为 HIBOR（香港同业拆借利率）。挂钩利率的变动范围至关重要，如果是外汇理财产品的挂钩利率，必须落入指定范围才可以获取收益。利率变动范围越大对客户越有利。

【例 2.11】 若 A 产品的名义收益率为 5％，协议规定的利率区间为 0～4％；B 产品的名义利率为 6％，协议规定的利率区间为 0～3％，其他条件相同。假设一年中有 240 天挂钩利率在 0～3％之间，60 天的利率在 3％～4％之间，其他时间利率则高于 4％。计算 A、B 两种产品的实际收益率。

解析： A 产品的实际收益率 $= 5\% \times \dfrac{300}{360} = 4.17\%$

B 产品的实际收益率 $= 6\% \times \dfrac{240}{360} = 4\%$

从以上计算可以看出，在其他条件相同的情况下，由于协议规定的利率范围不同，名义收益率高的产品实际收益率反而有可能低一些。

第三节　银行产品理财的动机与信用管理

我们为什么要储蓄而不投资其他品种？我国正在建立和完善个人信用体系，这对我们有什么意义？我们应如何应对？本节将为你阐释储蓄的动机，以使你的投资行为更为合理；为你全面讲解信用体系的重要性和应对策略，以免你因为信用问题而为理财带来不可弥补的损失。

一、合理的动机

银行产品理财的主要手段是储蓄，人们的储蓄行为取决于人们的储蓄动机。我国 20 世纪 90 年代的一次调查显示，21％的储户为孩子积蓄教育费，15％是为得到利息，13％是为了退休养老，10％的储户是为了防止意外事故，13％的储户是为了购买高档商品，12%的储户为了作结婚准备，9%的储户为了买房、建房，5%是为了生意周转。从我国居民的储蓄心态来看，则主要有以下几种动机：

1) 保险动机，为了应付不可预测的天灾人祸和用于年老后的生活保障；
2) 供养子女和赡养老人；
3) 用于婚丧嫁娶的支出；
4) 改善生活，如买房、购买耐用消费品等；
5) 保值与盈利的动机，由单纯地存钱取息转变成购买股票、债券等的动机。

凯恩斯在《就业利息和货币通论》中指出：影响个人消费储蓄的因素众多，但归纳起来可以分为两大类，即主观因素和客观因素。主观因素包括人的心理特征、社会习俗和社会制度，除非在反常的、革命的状态下，社会习俗和社会制度可以变动；但在短期内，则大致没有什么变化。客观因素中对个人消费储蓄产生影响的主要是个人的收入水平，个人消费者根据其收入水平来决定将其收入的多大部分用于消费。就一般而论，个人在储蓄时总要遵循一定的准则，这个准则是：个人往往先维持其习惯的生活标准，然后再以其实际所得与为维持该标准所花费之差储蓄起来。收入增加时，人们的社会习俗不易改变，消费者将其收入的增加部分投入储蓄，收入越高，则储蓄的部分也就越大。从个人来看，储蓄的增加不是抑制消费的结果，而是个人维持其习惯的生活标准的行为所导致的结果。

综上所述，影响人们存款的因素一般可分为四类：即经济因素、社会因素、心理因素以及人们的预期，其中，经济因素起着决定性的作用。

1. 经济因素

首先，经济因素中应考虑的是货币收入。1946年，美国经济学家库兹涅茨对美国1869~1938年的国民收入与个人消费资料进行了整理，用来分析美国的长期消费函数，发现在1869~1938年的70年中，虽然美国的国民收入从1869年的93亿美元上升为1938年的720亿美元，国民收入大约增加了7倍，而个人消费始终与收入维持在一个比较固定的比率。

其次是通货膨胀率。一般来说，如果商品与劳务的价格偏高，那么在收入一定的情况下，人们收入中用于购买商品和劳务的开支将会增加，用于储蓄的将会减少，尤其在人们预期市场上商品和劳务价格将有大幅上涨时，会采取两种对策：一是减少储蓄存款，手持现金，待购商品；另一种是购买保值商品，包括购买黄金、外汇等硬通货，达到转移风险的目的。这两种对策都会引起银行存款的大幅度下降。

第三是存款利率。一般而言，利率与人们的储蓄意向成正比，利率越高，人们的储蓄倾向就越高，但是，只有实际利率才能起作用。

第四是市场状况。如市场上商品供不应求，有的人对商品不满意，有的对商品有需求却无货，这时就会产生被迫储蓄。

2. 社会因素

社会因素是影响人们储蓄的第二大因素，假如你处于不同的年龄、职业，你就会有不同的选择。1985年诺贝尔经济学奖的获得者莫迪利安尼提出了影响人们储蓄行为的生命周期理论。他认为，在消费者的一生中，消费者将遵循总效用极大化的原则，他将选择一个与过去平均消费水平接近的稳定的消费率。在他的一生中，将按照这个稳定的比例均匀地消费其总收入。当现行收入超过或低于按稳定消费率计算的消费时，个人将进行储蓄或负储蓄。

消费者为了退休时也能保持退休前的生活水平，就需要在工作期间进行大量的储蓄，这样才能获得一生的最大满足。年轻人和老年人的区别也就在于此。

年轻人的生存时间长，剩余积累财产的时间也就较老年人长；而老年人剩余积累财产时间较短，退休后收入将大幅度减少，靠退休前积累的财产生活，因而老年人的积累财产时间较短。

青年人刚刚独立于社会，储蓄动机较为单纯，对于求学的青年人来讲，生活费普遍是由父母邮寄，一般都将钱存在银行，短期备用。对于刚上班的青年人，储蓄一方面为了满足父母的需要，另一方面为结婚进行集资准备。

中年时期，收入最多，占储蓄人数的70%，中年人储蓄的动机多种多样，有的为了获得利息，有的为了赡养老人、养育子女，有的则为了日常生活支出和旅游等。

职业差别也往往导致不同的储蓄心态。

3. 心理因素

心理因素是影响人们存款的第三大因素，这主要指人们对于消费的时间偏好、从众心理以及示范性效应的影响。

4. 预期

第四个影响因素是个人对未来的预期，主要包括对个人未来收入的预期、对利息率的预期以及对市场状况的预期等。不同的预期会通过人们的消费行为对储蓄产生决定性的影响。

二、个人信用管理

（一）概述

经济学范畴的信用是指一种借贷行为，是一种以偿还和付息为条件的价值单方面的转移。其形式上的特点是：商品或货币的所有者把商品或货币借给需要者使用，约期归还，并由借者支付给贷者一定数额的利息。

任何借贷活动或信用交易均涉及两个方面，即贷出方与借入方，贷款者在贷出一笔款项的同时获得了一种权利，即可以要求借款者以后偿还一笔款项的权利，又称债权；借款者则承担以后偿还一笔款项的义务，又称债务。这种在借者与贷者之间发生的债权债务关系，即称之为信用关系。可见债权与债务是同时发生的，是同一行为的两个方面。

信用在物物交换时代即已存在，信用的内容包括财货和劳务在内，不一定全用货币。但是，由于在现代经济中货币被广泛地作为支付手段，所以货币形态的借贷便成为信用的主要方式。以偿还和付息为条件的价值单方面让渡是信用的基本特征。信用方式所引起的价值运动是通过一系列借贷、偿还、支付过程实现的。货币被贷出，其所有权并没有发生转移，只是使用权发生了变化，也就是说在借贷活动中，贷者把货币或商品给予借者，借者并没有同时对贷者进行任何形式的价值补偿。那么贷者为何愿意贷出呢？因为借者承诺在约定时间内归还本金并支付利息。虽然信用和商品买卖的形式不同，但实际上也是一种交换关系，也要遵循等价交换原则，约期归还并支付利息就是等价交换原则在信用范畴的具体运用。

信用的产生起因于这样一个基本事实，即在一定时期内并非每一个经济单位都能做到收支平衡。当一个经济单位出现资金盈余，而另一个经济单位出现收支不抵时，便形成了双方借贷关系的基础。

现代经济可以被称为"信用经济"。无论是在发达的工业化国家，还是在发展中国家，信用关系都极其普遍地存在着。企业与企业之间、政府与企业之间、政府与个人之间、银行与企业之间、银行与个人之间，都存在着各种各样的债权债务关系，形成了各种各样的信用形式。涉及个人的信用只是其中的一部分，在这里我们讨论的主要是个人以借者身份出现的信用形式，而且一般是以银行作为信用的中介方，或者贷方。

所谓消费者信用是指个人和家庭为其需要而使用的信用，以区别于企业为商业目的而使用信用。虽然莎士比亚笔下的波洛纽斯说："既不要借人钱，也不要借钱给人。"但是在今天的经济环境中，提供信用和使用信用已经成为许多人的一种生活方式。事实上，许多商品、公用事业的使用都不是一手交钱一手交货的。例如，你已经习惯了先用电、用水、用煤气，然后在一个月结束时这些账单才寄到你手里；等你交钱，已经是使用这些商品几个月以后了。此外，使用分期付款的方式购买家电、使用银行的贷款买车，都是使用信用的例子。个人信用的实质就是：提前获得商品和服务，然后安排付款。

通常，我们在购买产品时有三种选择：可以使用手头正好有的现金，可以提取以前的存款，也可以使用未来的钱（使用未来可能有的钱，实际是先向他人借款，然后用我们的未来收入偿还）。在这里每一种选择都有其"机会成本"，存款是一种资源，花掉了这部分资源，那么剩下的钱和以后应付紧急情况的资金就减少；如果使用手头的现金，那么也就占用了我们本来可以用于其他方面的资源；如果未来的收入被提前消费掉，那么未来就没有可供支配的资源了。

（二）经济中的消费者信用

消费者信用能够存在和发展起来，有两个前提条件：第一是借款者有还款的能力，第二是借款者有还款的意愿。

宏观经济中，投资、消费、进出口是拉动经济增长的三驾马车，消费者信用可以在很大程度上刺激个人投资和消费，从而对经济产生推动力。例如：房地产业的开发，在很大程度上是要靠消费信贷来支撑的。如果没有银行提供贷款，我们很难想像有多少居民能够一次性拿出少则几十万，多则超过100万的款项来购买商品房。应该讲，消费者信用在中国的出现还是非常晚的，20世纪90年代以后，住房、汽车、教育等信贷产品才逐渐出现。

(三) 个人信用的使用

使用信用去购买物品有许多理由：可以使消费者更有购买力，提前享受商品，过上更为满意的生活等。在许多情况下，个人都需要使用信用。在某种情况下是因为我们处于某种紧急情况需要借钱，例如紧急的医疗需要，需要使用信用；有时是在积蓄不够的情况下想要提前享用某种商品，例如利用从银行的借款购买一辆车，也需要使用信用；也有可能我们认为现在购买某种物品会比较便宜，例如我们觉得现在向银行借款买房比10年以后自己积累够了钱再买房要便宜，还需要使用信用。

但所有的这些理由都不是说个人信用是没有代价或机会成本的。在个人理财领域，资源的限制总是存在的，在一个方面使用了，那么在另一个方面就无法使用。使用信用的结果是消费者现在可以用来购买商品和服务的资金总量增加，但是这种行为的代价则是，它导致了消费者将来可以使用的资金总量的减少。个人作出向未来借钱的决定，是基于对未来的预期，希望未来会挣得更多，这样，不仅可以还掉以前的借款，而且还有多余的资金可以使用。

(四) 信用的好处和不利之处

信用具有许多好处：

使用信用使我们现在就拥有我们所希望拥有的商品和服务——汽车、住房、教育、紧急情况下的资金等。

信用卡让你不需要携带大量现金等。

许多服务也是基于信用基础上的，是对这一概念的一种扩大，例如水费、电费、煤气的使用都是先使用然后付费。

由此可见，信用是对你个人的一种承认，是对你的偿还能力、你的责任心的一种许可。但是，信用消费也有诸多的不利之处：

首先，使用信用是有成本的，信用系于你未来的收入。

其次，它可能导致过度消费，导致你的个人损失。使用信用的最大不利是过度花费的倾向，特别是在通货膨胀期间，看起来今天买了，明年或几年以后以更便宜的价格偿付是很合算的，但是持续的过度消费会导致严重的问题：收入的变化有可能会使得你无法在未来按期偿付。

同样要记住的是，如果你不能作按期的偿付，你可能会失去商品，如房屋已经抵押给银行获得贷款，如果你不能按期偿付，则房屋会被银行收回。不能按期还款还会导致个人信誉问题。信用的丧失对自己今后的生活和事业的发展都会有障碍。

(五) 信用的成本

信用的误用会导致严重的个人经济危机，损害家庭关系。因此，信用一定要仔细计算，谨慎使用，并且在预算范围内使用。

虽然信用能够让你的需要和愿望立即得到满足，但它并不能够增加你的总体购买力，因为你是借用了自己以后的收入在购买目前的产品，必须要用以后的收入来偿还。

因此，信用涉及到对未来收入的预期和安排。如果你的收入增长跟不上利息成本的增长，你的还款能力会减弱，生活质量将会下降。此时，需要考虑这几方面的因素：所购买的商品是否能具有持续的价值？你目前的收入状况能否维持以及能否持续增长？

信用是花费成本的，这是一种你必须要付出代价的服务。事实上购买任何商品和服务，使用信用都比用现金的费用更高。因为你除了付出同样的商品价格，还要支付借款的利息。你必须确定使用信用购买是否值得，或者是采用先储蓄，直至存满了钱然后再购买的方法。有一个小故事是这样的，有一个中国老太太，住在很破旧的房子里，但是银行里有很大一笔存款，临死的那一天，老太太说我终于可以买一套大房子了。一个美国老太太住着一套很好的房子，但是欠银行一大笔钱，临死的那天，老太太说，我终于还清了房子的钱了。当然，两种方式的优劣，是一个很难判断的问题，既涉及到不同的价值观，也涉及国家的宏观经济形势及个人的具体情况。但它至少表明，信用的成本是很大的。

概括起来说，信用提供立即得到商品和服务的方式，增加资金管理的灵活性，增加你现在资源的手段。但是要时刻牢记的是，信用是一把双刃剑，明智的决定来自于详细评价你的现实债务、未来收入、附加的成本以及过度消费等问题。

本 章 小 结

银行理财产品包括储蓄存款、银行卡、外汇产品、纸黄金和个人贷款业务等。储蓄存款包括活期存款、定期存款、定活两便存款、个人通知存款以及教育储蓄存款。各种存款在存取款方式、起存金额、存取期等方面有所不同。投资者需依据自身的需求来选择存款方式；银行卡具有支付结算、汇兑转账、储蓄、消费信贷、个人信用等功能；个人外汇投资的方式有外汇买卖和外汇储蓄两种方式；纸黄金是所有人所持有的可随时提取或支配黄金实物的物权凭证；个人贷款业务主要有个人住房贷款、从汽车消费贷款、个人助学贷款等品种。

储蓄作为银行产品理财的主要手段之一，选择这一投资品种时要具备合理的动机。影响这一动机的因素有经济因素、社会因素、心理因素以及人们的预期，其中，经济因素起着决定性的作用；个人信用管理是个人理财规划的一个重要内容，我们要利用个人信用给自身带来的好处，得也要充分考虑信用的坏处和使用成本。

第三章

证券产品理财

在本章，你将学习到如下知识点：

证券产品介绍

证券交易
- 证券交易概述
- 证券交易程序
- 证券交易费用
- 证券交易收益

证券投资基本分析
- 宏观经济分析
- 行业分析
- 公司分析
- 证券市场供求关系分析

证券投资技术分析
- K线分析
- 趋势分析
- 均线分析

第一节 证券产品

买债券、买股票、买基金是我们主要的投资方式,但这三类品种都有很多相关概念:国债、法人股、国家股、机构投资者、开放式基金、封闭式基金、平衡型基金,等等。这些概念太多,它们都是些什么含义?对我们投资有什么指导意义?本节将为你全面介绍债券、股票和基金的相关概念和种类,使你在证券产品投资时不再盲目。

一、证券概述

证券是指各类记载并代表一定权利的法律凭证,它表明证券持有人或第三者有权取得该证券拥有的特定权益,或证明其曾经发生过的行为,证券可以采取纸面形式或其他规定形式。证券的种类如图3.1所示。

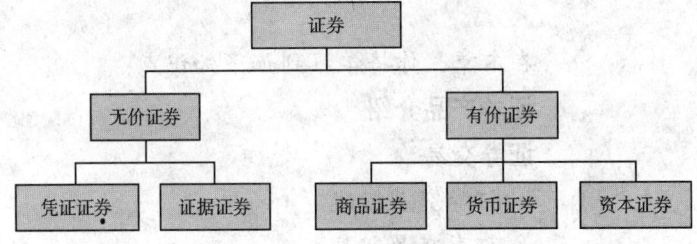

图3.1 证券类别

本书主要讨论有价证券,有价证券是指标有票面金额,用于证明持有人或该类证券指定的特定主体对特定财产拥有所有权或债权的凭证,银行票据、股票、债券等是有价证券的典型代表。有价证券有广义与狭义之分,广义的有价证券包括商品证券、货币证券和资本证券,狭义的有价证券即指资本证券。

资本证券是证明持有人或第三者享有特定财产的所有权、债权及其滋生利益的证券,由金融投资或与金融投资有直接联系的活动而产生,持有人有一定的收入请求权。主要包括股票、债券及其衍生出来的金融工具。

二、股票

(一)股票的概念和特征

股票是指股份有限公司签发的证明股东所持股份的凭证。股票具有以下特征:

第一,不可偿还性。股票是一种无偿还期限的有价证券,投资者认购了股票后,就不能再要求退股,只能到二级市场卖给第三者。从期限上看,只要公司存在,它所发行的股票就存在,股票的期限等于公司存续的期限。

第二,参与性。股东有权出席股东大会,选举公司董事会,参与公司重大决策。股票持有者的投资意愿和享有的经济权益，通常是通过行使股东参与权来实现的。股东参与公司决策的权利大小，取决于其所持有股份的多少。

第三，收益性。股东凭其持有的股票，有权从公司领取股息或红利，获取投资的收益。股息或红利的大小，主要取决于公司的盈利水平和公司的盈利分配政策。

第四，流通性。股票的流通性是指股票在不同投资者之间的可交易性。股票的流通，使投资者可以在市场上卖出所持有的股票，取得现金。

第五，价格波动性和风险性。股票在交易市场上作为交易对象，同商品一样，有自己的市场行情和市场价格。由于股票价格要受到诸如公司经营状况、供求关系、银行利率、大众心理等多种因素的影响，其波动有很大的不确定性。正是这种不确定性，有可能使股票投资者遭受损失。价格波动的不确定性越大，投资风险也越大。因此，股票是一种高风险的金融产品。

（二）股票的类型

1）按股东享有权利的不同分类，可以将股票分为普通股票和优先股票。普通股票是标准的股票，是最基本、最常见的一种股票，其持有者享有股东的基本权利和义务。股利完全随公司盈利的高低而变化。在公司盈利和剩余财产的分配顺序上列在债权人和优先股票股东之后，故其承担的风险也较高。在风险方面，与优先股相比，普通股票是标准的股票，也是风险较大的股票。

2）优先股是特殊股票，在其股东权利义务中附加了某些特别条件。其股息率是固定的，股东权利受到一定限制，在公司盈利和剩余财产的分配上比普通股股东享有优先权。

（三）股票的内在价值与市场价格

股票的内在价值是指股票未来收益的现值，是股票的理论价值，是在某一时刻股票的真正价值。由于未来收益及市场利率的不确定性，各种价值模型计算出来的"内在价值"只是股票真实的内在价值的估计值。经济形势的变化、宏观经济政策的调整、供求关系的变化等都会影响股票未来的收益，引起内在价值的变化。

股票市场价格是指股票在证券市场上买卖的价格。从理论上说，股票价格应由其价值决定，但股票本身并没有价值，不是在生产过程中发挥职能作用的现实资本，而只是一张资本凭证。股票之所以有价格，是因为它代表着收益的价值，即能给它的持有者带来收益是股票市场价值的集中表现，前者随后者的变化发生相应的波动。

按股东的权利和义务关系，国外一般将股票分为普通股和优先股，而我国则按投资主体的不同性质，将股票划分为国家股、法人股、社会公众股和外资股等不同类型。

(四)我国的股票

1. 国家股、法人股和社会公众股

1) 国家股是指有权代表国家投资的部门或机构以国有资产向公司投资形成的股份,包括公司现有国有资产折算成的股份。

2) 法人股是指企业法人或具有法人资格的事业单位和社会团体以其依法可支配的资产投入公司形成的股份。法人持股所形成的也是一种所有权关系,是法人经营自身财产的一种投资行为。法人股股票以法人记名。如果是具有法人资格的国有企业、事业单位及其他单位以其依法占用的法人资产向独立于自己的股份公司出资形成或依法定程序取得的股份,可称为国有法人股。国有法人股属于国有股权。

3) 社会公众股是指社会公众依法以其拥有的财产投入公司时形成的可上市流通的股份。在社会募集方式下,股份公司发行的股份,除了由发起人认购一部分外,其余部分应该向社会公众公开发行。我国《公司法》规定,社会募集公司向社会公众发行的股份,不得少于公司股份总数的25%。公司股本总额超过人民币4亿元的,向社会公开发行股份的比例应在15%以上。

2. 外资股

外资股是指股份公司向外国和我国香港、澳门、台湾等地区投资者发行的股票。这是我国股份公司吸收外资的一种方式。外资股按上市地域可以分为境内上市外资股和境外上市外资股。

1) 境内上市外资股原指股份有限公司向境外投资者募集并在我国境内上市的股份,这类股票称为B股,B股采取记名股票形式,以人民币标明股票面值,以外币认购、买卖,在境内证券交易所上市交易。目前,我国境内居民个人可以用现汇存款和外币现钞存款以及从境外汇入的外汇资金从事B股交易,但不允许使用外币现钞。

2) 境外上市外资股指股份有限公司向境外投资者募集并在境外上市的股份。它也采取记名股票形式,以人民币标明面值,以外币认购。在境外上市时,可以采取境外存股凭证形式或者股票的其他派生形式。

3) 红筹股是指在中国境外注册、在中国香港上市但主要业务在中国内地或大部分股东权益来自中国内地的股票。早期的红筹股,主要是一些中资公司收购中国香港的中小型上市公司后重组而形成的。此后出现的红筹股,主要是内地一些省市或中央部委将其在香港的窗口公司改组并在香港上市后形成的。红筹股已经成为内地企业进入国际资本市场筹资的一条重要渠道。但红筹股不属于外资股。

(五)我国的股权分置改革

由于历史原因,我国证券市场存在股权分置现象。股权分置是指A股市场上的上市公司股份按能否在证券交易所上市交易被区分为非流通股和流通股。这是我国经济体制转轨过程中形成的特殊问题。2005年4月29日,经国务院批准,中国证监会发布《关于上市公司股权分置改革试点有关问题的通知》,启动了股权分置改革的试点工作。经过两批试点，取得了一定经验，具备了转入积极稳妥推进的基础和条件。2005年8月23日，经国务院批准，中国证监会、国务院国有资产监督管理委员会、财政部、中国人民银行、商务部联合发布《关于上市公司股权分置改革的指导意见》，9月4日，中国证监会发《上市公司股权分置改革管理办法》，我国的股权分置改革全面铺开。到目前为止，我国境内上市公司的股权分置改革基本完成，股权分置改革后的上市公司所有股票均可上市流通，但原国家股、法人股上市流通的时间和数量要执行股权分置改革方案中的有关规定。股权分置改革是为解决A股市场相关股东之间的利益平衡问题而采取的举措，对于同时存在H股或B股的A股上市公司，由A股市场相关股东协商解决股权分置问题。

三、债券

（一）债券的定义与票面要素

债券是一种有价证券，是社会各类经济主体为筹集资金而向债券投资者出具的、承诺按一定利率定期支付利息的、并到期偿还本金的债权债务凭证。债券的票面要素主要包括：

1）票面价值。债券的票面价值是债券票面标明的货币价值，是债券发行人承诺在债券到期日偿还给债券持有人的金额。

2）偿还期限。债券的偿还期限是指债券发行之日起到最后一笔本息偿清之日止的时间。各种债券有不同的偿还期限，一般按照偿还期限的长短，有短期、中期和长期债券之分。其中偿还期限在一年以内的为短期债券，一至十年的为中期债券，十年以上的为长期债券。

3）票面利率。债券的票面利率也称债券的名义利率，是债券年利息与债券票面价值的比率。影响债券利率的因素主要有：第一，借贷资金市场利率水平。第二，筹资者的资信。第三，债券期限的长短。

4）发行者名称。债券的发行者名称指明了该债券的债务主体，既明确了债券发行人应履行对债权人偿还本息的义务，也为债权人到期追索本金和利息提供了依据。

（二）债券的特征

1）偿还性。偿还性是指债券有规定的偿还期限，债务人必须按期向债权人还本付息。

2）流动性。流动性是指债券能迅速和方便地变现为货币的能力。目前，几乎所有的证券营业部或银行部门都开设有债券买卖业务，且收取的各种费用都相应较低。如果债券的发行者即债务人资信程度较高，则债券的流动性就比较强。

3）安全性。安全性是指债券持有人的收益相对固定，不随发行者经营收益的变动而变动，并且可以按期收回本金。但是，债券也有可能遭受不履行债务的风险及市场的风险。前一种风险是指债券的发行人不能充分和按时支付利息或偿付本金的风险。市场风险是指债券的市场价格随资本市场的利率呈反方向变动。

4) 收益性。收益性是指债券为投资者带来一定的收入，即债权投资的报酬。债券收益可以表现为两种形式：一是利息收入。二是资本损益，即债权人到期收回本金与买入债券或中途卖出债券与买入债券之间的价差收入。

（三）债券的分类

债券按不同的分类标准，可以划分为不同类别，如图3.2所示。

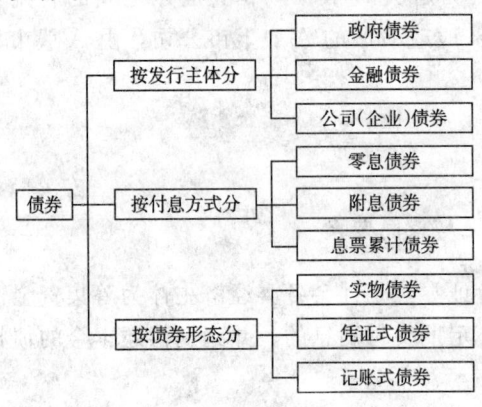

图 3.2 债券分类体系

1. 按发行主体分

1) 政府债券的发行主体是政府。中央政府发行的债券也可以称为国债，其主要目的是，解决由政府投资的公共设施或重点建设项目的资金需要和弥补国家财政赤字。

2) 金融债券的发行主体是银行或非银行的金融机构。金融机构发行债券的目的主要有两个：一是筹资用于某种特殊用途；二是改变本身的资产负债结构。对于金融机构来说，吸收存款和发行债券都是它的资金来源，并构成了它的负债。

3) 公司债券是公司依照法定程序发行、约定在一定期限还本付息的有价证券。公司债券的发行主体是股份公司，但有些国家也允许非股份制企业发行债券，所以，归类时，可将公司债券和企业发行的债券合在一起，称为公司（企业）债券。

2. 按付息方式分

1) 零息债券。也称零息票债券，指债券合约未规定利息支付的债券。通常，这类债券以低于面值的价格发行和交易，债券持有人实际上是以买卖（到期赎回）价差的方式取得债券利息。

2) 附息债券。债券合约中明确规定，在债券存续期内，对持有人定期付利息（通常每半年或每年支付一次）。按照计息方式的不同，这类债券可细分为固定利率债券和浮动利率债券两大类。其中，有些附息债券可以据合约条款推迟支付定期利率,故称为缓息债券。

3)息票累积债券。与附息债券相似,这类债券也规定了票面利率,但是,债券持有人必须在债券到期时一次性获得还本付息,存续期间没有利息支付。

3．按债券形态分

1)实物债券是一种具有标准格式实物券面的债券。在标准格式的债券券面上,一般印有债券面额、债券利率、债券期限、债券发行人全称、还本付息方式等各种债券票面要素。有时债券利率、债券期限等要素也可以通过公告向社会公布,而不再在债券券面上注明。实物债券是一般意义上的债券,很多国家通过法律法规对实物债券的格式予以明确规定。

2)凭证式债券的形式是债权人认购债券的一种收款凭证,而不是债券发行人制定的标准格式的债券。我国1994年开始发行凭证式国债,我国的凭证式国债通过各银行储蓄网点和财政部门国债服务部面向社会发行,是一种国家储蓄债,可记名、挂失,以"凭证式国债收款凭证"记录债权,不能上市流通,从购买之日起计息。

3)记账式债券是没有实物形态的票券,利用账户通过电脑系统完成国债发行、交易及兑付的全过程。我国1994年开始发行记账式国债。目前,上海证券交易所和深圳证券交易所已为证券投资者建立了电子证券账户,发行人可以利用证券交易所的交易系统来发行债券。投资者进行记账式债券买卖,必须在证券交易所设立账户。记账式国债可以记名、挂失,安全性强,同时由于记账式债券的发行和交易均无纸化,所以发行时间短,发行效率高,交易手续简便,成本低,交易安全。

(四)国际债券

国际债券是指一国借款人在国际证券市场上以外国货币为面值向外国投资者发行的债券。国际债券的发行人,主要是各国政府、政府所属机构、银行或其他金融机构、工商企业及一些国际组织等。国际债券按是否以发行地所在国家货币为面值可以分为外国债券与欧洲债券,这两种债券的异同如表3.1所示。

表3.1 国际债券的区别表

债券名称	发行人	发行地	面值货币
外国债券	本国	境外	发行地货币
欧洲债券	本国	境外	第三国货币

四、证券投资基金

(一)证券投资基金概述

1．证券投资基金的概念与特点

(1)证券投资基金概念

证券投资基金是一种利益共享、风险共担的集合投资方式,即通过发行基金单位，集中投资者的资金，由基金托管人托管，由基金管理人管理和运用资金，从事以有价证券为主的金融工具投资，以获得投资收益和资本增值。

证券投资基金在不同国家或地区称谓有所不同，美国称为共同基金，英国和我国香港称为单位信托基金，日本称为证券投资信托基金，在我国大陆地区统称为"证券投资基金"。本教材一律采用证券投资基金的称谓。

(2) 证券投资基金具有以下特点。

1) 集合理财、专业管理。基金将众多投资者的资金集中起来，委托基金管理人进行共同投资，基金管理人一般拥有大量的专业投资研究人员和强大的信息网络，这样，中小投资者也可以享受到专业化的投资管理服务。

2) 组合投资、分散风险。基金通常会购买几十种甚至上百种股票，投资者购买基金就相当于用很少的钱购买了一揽子股票，可以充分享受到组合投资、分散风险的好处。

3) 利益共享、风险共担。基金投资的收益在扣除基金托管人和基金管理人按规定收取的托管费和管理费后，所有盈余按各投资者所持有的基金份额比例进行分配。

4) 严格监管、信息透明。各国监管机构都对基金业实行严格的监管，对各种有损投资者利益的行为进行严厉的打击，并强制基金进行较为充分的信息披露。

5) 独立托管、保障安全。基金管理人只负责投资操作，不负责基金财产的保管，基金财产由独立于基金管理人的基金托管人负责。两者相互制约、相互监督的制衡机制保护了投资者的利益。

2. 证券投资基金的主要当事人

证券投资基金的主要当事人有三种。

1) 基金份额持有人。即基金投资者，是基金的出资人、基金资产的所有者和基金投资收益的受益人。

2) 证券投资基金管理人。是负责基金发起设立与经营管理的专业性机构。《中华人民共和国证券投资基金法》规定，基金管理人由依法设立的基金管理公司担任。基金管理公司通常由证券公司、信托投资公司或其他机构等发起成立，具有独立法人地位。

3) 基金托管人。是依据基金运行中"管理与保管分开"的原则对基金管理人进行监督和保管基金资产的机构，是基金持有人权益的代表，是基金资产的名义持有人。其主要职责是负责基金资产保管、基金资金清算、会计核算以及对基金投资运作的监督等。我国的《证券投资基金法》规定：基金托管人由依法设立并取得基金托管资格的商业银行担任。

(二) 证券投资基金的分类

1) 按组织形式来分，可分为公司型基金和契约型基金。

公司型基金是依照《公司法》设立的投资基金，本身是一个股份有限公司，其主要业务是投资于金融市场以获取收益。

契约型基金是一种信托投资基金，通过投资者、基金管理公司和基金托管机构三者订立信托投资协议而设立的基金形式。

公司型基金与契约型基金的比较如表3.2所示。

表3.2 公司型基金与契约型基金的比较

项 目	公司型基金	契约型基金
成立依据	《公司法》	《证券投资基金法》
运用依据	公司章程	基金合同
成立方式	发行股份	发行受益凭证，签订合同
基金的性质	是一家公司，具有法人资格	是信托资产，不具法人资格
投资者地位	公司的股东	委托人
最高权力机构	股东大会	持有人大会
负债	和普通企业一样，有多种借款渠道	借款渠道较小
存续期限	无约定期限	按合同规定，有的约定，有的没有约定

2）按是否可赎回来分，可分为封闭式基金和开放式基金

封闭式基金是指基金发起人设立基金时，限定了基金发行的总额和存续期，基金运行阶段保持基金规模不变。

开放式基金是指基金发起人在设立基金时，没有约定基金的总发行额，基金运行阶段的规模可以变化。

封闭式基金与开放式基金的比较如表3.3所示。

表3.3 封闭式基金与开放式基金的比较

项 目	开放式基金	封闭式基金
基金规模	随时变化	保持不变
交易渠道	金融机构柜台申购、赎回	证券二级市场买卖
流动性	交易日可以赎回	交易日随时转让
透明度	每日公布净价	每周公布一次净值
存续期	一般无规定	基金合同约定，一般10～15年
手续费	申购费、赎回费	与股票一样支付交易费用，但较股票少
投资策略	要考虑到申购、赎回的冲击	无需考虑申购、赎回因素

3）根据投资目的的不同，可将证券投资基金分为成长型证券投资基金、收入型证券投资基金和平衡型证券投资基金。

① 成长型基金是指以追求资本增值为基本目标，较少考虑当期收入的基金，主要以具有良好增长潜力的股票为投资对象。

② 收入型基金是指以追求稳定的经常性收入为基本目标的基金，主要以大盘蓝筹股、公司债券、政府债券等高收益证券为投资对象。

③ 平衡型基金是既注重资本增值又注重当期收入的一类基金。

4）根据投资对象的不同，可将证券投资基金分为股票型证券投资基金、债券型证券投资基金、混合型证券投资基金、货币市场证券投资基金、衍生证券投资基金。

①股票型证券投资基金。是指以证券交易所上市的股票为主要投资对象的基金。根据中国证监会对基金类别的分类标准，60%以上的基金资产投资于股票的，为股票型证券投资基金。

②债券型证券投资基金。是指主要以债券为投资对象的基金。根据中国证监会对基金类别的分类标准，80%以上的基金资产投资于债券的为债券型证券投资基金。

③混合型证券投资基金。是同时以股票、债券为投资对象，以期通过在不同资产类别上的投资，实现收益与风险之间的平衡。根据中国证监会对基金类别的分类标准，投资于股票、债券和货币市场工具，但股票投资和债券投资的比例不符合股票型证券投资基金、债券型证券投资基金规定的，为混合型证券投资基金。

④货币市场证券投资基金。是指以短期货币市场工具为投资对象的基金。其投资对象是指期限在1年以内的银行存款、国库券、公司债券、银行承兑票据及商业票据等货币市场工具。它的优点是资本安全性高、购买限额低、流动性强、收益稳定及管理费用低，有些还不收取赎回费用。因此，货币市场证券投资基金通常被认为是低风险的投资工具。

⑤衍生证券投资基金是一种以期货、期权、认股权证等金融衍生工具为投资对象的基金，这种基金的风险相对较大。

5）特殊类型基金。

①交易型开放式指数基金（Exchange Traded Funds，ETF）。上海证券交易所将其命名为"交易型开放式指数基金"。ETF是一种在交易所上市交易的、基金份额可变的一种基金运作方式。ETF管理的资产是一系列股票组合，这一组合中的股票种类与某一特定指数（如上证50指数）包含的成分股票相同，每只股票的数量与该指数的成分股构成比例一致，ETF交易价格取决于其拥有的一系列股票的价值，即"单位基金资产净值"。ETF结合了封闭式基金与开放式基金的运作特点，投资者一方面可以像封闭式基金一样在交易所二级市场进行ETF的买卖，另一方面又可以像开放式基金一样申购、赎回。不同的是，它的申购是用一系列股票换取ETF份额，赎回时也是换回一系列股票而不是现金。这种交易制度使该类基金存在一、二级市场之间的套利机制，可有效防止类似封闭式基金的大幅折价。

②上市开放式基金（Listed Open-ended Funds，LOF）。是一种可以同时在场外市场进行基金份额申购、赎回，在交易所进行基金份额交易，并通过份额转托管机制将场外市场与场内市场有机地联系在一起的一种新的基金运作方式。

第二节 证券交易

手里有点闲置资金,想买债券、股票、基金,我们通过什么机构投资?怎样操作?费用怎么收?收益怎么计算?本节将一步步指导你解开一个个谜团。

一、证券交易概述

证券交易是指已发行的证券在证券市场上买卖的活动,由于证券这种商品本身的特殊性,导致证券交易活动有三大特性:流动性、收益性和风险性,从而决定了证券交易活动是一项机遇与挑战并存的行为。

从国内外的证券交易活动来看,证券交易活动应遵循公开、公平和公正三大原则。公开原则,指证券交易参加各方要依法及时、真实、准确、完整地向社会发布有关信息,实现市场信息的公开化;公平原则,即参与证券交易的各方应获得平等的交易机会;公正原则,指应公正对待所有的证券交易参与者。证券交易的种类是根据交易的对象来划分的。目前我国证券交易市场上主要交易品种如表3.4所示。

表3.4 我国证券交易的主要品种

股票交易	债券交易	基金交易	其他交易
A股	国债	封闭式基金	权证
B股	企业债券	开放式基金	回购
	金融债券	LOF	
	可转换债券	ETF	

证券交易的参与者包括自然人和法人两类。投资者买卖证券的途径主要有两条:一是直接进入证券交易场所自行交易;二是委托经纪人代理买卖证券。就我国证券市场来看,上海证券交易所(以下简称"上交所")和深圳证券交易所(以下简称"深交所")构成了我国证券交易市场的主要场所,参与这两个证券交易所的投资者除境内的自然人和法人外,还包括境外自然人和法人(如合格的境外投资者)。一般的投资者不能直接进入上交所和深交所,只能委托证券公司(我国也称券商,国外一般称为投资银行)代理买卖证券。我国证券交易市场的主要参与者如图3.3所示。

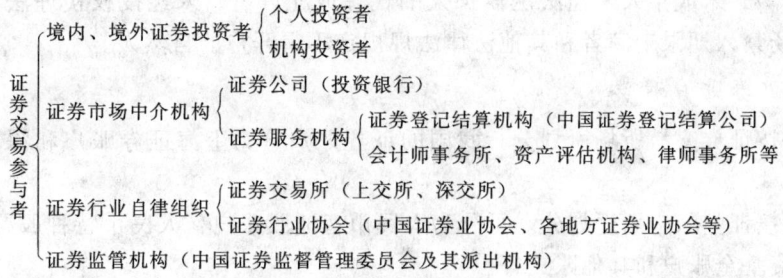

图3.3 我国证券市场主要参与者

二、证券交易程序

由于证券交易所是我国证券交易的主要场所,因此,后面介绍的证券交易程序和证券交易规则均是针对证券交易所而言。目前,我国沪、深证券交易所的交易流程如图3.4所示。

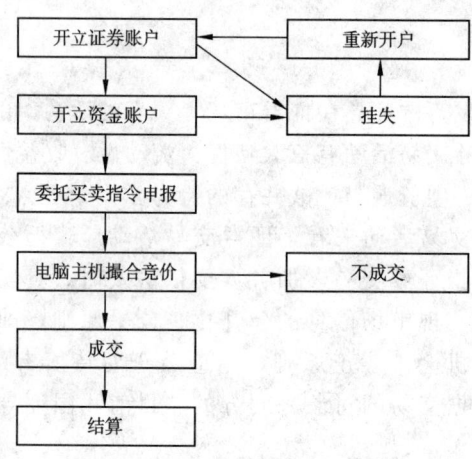

图3.4 证券交易流程

(一)开立证券账户

开立证券账户是指投资者到中国证券登记结算有限公司及其开户代理机构开设上交所和深交所证券交易账户的行为。

1. 开户要求

投资者可以带齐有效身份证件和复印件,到中国证券登记结算有限公司在全国各地的营业点及其开户代理机构(目前,绝大多数券商营业部均办理证券账户代理开户业务)办理开户,委托他人代办的,还需要提供代办者身份证及复印件。如果是法人办理开户,需要提供法人营业执照原件及复印件、法人委托书、法人代表证明书和经办人身份证原件和复印件等材料。

根据我国现行规定,以下人员不得开户:

证券管理机关工作人员、证券交易所管理人员、证券从业人员(均不得开设股票账户)、未成年人未经法定监护人的代理或允许者、未经授权代理法人开户者、市场禁入期限未满者和其他法律法规规定不得开户的自然人。

2. 证券账户种类

1)按证券交易所场所划分,我国的证券账户分为上海证券账户和深圳证券账户。

2)按证券账户用途划分,可分为人民币普通股账户、人民币特种股票账户、证券投资基金账户和其他账户等。

① 人民币普通股票账户。简称A股账户,其开立仅限于国家法律法规和行

政规章允许买卖 A 股的境内投资者，A 股账户包括自然人证券账户（上海为 A 字头账户）、一般机构证券账户（上海为 B 字头账户）、证券公司自营证券账户和基金管理公司的证券投资基金专用账户（上海均为 D 字头账户）。

在实际操作中，A 股账户是目前我国用途最广、数量最多的一种通用型证券账户，既可用于买卖人民币普通股票，也可用于买卖债券和证券投资基金。

② 人民币特种普通股票账户。简称 B 股账户（上海为 C 字头账户），是专门用于为投资者买卖 B 股而设置的，按 B 股持有人的不同，可以分为境内投资者 B 股账户（上海以 C90 打头）和境外投资者 B 股账户（上海以 C99 打头）。

③ 证券投资基金账户。简称基金账户（上海为 F 字头账户），是一种只能用于买卖基金的专用型账户。目前该账户也可以买卖上市国债。

（二）开立资金账户

投资者在开立证券账户后，在买卖证券之前，先要在证券营业部开立资金账户。其操作程序如下：

第一步，提供相关资料。个人开户需提供身份证原件和复印件，证券账户卡原件及复印件等资料。法人机构开户，需要提供法人营业执照原件及复印件，法定代表人证明书，证券账户卡原件及复印件，法人授权委托书和被授权人身份证原件及复印件，单位预留印鉴等材料。

第二步，填写相关表格。一般包括《风险揭示书》、《开立资金账户申请表》、《授权委托书》、《证券交易委托代理协议书》、《指定交易协议书》（参见实训报告），如果要办理网上交易委托，还需要填写《网上交易委托协议书》等相关文件。

我国目前实行指定交易制度，即指投资者与某一证券营业部签订协议后，指定该机构为自己买卖证券的唯一交易点。

第三步，材料审核与开户。证券营业部工作人员根据有关规定，对开户申请者提供的资料进行审核，如符合规定，即为申请者办理开户手续。根据规定，我国目前实行"客户交易结算资金第三方存管"制度，该账户只能用于证券查询、买卖和委托等功能，客户不能通过此账户在证券营业部柜台进行资金存取活动。

第四步，开设客户银行结算账户。投资者在证券营业部开设资金账户后，要选择一家与该证券公司合作的商业银行开立一个与证券营业部资金账户相对应的"客户银行结算账户"，用于证券资金账户中资金的存、取和划转等业务。

（三）委托申报

1. 证券资金账户资金的存取

根据"客户交易结算资金第三方存管"制度有关规定，开户投资者无法通过证券营业部自办资金存取，只能通过与证券资金账户相对应的"客户银行结算账户"进行资金的存取。具体做法是：

第一步，在客户银行结算账户中存入资金。

第二步，通过电话银行、网上银行、（证券营业部）自助办理、证券营业部（银行柜台）办理等途径将资金从客户银行结算账户转入证券资金账户。

第三步，进行证券买卖。

第四步，通过电话（网上）银行、银行柜台办理等途径将资金从证券资金账户转入客户银行结算账户。

第五步，在客户银行结算账户中取出资金。

2. 委托

1）委托形式。投资者可以通过书面或电话、自助终端、互联网等委托方式委托会员（证券公司）买卖证券。采用电话、自助终端、互联网等委托方式应当按相关规定操作。

2）委托指令应包括的内容。根据沪、深证券交易所的规定，委托指令中至少要包括以下内容：证券代码、买卖方向、委托数量、委托价格以及交易所和会员要求的其他内容。

3）委托撤销。在委托尚未成交前，投资者可以撤销委托。

3. 申报

1）申报时间。沪深证券交易所接受申报的时间为每个交易日的 9：15～9：25、9：30～11：30、13：00～15：00。每个交易日 9：20～9：25 的开盘集合竞价阶段，交易所主机不接受撤单申报，在其他接受交易申报的时间内，未成交申报可以撤销。证券公司应按投资者委托时间先后顺序及时向交易所申报。

2）申报价格。投资者可以采用限价申报或市价申报的方式委托证券公司营业部买卖证券。限价申报是指客户委托证券公司营业部按其限定的价格买卖证券，证券公司营业部必须按限定的价格或低于限定的价格申报买入证券，按限定的价格或高于限定的价格申报卖出证券。

不同证券采用不同的计价单位，股票为每股价格，基金为每份基金价格，债券为每百元债券价格，债券质押式回购为每百元资金到期年收益，债券买断式回购为百元面值债券到期回购价格。不同证券申报价格的最小变动单位各不相同，具体如表 3.5 所示。

表 3.5 不同证券申报价格最小变动单位一览

上交所		深交所	
交易品种	最小变动单位	交易品种	最小变动单位
A 股、债券、债券买断式回购	0.01 元	A 股、债券、债券质押式回购	0.01 元
基金、权证	0.001 元	基金	0.001 元
B 股	0.001 美元	B 股	0.01 港元
债券质押式回购	0.005 元		

3）申报数量。关于申报的数量，上交所和深交所的规定有所不同，分别见表 3.6 和表 3.7。

表3.6 上交所关于申报数量的规定

交易品种	最小申报单位	申报数量	单笔申报数量区间	备注
股票、基金	100股（份）	应为100股（份）或其整数倍，余额不足100股（份）的，应一次性申报卖出	100股（份）~100万股（份）	—
债券	1手	应为1手或其整数倍	1手~1万手	1手为人民币1000元面值债券
债券买断式回购	1000手	应为1000手或其整数倍	1手~5万手	
债券质押式回购	100手	应为100手或其整数倍	1手~1万手	1手为人民币1000元标准券

表3.7 深交所关于申报数量的规定

交易品种	最小申报单位	申报数量	单笔申报数量	备注
股票、基金	100股（份）	应为100股（份）或其整数倍，余额不足100股（份）的，应一次性申报卖出	100股（份）~100万股（份）	—
债券	10张	应为10张或其整数倍，余额不足10张时，应一次性申报卖出	10张~10万张	1张为人民币100元面值债券
债券质押式回购	10张	应为10张或其整数倍	10张~1万张	1张为人民币100元标准券

4）价格涨跌幅限制。目前，上交所和深交所均对股票、基金交易实行价格涨跌幅限制，涨跌幅比例为10%，其中ST股票和*ST股票价格涨跌幅比例为5%。其计算公式为

涨跌幅价格＝前一交易日收盘价×（1±涨跌幅比例）

计算结果按四舍五入原则取至价格最小变动单位。

属于下列情形之一的，首个交易日无价格涨跌幅限制：

① 首次公开发行上市的股票和封闭式基金。
② 增发上市的股票。
③ 暂停上市后恢复上市的股票。
④ 交易所认定的其他情形。

【例3.1】 证券委托单的正确填法（在证券营业部填写委托单，并将其提交给营业部柜台工作人员，再由其将交易指令传输至证券交易所，是我国证券市场发展初期最常见的委托形式，虽然目前这种委托形式已经被淘汰，但委托单中反映的内容与目前在用的各种委托形式是相同的），具体如图3.5和图3.6所示。

×××证券有限责任公司×××营业部委托单	买
股东姓名：李二冬　股东卡号276825310　资金账号0035266	
2007年 4 月 13 日 13 时 28 分	

证券代码	证券名称	买入价格	买入数量
600273	华芳纺织	6.30	400

NO：_____ 经办人签章_____ 委托人签章 李二冬

图3.5　传统的证券委托单（买）

×××证券有限责任公司×××营业部委托单	卖
股东姓名：李二冬　股东卡号276825310　资金账号0035266	
2007年 4 月 13 日 14 时 18 分	

证券代码	证券名称	卖入价格	卖出数量
600281	太化股份	7.09	1000

图3.6　传统的证券委托单（卖）

（四）竞价

上交所、深交所的证券竞价采用集合竞价和连续竞价两种方式。集合竞价是指在规定时间内对接收到的有效买卖申报一次性集中撮合的竞价方式。每个交易日的9：15～9：25为开盘集合竞价时间，9：30～11：30、13：00～15：00为连续竞价时间，开市期间停牌并复牌的证券除外。

（五）成交

证券竞价成交有三大原则：价格优先、时间优先、揭示价优先（连续竞价时的成交原则）。

价格优先：较高价格买入申报优先于较低价格买入申报，较低价格卖出申报优先于较高价格卖出申报。

时间优先：买卖方向、价格相同的，先申报者优先于后申报者。先后顺序按交易主机接受申报的时间确定。

揭示价优先内容比较复杂，我们作为普及教程将其删减。

集合竞价时，成交价格的确定原则为：第一，可实现最大成交量的价格；第二，高于该价格的买入申报与低于该价格的卖出申报全部成交的价格；第三，与该价格相同的买方或卖方至少有一方全部成交的价格。集合竞价的所有交易以同一价格成交。

连续竞价时，成交价格的确定原则为：第一，最高买入申报价格与最低卖出申报价格相同，以该价格为成交价格；第二，买入申报价格高于即时揭示的最低卖出申报价格的，以即时揭示的最低卖出申报价格为成交价格；第三，卖出申报价格低于即时揭示的最高买入申报价格的，以即时揭示的最高买入申报价格为成交价格。

【例 3.2】 交易所计算机主机搓合成交机制。假设在集合竞价期间，关于某一股票的所有买卖申报如图 3.7 所示，交易所计算机主机搓合成交的步骤如下：第一步，比对买一和卖一，将卖一的 200 股配给买一，卖一完全成交，买一还有 100 股不能成交；第二步，比对买一和卖二，将卖二的 100 股配给买一，买一完全成交，卖二还有 200 股不能成交；第三步，比对卖二和买二，将卖二的 200 股配给买二，卖二完全成交，买二还有 200 股不能成交；第四步，对比买二和卖三，将卖三的 200 股配给买二，买二完全成交，卖三还有 400 股不能成交；第五步，对比卖三和买三，二者各自申报的价格不能成交，此次搓合成交到此结束，成交价为上述四笔交易中的最低成交价，即 9.99 元，这个价格为所有的已成交的申报者所接受，成交量为 700 股。

委买申报					委卖申报			
编号	时间	价格	数量		数量	价格	时间	编号
买一	10:02	10.00	300	200	200	9.97	10:02	卖一
买二	10:02	9.99	400	100 / 200	300	9.98	10:01	卖二
买三	10:02	9.98	800	200	600	9.99	10:01	卖三
买四	10:01	9.98	1000		1000	10.00	10:02	卖四

图 3.7 搓合成交竞价机制

（六）结算

结算包括两个过程，即清算和交收。

清算是指每一营业日中每个结算参与人（证券公司）成交的证券数量与价款分别给予轧抵，对证券和资金的应收或应付净额进行计算的处理过程。

交收是指依据清算的结果实现证券与价款的收付，从而结束证券交易过程。

我国目前实行 T+1、T+3、T+0 滚动交收，其中，A 股、基金、债券、回购交易等实行 T+1 滚动交收，B 股实行 T+3 滚动交收，权证实行 T+0 滚动交收。以 T+1 例，在 T 日成交的证券交易的交收在成交日之后的第一营业日（T+1）完成。

（七）其他交易事项

1. 开盘价与收盘价

证券的开盘价为当日该证券的第一笔成交价格，通过集合竞价方式产生，不能产生开盘价的，以连续竞价方式产生。

证券的收盘价为当日该证券最后一笔交易前一分钟所有交易的成交量加权平均价（含最后一笔交易）。当日无成交的，以前收盘价为当日收盘价。

2. 挂牌、摘牌、停牌与复牌

上交所和深交所对上市证券实行挂牌交易。

证券上市期届满或依法不再具备上市条件的，证交所终止其上市交易，并予以摘牌。

股票、封闭式基金交易出现异常波动的，证交所可以决定停牌，直至相关当事人作出公告当日的上午10：30予以复牌。

根据市场发展需要，证交所可以调整停牌证券的复牌时间。证交所可以对涉嫌违法违规交易的证券实施特别停牌并予以公告，相关当事人应按照证交所的要求提交书面报告。

特别停牌及复牌的时间和方式由证交所决定。

证券停牌时，证交所发布的行情中包括该证券的信息；证券摘牌后，行情中无该证券的信息。

证券开市期间停牌的，停牌前的申报参加当日该证券复牌后的交易；停牌期间，可以继续申报，也可以撤销申报；复牌时对已接受的申报实行集合竞价，集合竞价期间不揭示虚拟开盘参考价格、虚拟匹配量、虚拟未匹配量。

证券挂牌、摘牌、停牌与复牌的，证交所予以公告。

证券挂牌、摘牌、停牌与复牌的其他规定，按照证交所上市规则或其他有关规定执行。

3. 除权与除息

1）上市证券分红送配的主要形式。第一，权益分派。上市公司将当年的盈利分派给股东有两种形式，一是向股东派发现金（简称派现或派息），二是向股东派发股票（简称送股）。二者的区别是：派现导致公司的现金流量减少，送股不会减少公司的现金流量，送股后公司的资产、负债、股东权益总额和结构没有发生变化，但总股本增大，每股净资产值降低，股东持有股数也相应增加。

第二，公积金转增股本。公积金转增股本上市公司将资本公积（以前年度盈利中提取出来的资本公积金）折成股票送给股东，其结果与送股相同。公积金转增股本与送股的区别在于：前者用以前年度的盈余增加股东的股数，送股是当年的盈余增加股东的股数。

第三，配股。配股是指上市公司为了获得更多的资金以满足公司发展的需要，而向老股东低价发行新股的行为。

2）证券交易所关于上市证券分红送配的处理。证券交易所在上市证券发生分红送配的情况时，会在权益登记日（B股为最后交易日）次一交易日对该证券作除权除息处理。这里涉及到两个概念，即权益登记日（有时直接称为股权登记日）和除权（息）日。

权益登记日是指上市证券分红送配方案中指定的某一交易日，在这个交易日收盘时仍持有该证券的投资者可获得此次分红送配。

除权（息）日是在权益登记日后的一个交易日，在此日和此日后买入该证券的投资者无获得此次分红送配的权利。当天该股票开盘参考价为除权报价，涨跌幅以除权报价为基础。在除权（息）日，上市证券简称前往往会加上XR、XD和DR等字母，如海泰发展（600082）于2007年4月17日除息，其股票简称当天改为 XR 海泰发。XR、XD、DR 含义如下：

XR 是英文 ex-right 的简称，表示当天除息；XD 是英文 ex-divident 的简称，表示当天除权；DR 则是前面二者结合起来，表示当天既除息又除权。

除权（息）参考价格的计算公式为

除权（息）参考价格＝［（前收盘价格－现金红利）＋配（新）股价格×流通股份变动比例］÷（1＋流通股份变动比例）

【例 3.3】 某上市公司的分红方案为每 10 股派现 3.6 元，股权登记日收盘价为 6.27 元，求其除息日开盘的参考报价。

该股票除息日开盘的参考报价＝6.27－（3.6÷10）＝5.91（元）

【例 3.4】 某上市公司的分红方案为每 10 股送 5 股并派现 1.6 元，股权登记日收盘价为 6.7 元。

① 求其除权除息日开盘的参考报价。

② 如果某投资者的买入成本为 5.4 元，求其除权后的每股成本？

解： ① 该股票除息日开盘的参考报价＝（6.7－0.16）÷（1＋0.5）＝4.36（元）。

② 该投资者配股后的每股成本＝（5.4－0.16）÷（1＋0.5）＝3.49（元）。

【例 3.5】 某上市公司于 2001 年实施配股，其方案为向全体股东每 10 股配 3 股，配股价为每股人民币 10.12 元。股权登记日为 2001 年 8 月 6 日，当天收盘价为 14.53 元。

① 某投资者于 2001 年 8 月 6 日 13：40 买入该股票，该投资者能不能获得此次配股权？

② 某投资者于 2001 年 8 月 7 日 13：40 买入该股票，该投资者能不能获得此次配股权？

③ 计算 2001 年 8 月 6 日该股票开盘的参考报价？

④ 若某投资者于 2001 年 7 月 12 日以每股 15.30 元的价格买入并一直持有该股，假设其参与了此次配股，计算其配股后的每股成本？

解： ① 该投资者能获得此次配股权。

② 该投资者不能获得此次配股权。

③ 2001 年 8 月 6 日该股票开盘的参考报价＝（14.53＋10.12×0.3）÷（1＋0.3）＝13.50（元）。

④ 该投资者配股后的每股成本＝（15.30＋10.12×0.3）÷（1＋0.3）＝14.10（元）。

4. 股票交易的特别处理（＊ST、ST）

1）警示存在终止上市风险的特别处理（＊ST）。2003 年 4 月，上交所和深交所分别发布《关于对存在股票终止上市风险的公司加强风险警示等有关问题的通知》，规定从 2003 年 5 月 8 日起，对存在连续两年亏损等严重问题的上市公司实行退市风险警示制度，其处理措施如下：

① 在公司股票简称前冠以"＊ST"，以区别其他股票。

② 股票价格的日涨跌幅限制为 5%。

2）其他特别处理（ST）。根据上述规定，证券交易所对于存在最近一个会计年度审计结果显示其股东权益为负等严重问题的上市公司实施其他特别处理制度，其处理措施如下：

① 在公司股票简称前冠以"ST"，以区别其他股票。

② 股票价格的日涨跌限制为 5%。

三、证券交易费用

投资者从事证券交易，需要支付一定的交易费用，具体包括如下几项：

1）开户费。开户费是投资者在中国证券登记结算有限公司开设证券交易账户时要交纳的费用。

2）佣金。佣金是证券公司为客户（投资者）提供证券代理买卖服务收取的费用，投资者要按成交金额一定比例支付给证券公司。

3）过户费。过户费是投资者在委托买卖股票、基金等成交后，买卖双方为变更证券登记所支付的费用，这笔费用属于证券登记结算公司，由证券公司在与投资者结算时代为扣收。

4）印花税。印花税是根据国家税收法律规定，在 A 股和 B 股成交后对买卖双方投资者按照规定的税率分别征收的税金，由证券公司在为投资者办理结算时代为扣收。表 3.8 和表 3.9 分别列出了截止 2008 年 4 月 28 日上海证券交易所交易费用。

表 3.8　上海证券交易所主要交易品种交易费用一览表

	业务类别		费用项目	费用标准	最终收费单位
开户	A 股	个人	开户费	40 元/户	登记结算公司
		机构	开户费	400 元/户	登记结算公司
	基金		开户费	5 元/户	开户代理机构
交易	A 股		佣金	不超过成交金额的 0.3%，起点 5 元	证券公司
			过户费	成交面额的 0.1%，起点 1 元	登记结算公司
			印花税	成交金额的 0.1%	税务机关
	证券投资基金（封闭式基金、ETF）		佣金	不超过成交金额的 0.3%，起点 5 元	证券公司
	权证		佣金	不超过成交金额的 0.3%，起点 5 元	证券公司
	债券		佣金	不超过成交金额的 0.02%，起点 1 元	证券公司
	大宗交易		佣金、过户费、印花税同同品种竞价交易		
ETF 申购、赎回			佣金	不超过申购、赎回份额的 0.5%	证券公司
			组合证券过户费	股票过户面额的 0.05%，前三年减半	登记结算公司
权证行权			标的股票过户费	股票过户面额的 0.05%	登记结算公司

表 3.9　上海证券交易所 B 股交易费用一览表

业务类别		费用项目	费用标准	最终收费单位
开户	个人	开户费	19 美元	登记结算公司
	机构	开户费	85 美元	登记结算公司
	更换结算会员	开户费	2 美元	目前未收
交易		佣金	不超过成交金额的 0.3%，起点 1 美元	证券公司
		结算费	成交金额的 0.05%	登记结算公司
		印花税	成交金额的 0.1%	税务机关
修改错误交易的非交易过户		手续费	30 美元/笔	错误方交登记结算公司
修改结算会员代码		手续费	10 美元/笔，每个 ORDER 最高不超过 50 美元	错误方交登记结算公司
大宗交易			佣金、结算费、印花税同竞价交易	

5）委托手续费。委托手续费是证券公司在投资者办理委托买卖时，向投资者收取的，主要是用于通讯、设备、单证制作等方面的费用。委托手续费的收费一般按委托的笔数计算，没有统一的标准。目前，大多数证券公司都免收委托手续费。

【例 3.6】 某投资者在上海证券交易所以每股 12 元的价格买入某股票 10 000 股，该投资者与证券公司约定的佣金为 0.2%，免收委托手续费，其他费用按规定计收，那么该投资者最低需要以什么价格卖出股票才可保本？

解析：设投资者卖的价格为 P，则

卖出收入 $= 10\,000 \times P - 10\,000 \times P \times (0.2\% + 0.3\%) - 10\,000 \times 0.1\%$
$\qquad\quad = 9950 \times P - 10$

买入支出 $= 10\,000 \times 12 + 10\,000 \times 12 \times (0.2\% + 0.3\%) + 10\,000 \times 0.1\%$
$\qquad\quad = 120\,610$

保本即为：卖出收入 ≥ 买入支出，即

$(9950 \times P - 10) - 120\,610 \geq 0$，

得

$P \geq 12.12$ 元。

四、证券交易收益及其计算

人们从事证券交易的目的是实现资产的保值与增值，根据证券投资收益性质的不同，可以分为以下几种：

1）现金股息。现金股息即上市公司以现金的方式向股东派发的现金分红。
2）债券利息。债券利息即债券发行人按约定的时间与利率水平向债券持有

人支付的利息。

3) 基金分红。基金分红即证券投资基金按基金契约规定的时间与分红标准向基金持有人分发的现金分红。

4) 资本利得。资本利得即投资者买卖股票、债券、基金等所获得的价差收益，对于不能上市交易的开放式基金来说，资本利得即是其赎回价格与申购价格之间的差额。

由于证券交易的品种多且收益形式各异，证券交易收益率的计算也比较复杂，此处仅介绍一种比较常见的持有期收益率的计算方法。持有期收益率是投资者持有证券期间获得的净收益与总支出之间的比率，其公式为

$$持有期收益率 = \frac{持有期间净收益}{总支出} \times 100\%$$

这个公式是一个不考虑时间的收益率，如果要将证券交易收益率与银行存款收益率相比较时，还需要将上述公式转化为年收益率，方可进行比较。

【例3.7】 某投资者于2006年6月19日买入某股票30 000股，成交价为6.23元，该投资者与证券公司约定的佣金为0.25%，免收过户费，于2006年8月18日以每股6.89元的价格卖出，持有期间获得税后现金股息1000元，请计算该投资者持有期收益率。

解析：该投资者持有期间净收益

$= 1000 + (6.89 - 6.23) \times 30\,000 - [30\,000 \times 6.23 \times (0.25\% + 0.1\%) + 30\,000 \times 0.1\%] - [30\,000 \times 6.89 \times (0.25\% + 0.1\%) + 30\,000 \times 0.1\%]$

$= 20\,800 - [654.15 + 30] - [723.45 + 30] = 19\,362.4 (元)$

该投资者的持有期收益率 $= 19\,362.4 \div (30\,000 \times 6.23 + 654.15 + 30)$

$= 10.32\%$

第三节 证券投资基本分析

我们知道了如何进行证券产品的投资操作，也开了户，但依据目前形势应该选择投资股票、债券还是基金？确定了投资证券类别后，具体应该选哪支股票？选什么债券？选哪个基金公司发行的基金？本节通过全面讲解证券投资基本分析知识为你提供指导。

证券投资基本分析又称基本面分析，是指证券投资者（分析师）根据经济学、金融学、财务管理以及投资学等基本原理，对决定证券价值及价格的基本要素，如宏观经济指标、经济政策趋势、行业发展状况、产品市场状况、公司财务与经营管理状况等进行分析，评估证券的投资价值，判断证券的合理价位，作出相应投资策略选择的一种分析方法。基本面分析主要包括宏观经济分析、行业分析、公司分析三大内容，分析方法和分析变量如图3.8所示。

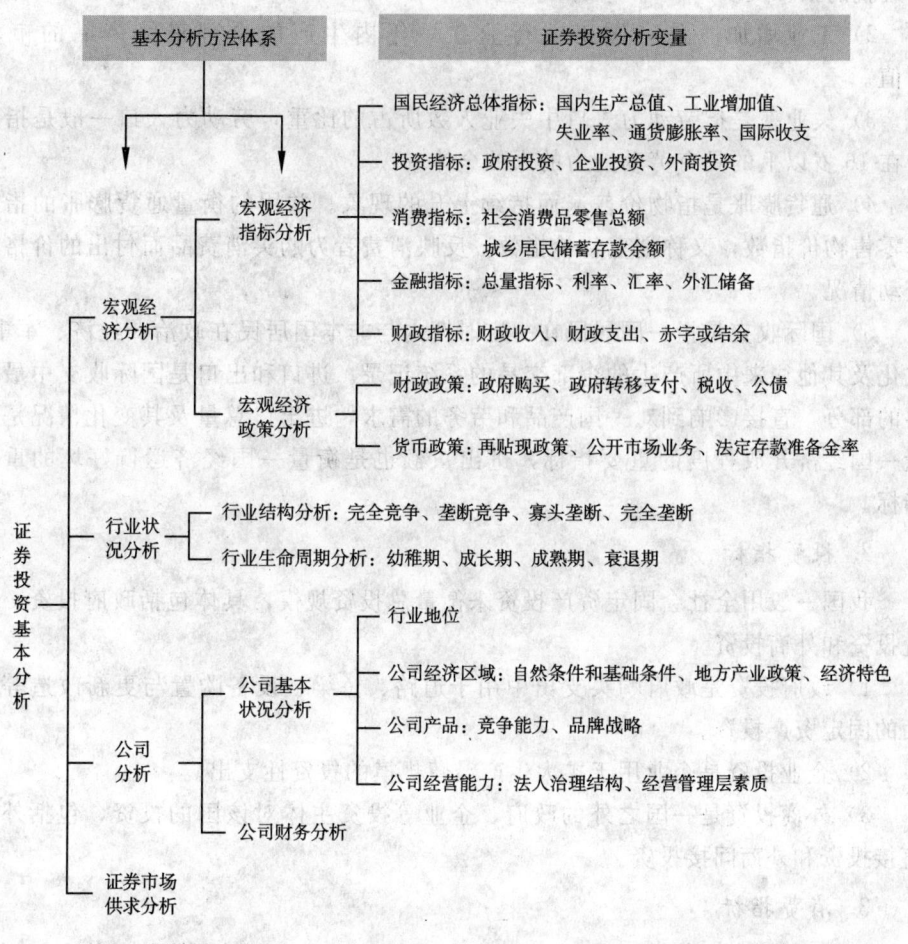

图 3.8 证券投资基本分析方法及变量体系

一、宏观经济分析

(一) 宏观经济指标分析

证券市场素有经济晴雨表之称,这一方面表明了证券市场是宏观经济的先行指标,另一方面也说明了宏观经济的走向决定了证券市场的长期趋势。可以说,宏观经济因素是影响证券市场长期走势的唯一因素,其他因素可以暂时改变证券市场的中短期走势,但改变不了证券市场的长期走势。如果一国宏观经济长期繁荣,则证券市场必然长期向好;相反,一国经济长期低迷,则证券市场必然长期走熊。评价宏观经济形势的基本变量包括五个方面,即国民经济运行总体指标、投资指标、消费指标、金融指标和财政指标。

1. 国民经济总体指标

1) 国内生产总值 (GDP) 是衡量一国经济运行状况的基本指标,是一国经济成就的根本反映。

2）工业增加值是一国工业行业在一年内生产的全部最终产品的市场价值。

3）失业率是指劳动力人口中失业人数所占的比重，劳动力人口一般是指年龄在16岁以上的具有劳动能力的人的全体。

4）通货膨胀是指物价普遍而持续上升的现象。常用的衡量通货膨胀的指标是零售物价指数，又称消费物价指数，反映消费者为购买消费品而付出的价格的变动情况。

5）国际收支是指一国居民在一定时期内与非本国居民在政治、经济、军事、文化及其他往来中所产生的全部交易的系统记录。进口和出口是国际收支中最主要的部分，直接影响到对一国产品和劳务的需求，进出口总量及其变化情况是衡量一国经济开放程度的重要指标，进出口额也是衡量一国经济运行好坏的重要指标。

2. 投资指标

我国一般用全社会固定资产投资来衡量总投资规模，具体包括政府投资、企业投资和外商投资。

1）政府投资是政府购买支出中用于道路、桥梁、设备购置与更新改造等方面的固定资产投资。

2）企业投资是企业用于扩大生产经营规模的投资性支出。

3）外商投资是一国之外的政府、企业等投资主体对该国的投资，包括外商直接投资和外商间接投资。

3. 消费指标

衡量消费需求的指标包括社会消费品零售总额和城乡居民储蓄存款余额两个主要指标。

1）社会消费品零售总额是指国民经济各行业通过多种渠道向城乡居民和社会团体供应的消费品总额。该指标是研究国内零售市场变动情况、反映经济景气程度的重要指标。社会消费品零售总额的大小和增长速度也反映了城乡居民与社会团体消费水平的高低和居民消费意愿的强弱。

2）城乡居民储蓄存款余额是指某一时点上城乡居民存入银行及农村信用社等金融机构的储蓄额。城乡居民储蓄存款余额直接反映了一国城乡居民的潜在消费能力。当然，从另外一个角度来看，城乡居民储蓄存款余额也反映了一国银行潜在的放贷能力。因此，城乡居民储蓄存款余额增长的直接效果就是投资需求扩大和消费需求减少。

4. 金融指标

1）金融总量指标。对于一个国家来说，主要的金融总量指标包括货币供应量、金融机构各项存贷款余额和金融资产总量。货币供应量是单位预算和居民个人在银行的各项存款和手持现金之和，根据流动性的不同，可以将货币供应量划分为三个不同的层次：M0＝流通中的现金；M1＝M0＋活期存款；M2＝M1＋定期存款＋储蓄存款。金融机构各项存贷款余额是指某一时点上金融机构的存款余额和贷款余额。金融机构主要包括商业银行、政策性银行、非银行信贷机构和保险公司等。金融资产总量是指手持现金、银行存款、有价证券、保险等其他资产的总和。

2）利率。利率是指在借贷期内所形成的利息额与本金的比率。利率是一国经济运行中最重要的金融指标之一。利率下降，对于企业来说，投资成本下降，会促使企业扩大投资规模；而对于居民来说，储蓄收益下降，会促进居民增加消费。可见，利率下降会促进一国经济增长，反之，利率上升会抑制一国经济增长。

利率通常与股价反向变动。利率下降会导致投资者将银行储蓄转向股票市场投资，从而促使股票市场价格上涨，利率上升会导致投资者从股票市场转向银行储蓄，从而促使股票市场价格下跌。

3）汇率。汇率是外汇市场一国货币与其他国家货币相互交换的比率。一般来说，本国货币汇率贬值，会导致本国企业出口增加进口减少，从而扩大本国总需求，刺激经济增长，反之，本国货币汇率升值，会导致本国企业出口减少进口增加，从而降低本国总需求，致使本国经济增速放慢。

4）外汇储备。外汇储备是一国对外债权的总和，可用于偿还外债和支付进口所需，反映了一国对外支付与购买实力。

5. 财政指标

财政指标包括财政收入、财政支出和财政赤字等三个主要指标。

1）财政收入是指国家财政参与社会产品分配所取得的收入，是国家实现其职能的财力保证。我国的财政收入主要来源于各项税收、债务收入、专项收入和其他收入等。

2）财政支出是指国家财政将集中起来的财政资金进行分配使用，以实现国家的各种职能。政府的财政支出包括购买性支出和转移性支出。购买性支出是指政府通过市场等价交换原则发生的各项支出，如政府出资修建重点工程、支付公务员工资等。转移性支出是政府对企业和居民的无偿支出，如社会救济支出等。

3）赤字（结余）是财政收入与财政支出的差额。

【例 3.8】 我国宏观经济走势与股票市场价值走势分析。

图 3.9 是 1990 年以来我国 GDP 总量（百亿人民币）与上证指数年终收盘价（点）之间的走势对比图。从总体上来看，我国证券市场价格走势与国民经济运行趋势是一致的，但在 2000、2001 和 2005 等年份，证券市场价格与 GDP 走势发生了较大的偏差。因此，投资者在分析宏观经济以把握证券市场总体走势时，既要充分认识到经济的周期性波动对证券市场的决定性影响，也要准确评估和理解两者之间的关系，从而采取正确的操作策略。

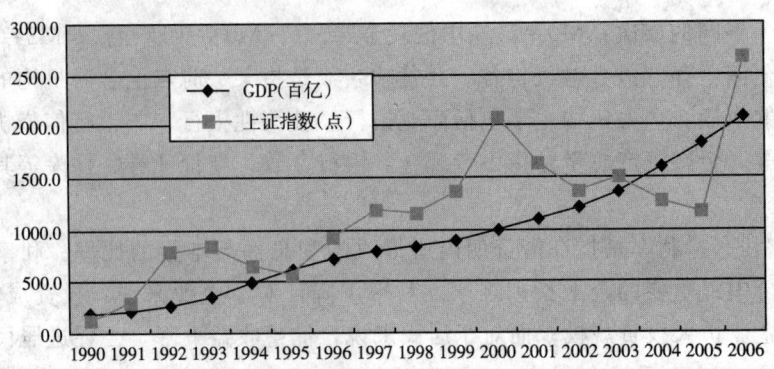

图 3.9 我国上证股价走势与 GDP 走势关系

(二) 宏观经济政策分析

一般来说，政府主要通过财政政策和货币政策来达到其干预经济的目的。财政政策是指政府变动收入与支出水平以影响总需求的一系列政策手段，货币政策是指政府通过调节货币供应量进而影响总需求的一系列政策手段。

1. 财政政策手段

财政政策主要包括政府购买政策、政府转移支付政策、税收政策和公债政策等四个方面。

1) 政府购买是指政府对商品和劳务的购买。

2) 政府转移支付是指政府对企业和居民的无偿单方面支付，包括社会福利支出、社会救济支出和企业补助支出等。

3) 税收是一国财政收入的主要来源，税收对于企业的投资意愿与能力和居民的消费意愿与能力均有着重大影响。一般来说，提高税率，企业投资需求和居民的消费需求均会下降，国民经济增长受到抑制；反过来，降低税率，会刺激企业投资需求和居民消费需求的增长，进而刺激国民经济增长。

4) 公债是指政府为弥补财政收入不足和出于其他原因考虑而发生的政府债务。发行债券是其主要形式。

2. 货币政策手段

货币政策的目标是通过调节货币供应量来调控总需求，进而达到调控国民收入的目标，主要包括再贴现、公开市场业务和法定存款准备金率等三大货币政策和其他一些选择性货币政策。

1) 再贴现率政策是指中央银行通过调节其对金融机构贷款利率（再贴现利率）来调节货币供应量。具体操作过程如下：再贴现率上升→金融机构再贴现成本上升→金融机构再贴现额下降→货币供应量减少。反之也成立。

2) 公开市场业务是指中央银行在金融市场上公开买卖证券（主要是政府债券和政府票据）以调控货币供应量的政策行为。具体操作过程如下：政府卖出证券→市场中货币流入中央银行库存→货币供应量减少，反之也成立。

3) 法定存款准备金率是商业银行吸收的每百元存款中要交存中央银行的比率，中央银行变动法定存款准备金率来调控货币供应量的传导机制如下：法定存款准备金率上升→商业银行可放贷货币减少→货币供应量减少；反之也成立。

对于中央银行来说，除三大货币政策以外，还可选择窗口指导和道义劝告等政策，我国中央银行有时还采用商业银行信贷额度控制等政策来调控货币供应量。

3. 财政政策与货币政策的分类及其对国民收入的影响

财政政策与货币政策在政策手段上各不相同，但其最终目标都是通过调控总需求来影响国民收入总量及其增长速度。根据财政政策与货币政策对于总需求影响方向的不同，可以将财政政策与货币政策分成扩张性财政政策、扩张性货币政策与紧缩性财政政策与紧缩性货币政策。

1) 扩张性财政政策是指能扩大总需求进而刺激经济增长的财政政策，如增加政府购买支出和转移支出、降低税收等；紧缩性财政政策刚好与之相反。

2) 扩张性货币政策是指能增加货币供应量进而增加总需求的货币政策，如降低再贴现率和法定存款准备金率、在公开市场买进证券等；紧缩性货币政策刚好与之相反。

一国政府会根据实际情况的需求，选择和搭配两种政策共同使用，其政策效果如表3.10所示。

表3.10 财政政策与货币政策混合使用的政策效应

政策类型	国民收入水平	利率水平
扩张性财政政策、紧缩性货币政策	不确定	上升
紧缩性财政政策、紧缩性货币政策	减少	不确定
紧缩性财政政策、扩张性货币政策	不确定	下降
扩张性财政政策、扩张性货币政策	增加	不确定

二、行业分析

(一) 行业分析概述

行业是指从事国民经济中同性质的生产或其他经济社会活动的经营机构和个体组成的组织结构体系，如农业、制造业、银行业等。

我国国家统计局颁布的《国民经济行业分类》(GB/T4754—2002)将国民经济分为三种产业，具体如下：第一产业是指农、林、牧、渔业；第二产业是指采矿业，制造业，电力、燃气及水的生产和供应业，建筑业；第三产业是指除第一、二产业以外的其他行业。包括：交通运输、仓储和邮政业，信息传输、计算机服务和软件业，批发和零售业，住宿和餐饮业，金融业，房地产业，租赁和商务服务业，科学研究、技术服务和地质勘查业，水利、环境和公共设施管理业，居民服务和其他服务业，教育、卫生、社会保障和社会福利业，文化、体育和娱乐业，公共管理和社会组织，国际组织。

中国证监会在《国民经济行业分类》（GB/T4754—2002）的基础上，同时借鉴了国外有关行业分类标准，制定了《上市公司行业分类指引》，将我国的上市公司分为13个门类（其中包括了若干个大类和中类），具体如表3.11所示。

表 3.11　上市公司行业分类一览

A 农、林、牧、渔业	G 信息技术业
B 采掘业	H 批发和零售贸易
C 制造业	I 金融、保险业
D 电力、煤气及水的生产和供应业	J 房地产业
E 建筑业	K 社会服务业
F 交通运输、仓储业	L 传播与文化产业
	M 综合类

（二）行业市场结构分析

不同行业的竞争结构是不同的，而不同的行业竞争结构又直接影响着行业内不同企业的收益与利润水平，因此，行业分析首先要分析行业的竞争结构。

根据不同行业的产品差别程度、厂商数量多少和行业进入的难易程度，可以将行业划分成四种市场结构：完全竞争、垄断竞争、寡头垄断、完全垄断，具体如表3.12所示。

表 3.12　四种市场结构及其基本特征

	完全竞争	垄断竞争	寡头垄断	完全垄断
厂商数量与规模（实力）	厂商数量众多，规模都很小	厂商数量较多，其中部分厂商规模较大，有一定的竞争优势	少数几个厂商控制整个行业，厂商实力相当或相差不大	一个厂商控制整个行业，厂商实力雄厚
产品差别	产品无差别	产品差别较大，厂商非常重视通过宣传的途径突出和强化自己的产品	两种情况：纯粹寡头市场，不同厂商的产品差别不大；差别寡头市场，不同厂商的差别较大	只有一个厂商，不存在产品差别
进入的难易程度	新厂商可以自由进入	新厂商可以比较自由地进入	新厂商进入的障碍较大	新厂商很难进入
典型行业	农产品	大多数日用消费品行业，如服装行业	纯粹寡头：钢铁业；差别寡头：汽车制造业	公用事业（如供水、供电）

在不同的市场结构中,企业的地位是不同的,在完全竞争市场中,企业只能是市场价格的被动接受者,寡头市场中的价格领袖有较强定价能力,完全垄断企业则可以很大程度上从自身的利润最大化角度出发,制定并执行对自己最有利的市场价格,以确保自己获得利润最大化。

(三)行业生命周期分析

行业发展一般要经历一个由成长到衰退的演变过程,这个过程被称为行业的生命周期。一个完整的行业生命周期包括幼稚期、成长期、成熟期和衰退期。

幼稚期是一个行业萌芽与形成阶段,在这一阶段,只有为数不多的企业投资于这一新兴的行业。由于新创业企业和研究和开发费用较高,而大众对其产品尚缺乏全面了解,致使产品的市场需求小,企业的销售收入低。因此,处于这一个阶段的企业极有可能出现亏损。

在幼稚期的后期,随着行业生产技术的成熟、生产成本的降低和市场需求的扩大,新行业便逐步由高风险、低收益的幼稚期进入高风险、高收益的成长期。

成长期企业的利润虽然增长很快,但成本也同时上升,面临的竞争风险依然很大,破产率与被兼并的概率相当高。由于市场竞争优胜劣汰规律的作用,市场上生产厂商的数量会在一个阶段后出现大幅度减少,之后开始逐步稳定下来。

在成长期的后期,由于市场需求趋于饱和,产品销售增长率放慢,迅速赚取利润的机会减少,整个行业开始进入到成熟期。进入成熟期的行业市场被少数资本实力雄厚、技术先进的大厂商控制,各厂商分别占有自己的市场份额,整个市场的生产布局和份额在相当长的时期内处于稳定状态。厂商之间的竞争逐渐从价格手段转向各种非价格手段(如提高质量、改善性能和加强售后服务等),行业的利润由于一定程度的垄断达到了较高的水平,而风险却因市场结构比较稳定、新企业难以进入而处于较低水平。

行业的衰退是行业发展的必然结果,也是经济发展新陈代谢的表现。衰退期出现在较长的成熟期之后,由于大量替代品的出现,原行业产品的市场需求开始逐步减少,产品的销售量也开始下降,某些厂商开始向其他更有利可图的行业转移资本,因而原行业现出了厂商数量减少、利润水平停滞甚至下降的萧条现象。至此,整个行业便进入了衰退期。

综上所述,一个行业发展的不同阶段的有关情况可以用图3.10来说明。

根据上述行业生命周期中各阶段的基本特征,可以对一些典型的行业所处的生命周期进行分析和判断,从图3.11中可以看出,太阳能、遗传工程等行业尚处于幼稚期的前、中期阶段,而石油冶炼行业已经进入成熟期的前期阶段,煤碳开采和钟表行业则已经迈入衰退期的前期阶段。

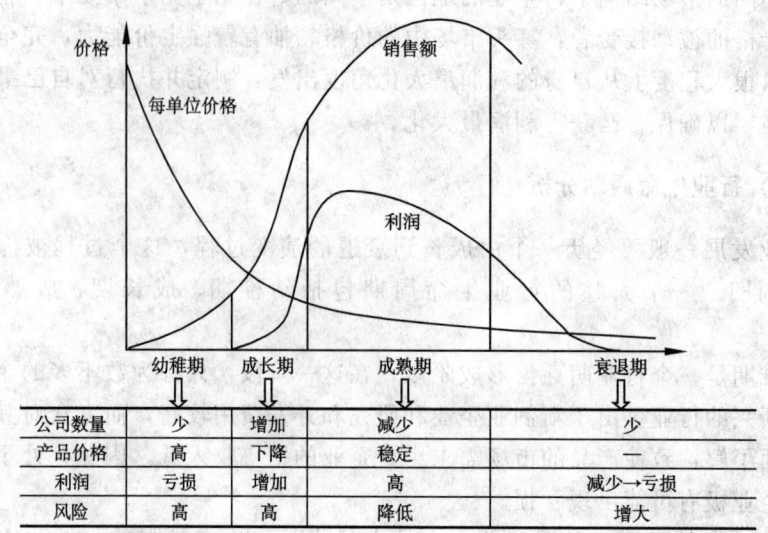

图 3.10 行业生命周期的各个阶段

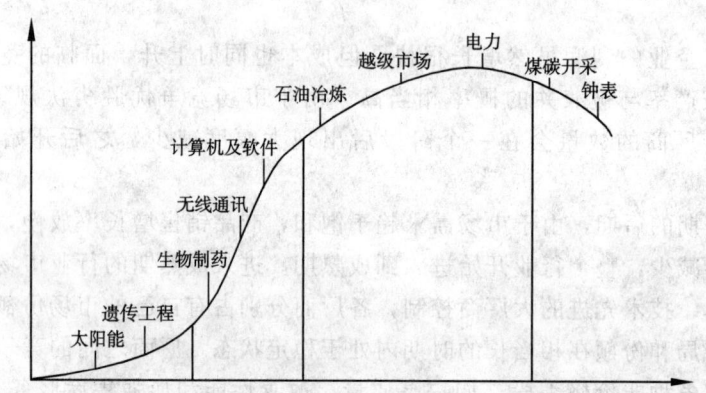

图 3.11 典型行业所处的生命周期

(四) 上市公司行业划分

根据中国证监会制定的《上市公司行业分类指引》，可以对我国沪深证券交易所的上市公司进行行业划分，证券市场人士通常将同一行业的上市公司称为板块，如金融保险板块就是金融保险类上市公司的总称。同一板块内的上市公司在经营管理与财务业绩等方面有很多共同之处，导致板块内部上市公司股票价格联动的可能性较大，且板块内部股票价格之间会互相影响，因此，对上市公司进行行业划分，对于投资者的投资策略与行为有着极其重要的现实意义。

目前，上交所与深交所均按照《上市公司行业分类指引》对所属上市公司的行业归属进行了划分，并在各自的网站上进行公布，投资者如果要关注某一行业的上市公司，可以通过两个证券交易所的网站获得某一行业上市公司的相关信息。

三、公司分析

(一) 公司分析概述

公司分析主要包括两项内容：一是公司基本状况分析，包括公司的行业地位、经济区位、主要产品或劳务、经营能力和成长性分析等；二是公司财务分析，包括公司财务报表分析、财务比率分析等。

(二) 公司基本状况分析

1. 公司行业地位分析

公司行业地位分析的目的是判断公司在所处行业中的竞争地位，主要分析公司在行业是领导企业或是被领导企业，公司对于本行业产品（劳务）的定价权如何，公司是否具有独特的竞争优势等。衡量公司行业地位的主要指标是行业综合排名和产品的市场占有率。

2. 公司经济区域分析

第一，区域内的自然条件与基本条件，主要包括矿产资源、水资源、能源、交通、通讯设施等。这些条件对于区域经济发展至关重要，也对区域内上市公司的发展起着重要的限制或促进作用。第二，地方政府的产业政策。地方政府为促进区域经济的发展，一般都会制定相应的经济发展规划，提出相应的产业政策，确定区域内优先发展与扶植的产业，并在税收、信贷、技术支持等方面提供优惠政策支持，如果上市公司的营业领域与地方政府的产业政策导向一致，则可能会获得政策支持，从而对上市公司的进一步发展非常有利。第三，区域经济特色分析。区域经济特色是与本区域与其他区域相比而言存在的优势或有利条件，这也会对上市公司的经营业绩产生直接影响。

3. 公司产品分析

公司产品分析主要包括三个方面的内容：一是产品的竞争能力，二是产品的市场占有情况，三是产品的品牌战略。产品的竞争能力主要分析公司产品的成本优势、技术优势和质量优势；产品的市场占有情况主要分析公司产品销售市场的地域分布和公司产品在同类产品市场上的占有率；品牌战略分析主要分析公司的品牌战略及其实施情况，借以评价公司品牌的行业地位。

4. 公司经营能力分析

公司的经营能力分析主要包括两个方面的内容：一是公司的法人治理结构是否健全与完善，主要包括公司的股权结构、股东结构、组织架构等；二是公司经营管理层的素质，包括管理能力与专业水平、性格特点、工作作风、个人履历、学识，以及责任感、道德品质修养和人际关系协调能力等内容。

(三) 公司财务分析

1. 财务报表分析

证券市场的公开、公平与公正原则要求上市公司定期公开自己的财务状况，提供有关财务资料，便于投资者查询。在上市公司公开的财务资料中，主要是财务报表，包括资产负债表、利润表和现金流量表。

1）资产负债表。资产负责表是反映企业在某一特定日期财务状况的会计报表，它表明权益在某一特定日期所拥有或控制的经济资源、所承担的现有义务和所有者对净资产的要求权。资产负债表分为左方和右方，左方列示资产项目，右方列示负债和所有者权益各项目，公司的总资产等于负债加上净资产。资产主要由流动资产、长期投资、固定资产、无形资产及其他资产等项目构成，负责包括流动负债、长期负债等项目，股东权益则包括实收资本（或股本）、资本公积、盈余公积等项目，如表3.13所示。

表3.13 资产负债表

编制单位：　　　　　　　　　年　月　日　　　　　　　　单位：元

资产	期末余额	年初余额	负债和所有者权益（或股东权益）	期末余额	年初余额
流动资产：			流动负债：		
货币资金			短期借款		
交易性金融资产			交易性金融负债		
应收票据			应付票据		
应收账款			应付账款		
预付款项			预收款项		
应收利息			应付职工薪酬		
应收股利			应交税费		
其他应收款			应付利息		
存货			应付股利		
一年内非到期的流动资产			其他应付款		
其他流动资产			一年内到期的非流动负债		
流动资产合计			其他流动负债		
非流动资产：			流动负债合计		
可供出售金融资产			非流动负债：		
持有至到期投资			长期借款		
长期应收款			应付债券		
长期股权投资			长期应付款		
投资性房地产			专项应付款		
固定资产			预计负债		

续表

资产	期末余额	年初余额	负债和所有者权益（或股东权益）	期末余额	年初余额
在建工程			递延所得税负债		
工程物资			其他非流动负债		
固定资产清理			非流动负债合计		
生产性生物资产			负债合计		
油气资产			所有者权益（或股东权益）：		
无形资产			实收资本（或股本）		
开发支出			资本公积		
商誉			减：库存股		
长期待摊费用			盈余公积		
递延所得税资产			未分配利润		
其他非流动资产			所有者权益（或股东权益）合计		
非流动资产合计					
资产总计			负债和所有者权益总计		

2) 利润表。利润表是反映企业一定期间生产经营成果的会计报表，表明企业运用所拥有的资产进行获利的能力。利润表把一定期间的营业收入与其同一会计期间相关的营业费用进行配比，以计算企业一定时期的净利润（或净亏损）。利润表如表 3.14 所示。

表 3.14 利润表

编制单位：　　　　　　　　　　　年　月　　　　　　　　　　　单位：元

项　目	本期金额	上期金额
一、营业收入		
减：营业成本		
营业税金及附加		
销售费用		
管理费用		
财务费用		
资产减值损失		
加：公允价值变动收益（损失以"—"号填列）		
投资收益（损失以"—"号填列）		
其中：对联营企业和合营企业的投资收益		
二、营业利润（亏损以"—"号填列）		
加：营业外收入		
减：营业外支出		

续表

项目	本期金额	上期金额
其中：非流动资产处置损失		
三、利润总额（亏损总额以"－"号填列）		
减：所得税费用		
四、净利润（净亏损以"－"号填列）		
五、每股收益：		
（一）基本每股收益		
（二）稀释每股收益		

3）现金流量表。现金流量表反映企业一定期间现金的流入和流出，表明企业获得现金和现金等价物的能力。通过单独反映生产经营活动产生的现金流量，可以了解企业在不动用企业外部筹得资金的情况下，凭借经营活动产生的现金流量是否足以偿还负债、支付股利和对外投资；通过单独反映投资活动产生的现金流量，可以了解为获得未来收益和现金流量而导致资源转出的程度，以及以前资源转出带来的现金流入的信息，现金流量表中的投资活动比通常所指的短期投资和长期投资范围要广；通过单独反映筹资活动的现金流量，可以帮助投资者和债权人预计对企业未来现金流量的要求权以及获得前期现金流入所需付出的代价。现金流量表主要分为经营活动、投资活动和筹资活动产生的现金流量等三个部分构成，如表3.15所示。

表3.15 现金流量表

编制单位： 年 月 单位：元

项目	本期金额	上期金额
一、经营活动产生的现金流量：		
销售商品、提供劳务收到的现金		
收到的税费返还		
收到其他与经营活动有关的现金		
经营活动现金流入小计		
购买商品、接受劳务支付的现金		
支付给职工以及为职工支付的现金		
支付的各项税费		
支付其他与经营活动有关的现金		
经营活动现金流出小计		
经营活动产生的现金流量净额		
二、投资活动产生的现金流量：		
收回投资收到的现金		
取得投资收益收到的现金		
处置固定资产、无形资产和其他长期资产收回的现金净额		

续表

项 目	本期金额	上期金额
处置子公司及其他营业单位收到的现金净额		
收到其他与投资活动有关的现金		
投资活动现金流入小计		
购建固定资产、无形资产和其他长期资产支付的现金		
投资支付的现金		
取得子公司及其他营业单位支付的现金净额		
支付其他与投资活动有关的现金		
投资活动现金流出小计		
投资活动产生的现金流量净额		
三、筹资活动产生的现金流量：		
吸收投资收到的现金		
取得借款收到的现金		
收到其他与筹资活动有关的现金		
筹资活动现金流入小计		
偿还债务支付的现金		
分配股利、利润或偿付利息支付的现金		
支付其他与筹资活动有关的现金		
筹资活动现金流出小计		
筹资活动产生的现金流量净额		
四、汇率变动对现金及现金等价物的影响		
五、现金及现金等价物净增加额		
加：期初现金及现金等价物余额		
六、期末现金及现金等价物余额		

2. 财务分析方法

从投资者的角度来看，分析公司财务报表的主要目的在于通过对财务报表所传递的信息进行分析、加工，得到反映公司发展趋势、竞争能力等方面的信息，计算投资收益率，评价风险，比较该公司和其他公司的风险和收益，决定自己的投资策略。证券投资分析中进行的财务分析主要使用传统的财务分析方法，一般来说，主要有以下两种：

1）比较分析法。比较分析法是指对两个以上的可比数据进行对比，揭示差异和矛盾。比较是公司财务分析的最基本的方法，没有比较，分析就无法开始。比较分析的具体方法种类繁多，可以按不同的标准进行分类。按比较对象分类，可以分为与本企业历史比和与同类企业比；按比较内容分类，可以分为比较会计要素的总量（如总资产、净资产、净利润）、比较结构百分比和比较财务比率等，表 3.16 是 2006 年酿酒类上市公司的比较。

表 3.16 2006 年酿酒类上市公司比较

简　称	流通 A 股/亿股	总资产/亿元	主营收入/亿元	净利润增长率/%
泸州老窖	3.33	27.16	13.50	589.26
ST 古井 A	0.28	13.76	6.36	200.65
山西汾酒	1.02	16.73	11.86	76.39
沱牌曲酒	2.07	24.70	5.52	63.12
贵州茅台	3.02	88.06	32.49	35.38
五粮液	8.93	102.52	59.56	32.49

2）比率分析法。比率分析法是用比率来反映公司财务报表不同科目之间的相互关系，据以评价公司财务状况和经营状况的分析方法。财务比率分析涉及公司经营管理的各个方面。比率指标很多，按照分析内容侧重点不同，分为变现能力分析、营运能力分析、盈利能力分析、投资收益分析、现金流量分析等。

① 变现能力分析。变现能力是公司产生现金的能力，取决于可在近期转变为现金的流动资产的多少，是考察公司短期偿债能力的关键。反映变现能力的财务比率主要有流动比率和速动比率。流动比率的计算公式为

$$流动比率（倍）＝流动资产/流动负债$$

流动比率可分析公司的流动资产是否足以偿付流动负债，是衡量公司提供流动资金、偿付短期债务和维持正常经营活动能力的主要指标。一般认为，工业企业的流动比率为 2 倍比较适宜，而公用事业的流动比率则可低得多。计算出来的流动比率，只有和同行业平均流动比率、本公司的历史流动比率进行比较，才能知道这个比率是高还是低。

通常认为，速动比率（速动比率（倍）＝速动资产/流动负债）为 1 倍较为理想，因为速动资产（速动资产＝流动资产－存货）为流动负债的 1 倍意味着公司不需要动用存货就可以偿付流动负债，表明公司有较强的偿债能力。速动比率过低，说明公司在资金使用和安排上不够合理，随时会面临无力清偿短期债务的风险；速动比率过高，则表明低收益资产为数过多，或是应收账款中坏账较多，将影响公司的盈利能力。

② 营运能力分析。营运能力是指公司经营管理中利用资金运营的能力，一般通过公司资产管理比率来衡量，主要表现为资产管理及资产利用效率。因此又称为运营效率比率，主要包括：存货周转率（天数）、应收账款周转率（天数）、流动资产周转率和总资产周转率等。存货周转率与存货周转天数计算公式为

$$存货周转率＝营业成本/平均存货$$

$$存货周转天数＝360/存货周转率$$

一般来讲，存货周转速度越快，存货的占用水平越低，流动性就越强，存货转换为现金或应收账款的速度就越快。相反存货周转速度越慢则变现能力越差。应收账款周转率和应收账款周转天数的公式为

$$应收账款周转率（次）＝营业收入/平均应收账款$$

应收账款周转天数（天）＝360/应收账款周转率

一般来讲，应收账款周转率越高，平均收账期越短，说明应收账款的收回越快；否则，公司的营运资金会过多地滞留在应收账款中，影响正常的资金周转和公司短期偿债能力。

流动资产周转率公式为

流动资产周转率（次）＝营业收入/平均流动资产

公式中的"平均流动资产"是资产负债表中"流动资产"期初数与期末数的平均数。流动资产周转率反映流动资产的周转速度，周转速度快，会相对节约流动资产，等于相对扩大资产投入，增强公司盈利能力；相反，则需要补充流动资产参加周转，形成资金浪费，降低公司盈利能力。

总资产周转率公式为

总资产周转率（次）＝营业收入/平均资产总额

该项指标反映资产总额的周转速度。周转越快，反映销售能力越强。公司可以通过薄利多销的方法，加速资产的周转，带来利润绝对额的增加。

③ 长期偿债能力分析。长期偿债能力是指公司偿付到期长期债务的能力，通常以反映债务与资产、净资产的关系的负债比率来衡量。负债比率主要包括：资产负债率、产权比率、已获利息倍数等。资产负债率公式为

$$资产负债率 = \frac{负债总额}{资产总额} \times 100\%$$

资产负债率反映债权人所提供的资本占全部资本的比例，也被称为举债经营比率。产权比率公式为

$$产权比率 = \frac{负债总额}{股东权益} \times 100\%$$

产权比率反映由债权人提供的资本与股东提供的资本的相对关系，反映公司基本财务结构是否稳定。一般来说，股东资本大于借入资本较好，但也不能一概而论。产权比率高，是高风险、高报酬的财务结构；产权比率低，是低风险、低报酬的财务结构。

已获利息倍数（已获利息倍数（倍）＝税息前利润/利息费用）反映公司经营收益为所需支付的债务利息的多少倍。只要已获利息倍数足够大，公司就有充足的能力偿付利息，否则相反。投资者在计算出该指标时，不仅需要与其他公司，特别是本行业平均水平进行比较，而且还要分析、比较本公司连续几年的该项指标水平，并选择最低指标年度的数据作为标准，这样可保证最低的偿债能力。

④ 盈利能力分析。盈利能力就是公司赚取利润的能力，主要是指公司正常营业状况给公司带来的收益，不包括证券买卖等非正常业务、已经或将要停止的业务、重大事故或法律更改等特别项目、会计准则和财务制度变更带来的累计影响等。反映公司盈利能力的指标很多。主要有营业净利率、营业毛利率、资产净利率、净资产收益率等。营业净利率公式为

$$营业净利率 = \frac{净利}{营业收入} \times 100\%$$

净利,又称净利润,是指税后利润。该指标反映每1元营业收入带来的净利润是多少,表示营业收入的收益水平。从营业净利率的指标关系看,净利率与营业净利率成正比关系,而营业收入额与营业净利率成反比关系。公司在增加营业收入额的同时,必须相应获得更多的净利润,才能使营业净利率保持不变或有所提高。

营业毛利率公式为

$$营业毛利率=\frac{(营业收入-营业成本)}{营业收入}\times100\%$$

营业毛利率表示每1元营业收入扣除营业成本后,有多少钱可以用于各项期间费用和形成盈利。营业毛利率是公司营业净利率的基础,没有足够大的毛利率便不能盈利。

$$资产净利率=\frac{净利润}{平均资产总额}\times100\%$$

把公司一定期间的净利润与公司的资产相比较,可表明公司资产利用的综合效率。指标越高,表明资产的利用效率越高,说明公司在增加收入和节约资金使用等方面取得了良好的效果,否则相反。

$$净资产收益率=\frac{净利润}{年末净资产}\times100\%$$

年末净资产是指资产负债表中"股东权益合计"的期末数,也可用"平均净资产"来代替。该指标反映公司所有者权益的投资报酬率,具有很强的综合性。

⑤投资收益分析。投资收益分析主要包括每股收益、每股净资产、市盈率等指标分析。

$$每股收益=净利润/发行在外的年末普通股总数$$

每股收益是衡量上市公司盈利能力最重要的财务指标,它反映普通股的获利水平。分析时可进行公司间的比较,也可进行同一公司不同时期的比较,以了解公司相对的盈利能力及其变化趋势。

$$市盈率=每股市价/每股收益$$

一般来说,市盈率越高,表明市场对公司的未来越看好,在市价确定的情况下,每股收益越高,市盈率越低,投资风险越小;反之亦然。在每股收益确定的情况下,市价越高,市盈率越高,风险越大;反之亦然。

$$每股净资产=年末净资产/发行在外的年末普通股股数$$

每股净资产反映在外的每股普通股所代表的净资产成本即账面权益,它在理论上提供了股票的最低价值。

$$市净率=\frac{每股市价}{每股净资产}$$

市净率是每股市价与每股净资产相比,表明股价以每股净资产的若干倍在流通转让,评价股价相对于每股净资产而言是否被高估。市净率越小,说明股票的投资价值越高,股价的支付越有保证;反之则投资价值越低。

⑥现金流量分析。流动性分析是现金流量分析的首要内容,所谓流动性是指将资产迅速转变为现金且不受损失的能力。根据资产负债表确定的流动比率虽

然也能反映流动性，但有很大的局限性。一般来讲，真正能用于偿还债务的是现金流量，所以现金流量和债务的比较可以更好地反映公司偿还债务的能力。现金流量分析主要包括现金到期债务比、现金流动负债比和现金债务总额比等三个指标，其计算公式如下：

现金到期债务比＝经营现金净流量/本期到期的债务

现金流动负债比＝经营现金净流量/流动负债

现金债务总额比＝经营现金净流量/债务总额

投资者在计算出某上市公司的相关指标值后，其判断依据有两点：一是这些指标值越大，表明该上市公司的偿债能力越强；二是要用这些指标与行业平均水平或是与其他上市公司进行横向比较，以判断该上市公司偿债能力在行业中的地位。

获取现金能力是指经营现金净流入和投入资源的比值，投入资源可以是营业收入、总资产、营运资金、净资产或普通股股数等。获取现金能力分析主要包括营业现金比率、每股营业现金净流量、全部资产现金回收率等三个指标，其计算公式如下：

营业现金比率＝经营现金净流量/营业收入

每股营业现金净流量＝经营现金净流量/普通股股数

全部资产现金回收率＝经营现金净流量/资产总额

上述三个指标中，营业现金比率反映每1元营业收入得到的净现金，其数值越大越好；股营业现金净流量反映公司最大的分派股利能力，超过此限度，就要借款分红；全部资产现金回收率反映了企业产生现金的能力强弱，指标值越大说明产生现金的能力越强。

四、证券市场供求关系分析

从长远来看，证券的价格由其内在价值决定，但就中短期价格分析而言，证券价格由其供求关系决定（见图3.12）。一般来说，证券供给增加，证券价格下跌，证券供给减少，证券价格上升；证券需求增加，证券价格上升，证券需求减少，证券价格下降。下面以股票市场为例进行具体分析。

1. 股票供给增加是导致股价下跌的因素

股票供给的增加有两种情况：绝对供给增加和相对供给增加。绝对供给增加是指上市交易的股票数量增加，导致这一情况的原因，一是新的公司发行上市（IPO），二是已上市的公司再次发行股票；相对供给增加是指由于某种情况的出现（如央行连续加息），导致大多数持股投资者的持股信心不足，而大量抛出股票，从而导致短期内股票供给增加。

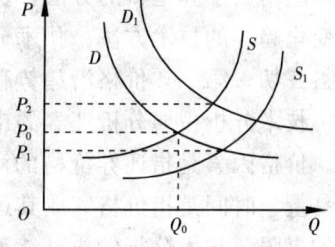

图3.12 证券价格的决定与变动

如果股票供给增加且股票需求保持不变，则股价会下跌，在图3.12中，股

票需求 D 保持不变，股票供给增加，由 S 平移到 S_1，此时股票供求共同决定的股价是 P_1。当然，如果股票供给与股票需求同时增加，而股票供给增加的幅度大于股票需求增加的幅度，股价也同样会下跌。可见，股票供给增加是导致股价下跌的因素。

股票供给的减少也同样有两种情况，绝对供给减少（上市公司退市或缩股）和相对供给减少（持股投资者不愿意出售），其对股价的影响与股票供给增加对股价的影响刚好相反。

2. 股票需求增加是推动股价上涨的因素

股票需求的增加有两种情况：绝对需求增加和相对需求增加。绝对需求增加是新投资者入市；相对需求增加是指由于某种情况的出现（如央行连续降息），导致处于观望阶段的投资者选择买进股票，导致短期内股票需求增加。

如果股票需求增加且股票供给保持不变，则股价会上升，在图 3.12 中，股票供给 S 保持不变，股票需求增加，由 D 平移到 D_1，此时股票供求共同决定的股价是 P_2。当然，如果股票需求与股票供给同时增加，而股票需求增加的幅度大于股票供给增加的幅度，股价也同样会上升。可见，股票需求增加是导致股价上升的因素。

股票需求的减也有两种情况：绝对需求减少（投资者退出股票市场）和相对需求减少（观望的投资者不愿意持仓）。其对股票的影响与股票需求增加对股票的影响刚好相反。

第四节 证券投资技术分析

股票、债券、基金，面对着投资分析软件上复杂的图和指标，我们如何判断和选择投资品种？本节将帮你认识大盘，教你学会读盘，通过技术分析为你的决策提供参考。

技术分析是以证券市场过去和现在的市场行为（价、量、时、空）为分析对象，应用数学和逻辑的方法，探索出一些典型变化规律，并据此预测证券市场未来变化趋势的技术方法。技术分析以三大假设作为其理论基础：第一，市场行为涵盖一切；第二，价格沿趋势移动；第三，历史会重演。

技术分析主要分析证券的市场行为，即通常所说的价格、成交量、时间、空间。价格因素是指证券价格的涨跌（幅），成交量是指价格运动过程中伴随着的交易量，时间是指价格完成其运动过程的时间跨度，空间是价格运动的最高和最低的界限。技术分析的方法多种多样，限于篇幅，本节将简单介绍 K 线、趋势和均线等三种基本和常用的技术分析工具。

一、K 线分析

（一）K 线画法

K 线是一柱状的线条，由实体和上下影线组成，中间的方块是实体，影线在实体上方的部分叫上影线，下方的部分叫下影线。实体分阴线和阳线二种，当天收盘价高于开盘价的称为阳线，收盘价低于开盘价的称为阴线。日 K 线的具体画法见图 3.13。

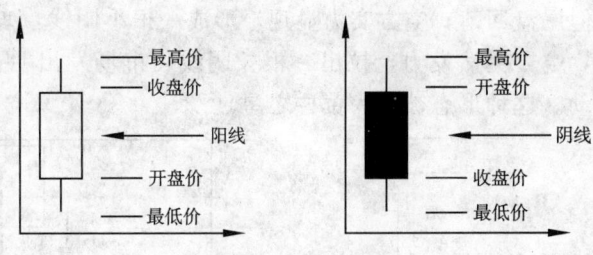

图 3.13 K 线画法

（二）K 线种类

K 线种类繁多，图 3.14 从左到右分别为光头光脚 K 线、带上影线的 K 线、带下影线的 K 线、带上下影线的 K 线、十字星（丁字星、一字星等）等。

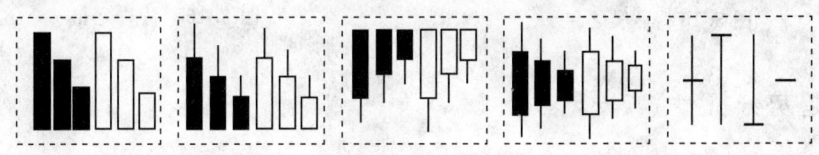

图 3.14 K 线类型

（三）K 线分析

单根 K 线的各个组成部分的分析要领如下：

收盘价：收盘价是多空（多方即是买方，其目标是推动股价上升；空方即是卖方，其目标是推动股价下跌）双方在一天交战中最后的均衡点，如果当天的收盘价高于前一天的收盘价，表明多方占优；反过来，如果当天的收盘价低于前一天的收盘价，表明空方占优。

上影线：上影线由多方先推动股价上升，再被空方从上向下打压而形成，是空方从多方手中抢得的地盘。因此，上影线代表了空方的能量，是股价上升的阻力。

下影线：下影线由空方先推动股价下降，再被多方从下向上攻击而形成，即多方从空方手中抢得的地盘，因此，下影线代表了多方的能量，是股价下跌的阻力（即支撑）。

实体：实体表示多空双方优势一方的优势大小，实体越大其代表的优势一方的优势越大，反之越小。

【例 3.9】 典型 K 线形态分析。图 3.15 中，第一天，股价继续惯性下跌，并且由于恐慌性抛盘出现而留下一根阴线，大势不妙；第二天，跳空下行，但跌幅不大，多方的实力显现，从而形成一根十字星，表明多方已经蓄势待发；第三天，多方突然发力，一根长阳线拔地而起，价格收复第一天的大部分失地，市场发出明显的看涨信号，一轮上涨行情启动。这种形态被称为早晨之星。

图 3.16 中，第一天，市场在一片热烈中继续涨势，拉出一根长阳线；第二天，继续冲高，但尾盘回落，空方实力显现，形成一根小阴线，表明多方已是强弩之末；第三天，空方突然发力，拉出一根长阴线，市场发出明显的下跌信号，一轮下跌行情启动。这种形态被称为黄昏之星。

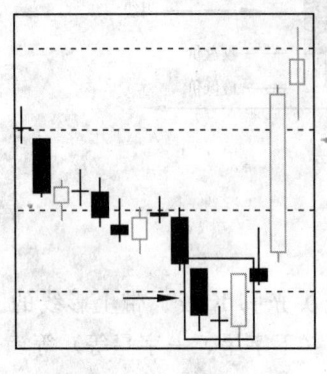

图 3.15　早晨之星

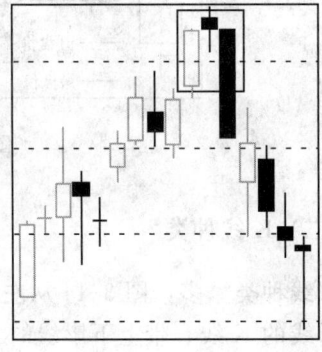

图 3.16　黄昏之星

二、趋势分析

（一）趋势分析概述

简单地说，趋势就是证券价格运动的方向。技术分析的三大假设中的第二条明确说明价格的变化是有趋势的，没有特别的理由，价格将沿着这个趋势继续运动。趋势的方向有三个：上升方向；下降方向；水平方向，也就是无趋势方向。上升趋势最明显的特征是一峰比一峰高，而下降趋势最明显的特征是一谷比一谷低，而当股价在一定区域内横盘整理时即称为水平趋势或无趋势。

趋势包括主要趋势、次要趋势和短暂趋势三种。主要趋势是股价在一个较长时间内的运动趋势，一旦确立，便不太容易更改，其持续时间一般在三个月以上；次要趋势是对主要趋势的修正与调整运动，表现为上升过程中的回落和下跌过程中的回升，持续时间一般为一至三个月，幅度一般在主要趋势幅度的 3/8 以内；短暂趋势也称为日常波动，由于股价日常波动的偶然性较大，所以短暂趋势对于次要趋势和主要趋势的影响不大。

【例 3.10】　图 3.17 中，浦发银行（60000）自 1999 年 11 月份上市至 2005 年 6 月之间，走出了一个长达五年半的下降趋势（长期趋势），期间也有过几次反弹（次要趋势）。在经过一年多的底部蓄势以后，于 2006 年 8 月，浦发银行作为金融板块的主要成员，开始领涨大盘，走出了一波非常强劲的上涨行情。读者可以结合图 3.17 仔细体会趋势分析对于投资者买卖行为的极端重要性。

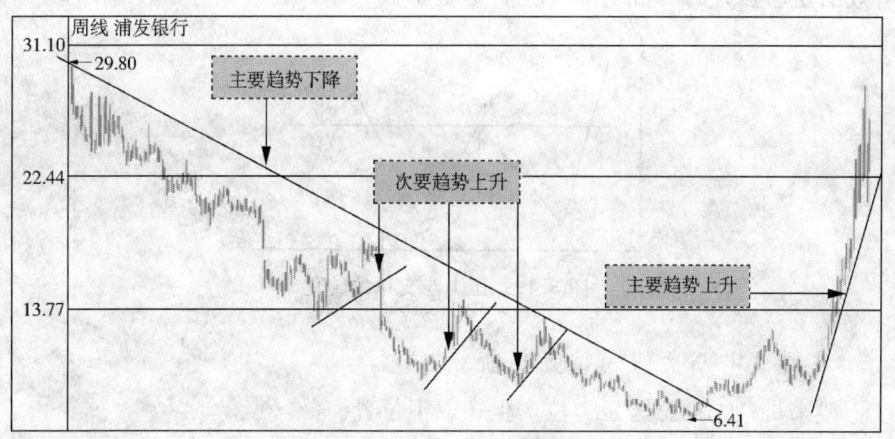

图 3.17 主要趋势与次要趋势

（二）支撑线、压力线与突破

1. 支撑线、压力线

支撑线又称抵抗线。当股价跌到某个价位附近时，股价停止下跌，甚至有可能回升，这是由于多方在此买入造成的。支撑线起阻止股价继续下跌的作用。这个起着阻止股价继续下跌的价格就是支撑线所在的位置。

压力线又称阻力线。当股价上涨到某个价位附近时，股价会停止上涨，甚至回落，这是由于空方在此抛压造成的。压力线起阻止股价继续上升的作用。这个起着阻止股价继续上升的价位就是压力线所在的位置。

投资者往往会产生这样的误解，认为只有在下跌行情中才有支撑线，只有在上升行情中才有压力线。其实，在下跌行情中也有压力线，在上升行情中也有支撑线。但是由于在下跌行情中人们最注重的是跌到什么地方，关心支撑线就多一些，在上升行情中人们更注重涨到什么地方，所以关心压力线多一些（见图 3.18）。

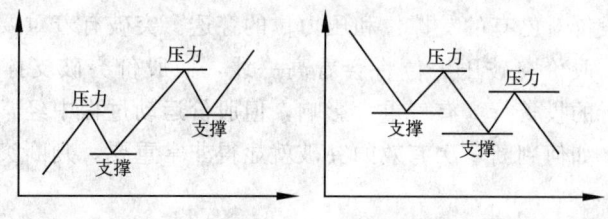

图 3.18 压力与支撑

2. 支撑线和压力线的相互转化

支撑线和压力线是可以相互转化的，也就是说一条支撑线如果被跌破，那么这一支撑线将成为压力线；同理，一条压力线被升破，这个压力线将成为支撑线。这说明支撑线和压力线的地位不是一成不变的，而是可以改变的，条件是它被有效的足够强大的股价变动突破(见图 3.19)。

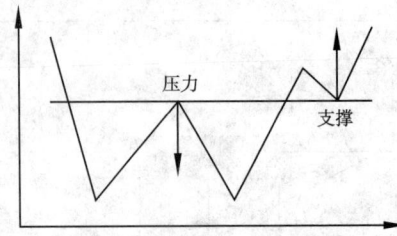

图 3.19　压力与支撑的转化

3. 支撑线与压力线的位置判断

一般来讲,支撑位与压力位产生在以下位置。

1) 趋势线位。上升趋势线主要对股价产生支撑作用,而下降趋势线主要对股价产生压力作用。

2) 均线位。均线代表了一段时期内市场的平均成本与多空双方的均衡点,因此是多空双方争夺的焦点,因而会产生支撑和压力作用。

3) 阶段性的高低点。由于投资者心理的变化,前期股价运动所产生的阶段性的高点会对目前股价上攻产生压力作用,而前期股价运动所产生的阶段性低点会对目前股价的下跌产生支撑作用。

4) 前期成交密集区。所谓成交密集区是指伴随着大成交量的价格区域,如果股价从下方上攻至此区域,可能会遭遇到大量的解套盘,从而对股价产生压力作用;相反,如果股价从上方回落至此区域,可能会受到大量补仓盘,从而对股价产生支撑作用。

5) 黄金分割线位。

6) 整数关口。支撑位与压力位从很大程度上是投资者的心理压力线,因此,一些整数位往往成为支撑位和压力位,通常称之为整数关口,对于股指来说如 1000 点、1100 点等,对于个股来说如 10 元、11 元等。

4. 突破

突破是指股价对已有的支撑位和压力位的穿透。突破有着重要的技术分析意义。一般来说,股价突破压力位将会看高一线,而股价突破支撑位则会看低一线,对于投资者的投资行为有着重大影响,但股价运动过程中经常会出现一些假的突破,因此,如何判断一次有效的突破就显得非常重要。判断突破有效与否有三条原则:

1) 收盘价原则。有效突破当天的收盘价应该在支撑位(压力位)的下方(上方)3%以上。当然,3%只是一个参考幅度,投资者应该结合具体情况具体判断,此外,股价指数的幅度可以小点,而个股的幅度应该大点。

2) 成交量原则。向上突破应该有成交量的放大作为配合,而向下突破则不一定需要大成交量的配合。

3) 时间窗原则。自突破当天之后的连续二至三个交易日内收盘价应该站在支撑位（压力位）的下方（上方），以表示对此次突破的确认。

对于这三条原则，投资者在应用的时候应该本着确认和背离的原则，即一次突破符合的原则（互相确认）越多则越有效，相反，如果在一次突破中，这几条原则互相背离，则假突破的可能性较大。

【例 3.11】 在图 3.20 中，有三次假突破与一次真突破。第一次假突破，股价仅是上影线穿透了 30 日均线，收盘价低于 30 日均线以下，不符合收盘价原则；第二次假突破，股价当天收盘站在 30 日均线上方，但第二天便跌至 30 日均线下方，不符合时间窗原则；第三次假突破，股价连续两天站在 30 日均线上方，但第三天又跌至 30 日均线下方，不符合时间窗原则。值得注意的是，在这三次假突破过程中，均线均呈下降状态，意味着股价依然处于下降趋势。图中的真突破中，股价第一日放长阳站在 30 日均线上方，第二天虽然空方反攻导致股价下跌，但均线较好的发挥了其支撑作用，收盘价稳稳地站在均线上方，第三天，股价再放长阳，突破宣告成功。

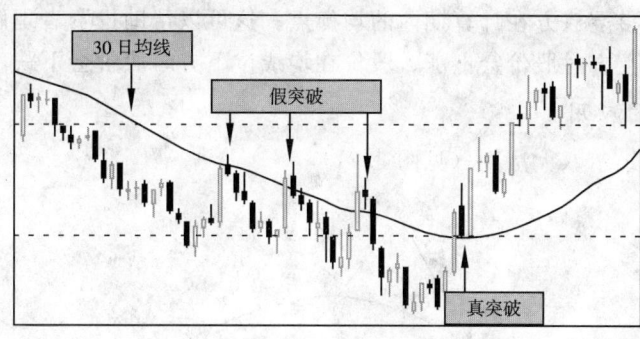

图 3.20 真假突破

三、均线分析

1. 均线概述

均线（MA）也称移动平均线，均线是指根据一定的计算方法，将连续一段时间内平均收盘价连成连续的线。均线的计算方法有三种：算术移动平均法、加权移动平均法、指数平滑移动平均法。

均线的计算方法一般采用算术移动平均法，简单实用且方便快捷。其计算公式为

$$MA_n = \frac{C_1 + C_2 + C_3 + \cdots + C_n}{n}$$

式中，MA——移动平均值；

n——计算周期；

C_n——第 n 天的收盘价。

均线按其计算周期的不同可以分短期均线、中期均线、长期均线，短期、中期和长期均线并没有一个相对固定的规定，都是相对的。一般来说计算周期为 5

天的均线通常简称为 5 日均线，以此类推，有 10 日均线、20 日均线、30 日均线等，这些都是常用的均线，有时也会用到半年线和年线等概念。

2. 均线实质

1）均线方向代表了计算期内股票价格的运动趋势。平均的基本作用在于消除偶然性因素而留下必然性因素，移动平均线通过移动平均的方法将股价变动中的偶然性因素去掉后，剩下的即是股价运动的必然性因素。从这个角度来讲，均线的运动方向即为股价的运动趋势。

2）均线代表了计算期内市场投资者的平均成本。以 10 日均线为例，其第 10 日的移动平均值是这 10 个交易日收盘价的平均价，假定一个交易日内所有投资者都按照收盘价来买入和卖出股票，这样第 10 日的移动平均值即为 10 天内投资者的平均成本。理解这一点对投资者把握短期买卖时机非常重要。

3）均线代表了计算期内多空双方力量的均衡点。这一点很好理解，道氏理论认为，收盘价即是一个交易日内多空双方的均衡点，均线值是收盘价的平均值自然就代表了多空双方在计算期内的均衡点。这可以帮助投资者理解为什么通常股价在均线位上方时股价会上涨、股价在均线位下方时股价会下跌。

3. 均线的应用

（1）葛兰维尔八大法则（见图 3.21）

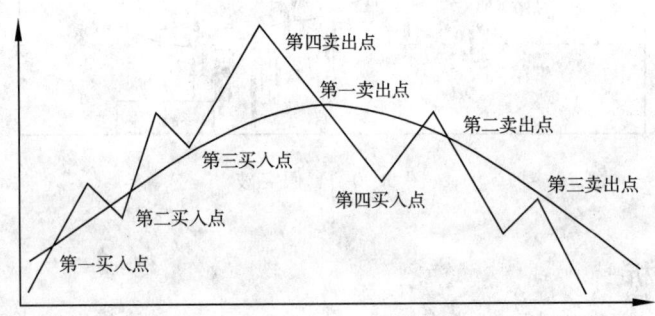

图 3.21　葛兰维尔八大法则

1）第一买入点。均线从下降转为盘局或上升，股价从均线下方向上突破均线，买入。理由是均线向上，说明股价有向上的趋势，股价也向上运动并突破均线，二者相互确认。

2）第二买入点。股价跌破均线，但立刻回升到均线上，而均线仍持续上升，买入。理由是均线持续上升说明股价的趋势依然向上。

3）第三买入点。股价跌至均线附近立即回升，均线依然向上，买入。理由是均线产生了支撑作用且股价运动趋势依然向上。

4）第四买入点。股价急跌，远离均线，买入。理由是被套牢的投资者有买入股票降低加权成本的要求，抢反弹的投资者也有买入要求。但总的来说，此时对于股价向上的推动力不大，因此此处仅是一个短期买入点。

5）第一卖出点。均线从上升转为盘局或下跌，股价向下跌破均线，卖出。

理由是股价趋势向下,且股价也向下跌破均线,二者互相确认。

6)第二卖出点。股价向上突破均线,但立即回跌至均线以下,均线仍持续下跌,卖出。理由是股价运动趋势向下。

7)第三卖出点。股价走在均线下方,股价上升至均线附近时立即下跌,卖出。理由是均线对股价产生压力作用,同时股价趋势依然向下。

8)第四卖出点。股价急涨,突破均线且远离均线,卖出。理由短期获利盘对股价造成向下压力,因而短期获利了结。

(2)均线的组合运用

尽管均线通过平均计算可以消除股价变动的偶然性因素,但为了保险起见,通常还将不同时期的均线组合使用,如将10日、20日和30日均线等三条均线(短、中、长组合)放在一起使用,这样做的目的是降低均线分析时出错的概率。

1)黄金交叉和多头排列。所谓黄金交叉是指短期均线上穿中、长期均线,上穿的位置即为黄金交叉点,这一点即是重要的买入信号。在均线的组合运用中,短期均线向上突破中、长期均线为买入信号,在此之后,如果短、中、长三条均线依次从上到下排列,就称之为多头排列。这种组合的操作策略是在黄金交叉点买入,一直持有,直到股价向下突破长期均线为止。黄金交叉与多头排列见图3.22。

2)死亡交叉和空头排列。所谓死亡交叉是指长期均线下穿中、短期均线,下穿的位置即死亡交叉点,这一点是重要的卖出信号,故称作死亡交叉点。在均线的组合运用中,长期均线向下突破中、短期均线为卖出信号,在此之后,如果长、中、短三条均线依次从上到下排列,就称之为空头排列。这种组合的操作策略是在死亡交叉点卖出,一直至股价从下方上穿长期均线为止方可回补。死亡交叉与空头排列如图3.23所示。

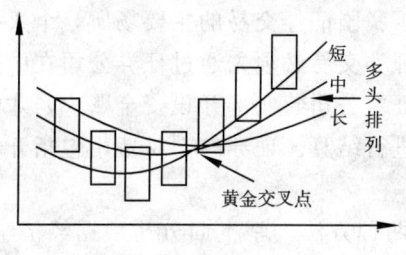

图3.22 黄金交叉

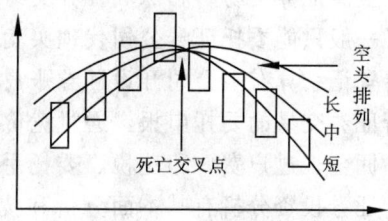

图3.23 死亡交叉

3)均线的失效。正如人们常说的"金无赤足,人无完人"一样,均线系统作为一种非常有效和广泛使用的技术分析方法,也有其不足和缺陷。当股价进行横盘整理时,均线会和股价交织在一起,此时均线系统经常会发出买入和卖出信号,显然这时发出的买入和卖出信号是不可信的,此时均线失效。

【例3.12】 图3.24是上证指数(1A0001)1995年至2005年之间的周K线图,请读者仔细研究,体会葛兰维尔八大法则以及均线的组合应用。

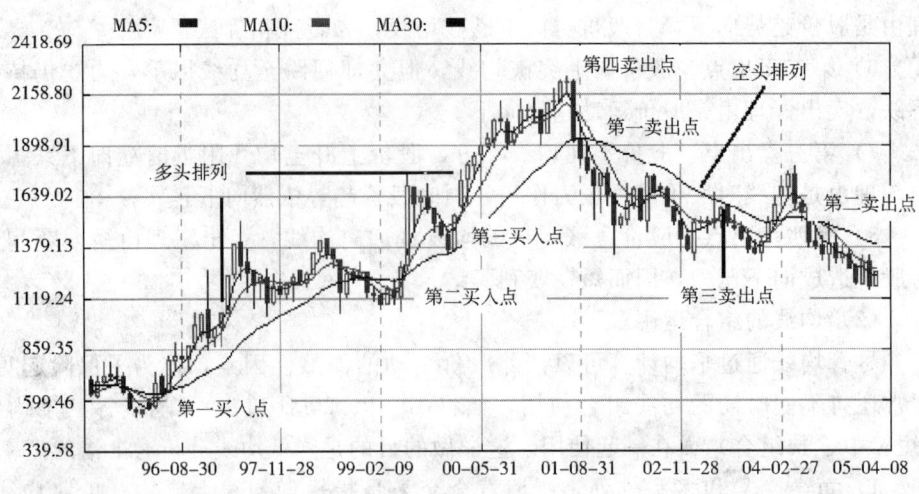

图 3.24 均线理论的应用

本章小结

　　证券是指各类记载并代表一定权利的法律凭证。主要的证券产品包括股票、债券及其衍生出来的金融工具。股票是指股份有限责任公司签发的证明股东所持股份的凭证。债券是社会各类经济主体为筹集资金而向债券投资者出具的、承诺按一定利率定期支付利息的、并到期偿还本金的债权债务凭证。证券投资基金是一种利益共享、风险共担的集合投资方式，即通过发生基金单位，集中投资者的投资，由基金托管人托管，由基金管理人管理和运用资金，从事有价证券为主的金融工具投资，以获得投资收益和资本增值。

　　上海证券交易所和深圳证券交易所构成了我国证券交易的主要场所，个人投资者一般只能委托证券公司代理买卖证券。证券交易必须先通过证券公司在中国证券登记结算有限公司开设证券账户，并在证券公司营业部开设资金账户，才能进行证券交易的委托申报，通过竞价成交后进行结算。证券的交易费用包括开户费、佣金、过户费、印花税、委托手续费等。

　　证券投资分析有基本面分析和技术分析两种方法。基本面分析根据经济学、金融学、财务管理以及投资学等基本原理，对决定证券价值及价格的基本要素，如宏观经济指标、经济政策趋势、行业发展状况、产品市场状况等进行分析，评估证券的投资价值，判断证券的合理价位，作出投资策略的选择；技术分析是以证券市场过去和现在的市场行为（价、量、时、空）为分析对象，应用数学和逻辑的方法，探索出一些典型变化规律，并据此预测证券未来变化趋势的技术方法。

第四章

保险产品理财

在本章,你将学习到如下知识点:

风险管理与保险
- 风险与风险管理手段
- 保险的基本分类

社会保障体系

商业保险投资品种
- 人身保险
- 财产保险

投资型寿险分析
- 分红险
- 万能保险
- 投连险
- 不同寿险产品比较分析

商业保险实务操作
- 常用人身保险实务操作
- 常用财产保险实务操作

第一节 保险理财概述

我们为什么要买保险,对于理财来讲,我们买保险,但很少或根本没有收益回报,为什么还要买保险?保险都有哪些品种?本节将为你阐释保险对我们生活的重要性以及保险的种类,为你投资保险提供一个最基本概念,避免投资的盲目性。

在日常生活中,我们要面临种种风险。如交通有事故风险,投资有损失风险;财产有被盗、发生火灾、水灾的风险;工作有下岗、失业的风险等。如何避免或减少风险带来的损失,保险是不可或缺的风险管理手段之一。

一、风险与风险管理手段

风险是未来的一种不确定性,可以分为以下两种:

1) 投资风险:为投资获得而必然发生的,可以在投资过程中通过投资组合进行分散的风险;

2) 纯粹风险:只会带来损失,而没有收益的风险。个人和家庭有必要对这一风险进行风险防范。

我国现在对纯粹风险进行防范的风险管理手段包括两个层面:社会保障体系和商业保险(本章只涉及个人保险)。社会保障体系是对纯粹风险进行的最基本层面的保障,包括社会保险、社会福利、社会救助、社会优抚安置、住房保障等方面。主要是保障个人最基本的生活和生存需求;商业保险是个人或家庭风险的另一层面保障,个人可以基于社会保障所提供的保险和救助保障,得到个人或家庭保险需要的缺口,然后购买商业保险。

本书在简要介绍社会保障体系的基础上,主要是讲解商业保险。

二、保险的基本分类

根据不同的分类标准,我们可以将保险分为不同的类型。为了帮助读者了解,下面按照经营性质、保险标的、实施方式、承保方式四种标准对保险进行分类,如表 4.1 所示。

表 4.1 保险的分类

分类标准	类 别	举 例
按经营性质	社会保险	养老保险、医疗保险、失业保险、工伤保险、生育保险
	商业保险	盗抢险、火灾险、投连险等
按照保险标的	人身保险	寿险、年金、健康保险
	财产保险	家庭财产保险、机动车辆保险
	责任保险	产品责任保险、雇主责任保险
实施方式	自愿保险	产品责任保险、家庭财产保险、寿险
	强制保险	机动车第三者责任险

(一) 社会保险与商业保险

按照经营性质,保险可分为社会保险和商业保险两大类。

1. 社会保险

社会保险是指通过国家立法形式,以劳动者为保障对象,以劳动者的年老、疾病、伤残、失业、死亡等特殊事件为保障内容,以政府强制实施、提供基本生活需要的一种保障制度。社会保险具有非营利性、社会公平性和强制性等特点。

(1) 非营利性

政府组织社会保险不是以营利为目的的,而是为了稳定社会秩序,促进经济稳定和社会进步,具有明显的收入再分配功能。社会保险在发展初期往往是政府实现社会控制的有效手段。从世界各国的现实情况来看,大多数国家社会保险的经营主体是政府或政府指定的专门职能部门,但无论是采取政府集中管理,还是私营机构分散管理,政府均起着主导作用。

(2) 社会公平性

社会保险具有明显的再分配功能,将收入从高收入阶层转移到低收入阶层,从在职劳动者转移到退休劳动者,强调社会公平性。

(3) 强制性。

社会保险关系是遵循国家费率的强制性规定而确立的。政府指定有关的社会保险法律法规,所有法律法规范围内的社会成员必须参加社会保险计划,社会保险经办机构也必须接受其参加社会保险计划,不得拒绝。社会保险的费率水平、给付金额、给付方式、享受资格等都是由政府立法来规范的,个人没有或只有有限的选择权。

2. 商业保险

商业保险是基于自愿原则,将众多面临相同风险的投保人以签订保险合同的方式,将其风险转移给保险公司,保险公司以大数法则和概率统计为数理基础,利用保险精算技术和方法,预测风险单位未来的平均损失概率和损失幅度,向各投保人收取相应的保费,建立保险基金,当合同约定的保险事故发生时,利用累积的保险基金对遭遇损失的被保险人提供经济补偿或给付,从而将少数被保险人的损失在所有参加保险的投保人中进行分摊,实现风险的集中与分散。商业保险具有营利性、个体平等性、自愿性等特点。

(1) 营利性

商业保险首先是一种商业活动,保险公司是以营利为目的的经济实体。商业保险的经营主体是保险公司,保险公司自主经营、自负盈亏,并依法纳税,政府监管部门负责监管保险公司的市场行为和偿付能力。除一些政策性保险外,国家财政对保险公司的负债并不提供资金支持。

(2) 个体平等性

在商业保险中,保险经济关系是由保险双方当事人以签订保险合同的方式确定的,双方的权利和义务是对等的,强调个体平等。

(3) 自愿性

商业保险经济关系是保险双方当事人在法律地位平等的基础上，经过自愿的要约和承诺，达成一致意见并订立保险合同而确立的，体现了平等主体之间的民事法律关系。虽然某些险种，如机动车辆第三者责任险，国家法律要求车主投保，但投保人可以自主选择保险公司。

（二）人身保险、财产保险与责任保险

按照保险标的，保险可以分为人身保险、财产保险与责任保险。

1. 人身保险

人身保险是以人的身体或生命为保险标的一种保险，根据其保障风险的不同，又可分为寿险（以死亡为给付条件）、年金（以约定期限内生存为给付条件）、残疾保险（以发生约定的伤残为给付条件）、健康保险（补偿因受伤或疾病而发生的医疗费用）。

2. 财产保险

财产保险是指以财产及其相关利益为保险标的，以货币或实物方式对保险事故导致的财产损失进行补偿的一种保险。广义的财产保险包括财产保险、责任保险、保证保险等，狭义的财产保险以有形的物质财富及其相关利益为保险标的，包括火灾保险、海上保险、汽车保险、航空保险、农业保险等。

3. 责任保险

责任保险是以被保险人依法应负的民事损害赔偿责任或经过特别约定的合同责任为保险标的的一种保险、雇主责任保险等。

（三）自愿保险与强制保险

按照实施方式，保险可以分为自愿保险和强制保险。

1. 自愿保险

自愿保险是指投保人和保险人在平等互利、协商一致和自愿的基础上，通过签订保险合同而建立保险关系的一种保险。自愿保险的投保人可以自主决定是否投保、向谁投保、中途退保等，也可以选择保障范围，并能自由选择保险标的，设定承保条件等。国际与国内保险市场大多数保险业务都采取自愿保险方式。

2. 强制保险

强制保险是以法律、行政法规为依据而建立保险关系的一种保险。强制保险是基于国家实施有关政治、经济、社会和公共安全等方面的政策需要而开办的。凡是法律、行政法规规定的对象，不论是否愿意投保，都必须依法参加保险。通常，社会保险都属于强制保险，但有些商业保险也可以是强制的，比如，机动车辆第三者责任险。

自愿保险和强制保险在建立保险关系的依据、涉及危险的性质、保险实施的目标以及保险保障的水平等方面都存在较大的差别。我国《保险法》第11条规定：除

法律、行政法规规定必须保险的以外，保险公司和其他单位不得强制他人订立保险合同。

第二节 我国目前的社会保障体系

投资保险是为防范纯粹性风险，解决我们生活的后顾之忧。但社会会为我们提供一定的保障，我们能从中得到哪些最基本的保障？本节将为你全面展示我国的社会保障体系，以使你的合法权益受到保护的同时，为保险投资品种的选择提供参考。

为了全面、直观地了解我国的社会保障体系，用图4.1对我国社会保险体系内容进行全景展示。

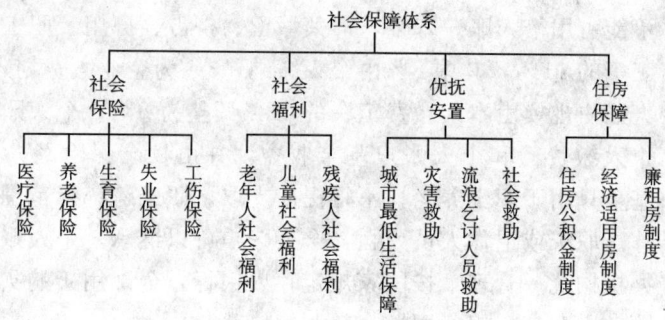

图4.1 我国的社会保障体系

一、社会保险

社会保险是社会保障体系的核心部分，通常是为个人因早逝、疾病、伤残、退休、失业等特殊事件而发生的经济损失提供基本的保障。社会保险作为一种政策性的保险，其覆盖面广。在西方发达国家，社会保险几乎覆盖全体国民；我国受城乡二元经济结构影响，社会保险覆盖面较窄，特别是在大多数农村地区。随着我国社会保障体制的完善，这一局面近年来已经受到政府的广泛关注并逐步改善。我国目前的社会保险包括养老保险、失业保险、医疗保险、工伤保险和生育保险。

（一）养老保险

养老保险是社会保障制度的重要组成部分，是社会保险五大险种中最重要的险种之一。所谓养老保险（或养老保险制度）是国家和社会根据一定的法律和法规，为解决劳动者在达到国家规定的解除劳动义务的劳动年龄界限，或因年老丧失劳动能力退出劳动岗位后的基本生活而建立的一种社会保险制度。我国是一个发展中国家，经济还不发达，为了使养老保险既能发挥保障生活和安定社会的作用，又能适应不同经济条件的需要，以利于劳动生产率的提高。为此，我国的养老保险由三个部分（或层次）组成。第一部分是基本养老保险，第二部分是企业补充养老保险,第三部分是个人储蓄性养老保险。这里重点讲述基本养老保险,基本养老保险是由国家强制实施的,其目的是保障离退休人员的基本生活需要。

职工个人如何缴纳基本养老保险费呢?职工个人一般以上一年度月平均工资作为个人缴纳养老保险费的工资基数,按国务院有关规定,个人缴纳基本养老保险费的比例,1997年不能低于缴费工资基数的4%,1998年起每两年提高一个百分点,最终达到8%;个人缴费不计征个人所得税,由企业在发放工资时代为扣缴。企业依法缴纳基本养老保险费,缴费比例一般不得超过企业工资总额的20%。2000年国务院颁布了《关于完善城镇社会保障体系的试点方案》(以下简称《试点方案》),《试点方案》规定,企业缴费目前高于20%的地区,可暂维持不变。企业缴费部分不再划入个人账户,全部纳入社会统筹基金,并以省(自治区、直辖市)为单位进行调剂。养老保险社会统筹基金纳入财政专户,实行收支两条线管理,不能占用个人账户基金,严禁截留、挤占、挪用。职工个人账户规模为本人缴费工资的11%,其中8%由个人缴纳,3%为企业缴费划入。《试点方案》规定,个人账户规模由本人缴费工资的11%调整为8%。个人账户储存额的多少,取决于个人缴费额和个人账户基金收益,并由社会保险经办机构定期公布。个人账户基金只用于职工养老,不得提前支取。职工跨统筹范围流动时,个人账户随同转移。职工或退休人员死亡,个人账户可以继承。个人账户基金由省级社会保险经办机构统一管理,按国家规定存入银行,全部用于购买国债,以实现保值增值,收益率要高于银行同期存款利率。

(二) 医疗保险

医疗保险是为补偿疾病所带来的医疗费用的一种保险。医疗保险同其他类型的保险一样,也是以合同的方式预先向受疾病威胁的人收取医疗保险费,建立医疗保险基金;当被保险人患病并去医疗机构就诊而发生医疗费用后,由医疗保险机构给予一定的经济补偿。在我国做了相应的医疗制度的改革目标是,逐步使城镇所有劳动者都能获得基本医疗保障。"基本医疗"可定义为:适应绝大多数参保职工必要医疗需求的,医疗服务机构采用适宜技术所能提供的,医疗保险基金有能力支付的医疗服务。"基本医疗"是个相对范畴,具有阶段性、地域性与滚动性,其费用支出水平必须与医疗保险筹资水平相平衡。界定基本医疗可从基本诊疗技术、基本药物、基本设施、基本支付费用四个方面进行。基本医疗制度中涉及到大病统筹的概念,大病统筹是我国医疗保险的一种模式,由于条件所限,目前只能做到市级统筹,各地对此项制度有不同的做法,例如北京的大病统筹,上海的住院医疗保险统筹;但其制定都是遵循"小病分流,大病统筹"的原则,即规定一个起付线,从几百元到几千元不等,完全根据当地的经济承受能力和医疗待遇水平而定,起付线以下的医疗费用由职工个人负担,超过起付线以上的部分由社会保险机构按比例支付。基本医疗保险有规定的支付范围和支付原则,同时也可以结合本地经济发展水平和基本医疗保险基金承受能力自行规定。

个人如何缴纳基本医疗保险费呢?根据国家医疗保险政策规定,个人按本人工资收入的 2‰ 缴纳基本医疗保险费，并将根据经济发展情况适当调高个人缴费比例。个人应缴纳的医疗保险费由所在单位从其本人工资中代缴，但是城镇个体劳动者的保险费要由本人缴纳。

（三）失业保险

失业保险是指国家通过立法强制实行的，由社会集中建立基金，对因失业而暂时中断生活来源的劳动者提供物质帮助的制度。它是社会保障体系的重要组成部分，是社会保险的主要项目之一。失业保险制度，是指依法筹集失业社会保险基金，对因失业而暂时中断劳动、失去劳动报酬的劳动者给予帮助的社会保险制度。其目的是通过建立社会保险基金的办法，使员工在失业期间获得必要的经济帮助，保证其基本生活，并通过转业训练、职业介绍等手段，为他们重新实现就业创造条件。失业保险制度的主要内容包括：

① 建立专项基金。
② 建立专门管理机构。
③ 健全对失业员工的管理和服务。
④ 建立转业训练和生产自救实体。

《失业保险条例》规定：城镇企业事业单位按照本单位工资总额的 2‰ 缴纳失业保险费。城镇企业事业单位职工按照本人工资的 1‰ 缴纳失业保险费。城镇企业事业单位招用的农民合同制工人本人不缴纳失业保险费。计算应缴纳的失业保险费数额，要考虑两个因素：一是缴费基数，即明确缴费的范围。如企业所得税的基数是企业所得额。从国外有关规定看，失业保险费的缴费基数一般为工资：单位为工资总额，个人为本人工资。二是费率，即缴费义务人按照规定的缴费基数缴纳失业保险费的比例。定率征收失业保险费是我国失业保险制度建立以来一直采用的做法，也是国际通行做法。

（四）工伤保险

工伤保险是社会保险制度中的重要组成部分。是指国家和社会为在生产、工作中遭受事故伤害和患职业性疾病的劳动及亲属提供医疗救治、生活保障、经济补偿、医疗和职业康复等物质帮助的一种社会保障制度。工伤即职业伤害所造成的直接后果是伤害到职工生命健康，并由此造成职工及家庭成员的精神痛苦和经济损失，也就是说劳动者的生命健康权、生存权和劳动权力受到影响、损害甚至被剥夺了。劳动者在其单位工作、劳动，必然形成劳动者和用人单位之间相互的劳动关系，在劳动过程中，用人单位除支付劳动者工资待遇外，如果不幸而发生了事故，生成劳动者的伤残、死亡或患职业病，此时，劳动者就自然具有享受工伤保险的权利。劳动者的这种权利是由国家宪法和劳动法给予根本保障的。

1994 年 7 月 5 日中华人民共和国第八届全国人民代表大会常务委员会第八次会议审议通过了《中华人民共和国劳动法》，其中第 73 条规定："劳动者在下列情况下，依法享受社会保险待遇：……因工伤残或者患职业病。"这一基本法以国家法律的形式保障了工伤者及其亲属享受工伤保险待遇。

工伤保险缴费费率确定，根据不同行业的工伤风险程度，参照《国民经济行业分类》（GB/T 4754—2002），将行业划分为三个类别：一类为风险较小行业，二类为中等风险行业，三类为风险较大行业。三类行业分别实行三种不同的保险缴费率。统筹地区社会保险经办机构要根据用人单位的工商登记和主要经营生产业务等情况，分别确定各用人单位的行业风险类别。各省、自治区、直辖市工伤保险费平均缴费率原则上要控制在职工工资总额的 1.0% 左右。在这一总体水平下，各统筹地区三类行业的基准费率要分别控制在用人单位职工工资总额的 0.5% 左右、1.0% 左右、2.0% 左右。各统筹地区劳动保障部门要会同财政、卫生、安全监管部门，按照以支定收、收支平衡的原则，根据工伤保险费使用、工伤发生率、职业病危害程度等情况提出分类行业基准费率的具体标准，报统筹地区人民政府批准后实施。基准费率的具体标准可定期调整。

（五）生育保险

生育保险是通过国家立法规定，在劳动者因生育子女而导致劳动力暂时中断时，由国家和社会及时给予物质帮助的一项社会保险制度。我国生育保险待遇主要包括两项：一是生育津贴，用于保障女职工产假期间的基本生活需要；二是生育医疗待遇，用于保障女职工怀孕、分娩期间以及职工实施节育手术时的基本医疗保健需要。《企业职工生育保险试行办法》规定，生育保险费的提取比例（生育保险费率）由当地人民政府根据计划内生育人数生育津贴、生育医疗费用确定，并可根据费用支出情况适时调整，但最高不得超过工资总额的 1%。

二、社会福利

中国政府积极推进社会福利事业的发展，通过多种渠道筹集资金，为老年人、孤儿和残疾人等群体提供社会福利。

（一）老年人社会福利

《中华人民共和国老年人权益保障法》规定，国家和社会采取措施，改善老年人生活、健康以及参与社会发展的条件。各级政府将老年事业纳入国民经济和社会发展计划，逐步增加对老年事业的投入，并鼓励社会各方面投入，使老年事业与经济、社会协调发展。近年来，通过推进社会福利社会化，逐步形成以国家、集体举办的老年社会福利机构为骨干，以社会力量举办的老年社会福利机构为新的增长点，以社区老年人福利服务为依托，以居家养老为基础的老年人社会服务体系。目前中国共有各类老年人社会福利机构 3.8 万个，床位数 112.9 万张，平均每千名 60 岁以上的老年人拥有床位 8.4 张。2001 年，国家开始实施"全国社区老年福利服务星光计划"，截至 2004 年 6 月，全国城乡共新建和改建社区"星光老年之家" 3.2 万个，总投入 134.9 亿元。

（二）儿童社会福利

依据《中华人民共和国未成年人保护法》、《中华人民共和国教育法》等法律法规，国家为儿童提供教育、计划免疫等社会福利，特别是为残疾儿童、孤儿和弃婴等处在特殊困境下的儿童提供福利项目、设施和服务，保障其生活、康复和教育。目前，全国共有192个专门儿童福利机构和近600个综合福利机构中的儿童部，收养5.4万名孤残儿童。全国各地还兴办康复中心、弱智儿童培训班等社区孤儿、残疾人服务组织近万个。

中国政府决定，从2004年开始，用三年左右的时间，筹集6亿元资金，开展"残疾孤儿手术康复明天计划"，每年为1万名左右的残疾孤儿实施手术康复。争取到2006年，使全国社会福利机构中收养的具有手术适应症的残疾孤儿，都能得到有效的手术矫治和康复。

（三）残疾人社会福利

国家颁布实施《中华人民共和国残疾人保障法》，为残疾人康复、教育、劳动就业、文化生活、社会福利等提供法律保障。政府通过兴办福利企业、实施按比例就业和扶持残疾人个体从业等形式，帮助残疾人实现就业；采取临时救济和集中供养以及兴办残疾人福利安养机构等福利措施，对残疾人提供特别照顾。截至2003年底，全国城镇共有403万残疾人实现就业，农村共有1685万残疾人从事生产劳动；259万贫困残疾人得到生活保障；44.2万残疾人在各类福利院、养老院享受集中供养、五保供养；246万残疾人得到临时救济、定期补助和专项补助；累计扶持701万贫困残疾人解决基本温饱。2003年，各级政府安排残疾人事业费15亿元，募集社会福利资金近1亿元。

三、优抚安置

优抚安置制度是中国政府对以军人及其家属为主体的优抚安置对象进行物质照顾和精神抚慰的一种制度。目前，中国有4000多万优抚安置对象。

中国政府为保障优抚对象的权益，陆续颁布了《革命烈士褒扬条例》、《军人抚恤优待条例》等法规。国家根据优抚对象的不同及其贡献大小，参照经济、社会发展水平，确立不同的优抚层次和标准。对于烈士遗属、牺牲和病故军人遗属、伤残军人等对象实行国家抚恤，对老复员军人等重点优抚对象实行定期定量生活补助；对义务兵家属普遍发放优待金；残疾军人等重点优抚对象享受医疗、住房、交通、教育、就业等方面的社会优待。2003年，享受国家抚恤补助的优抚对象为465万人，国家各级财政投入抚恤资金87.9亿元。

《中华人民共和国兵役法》、《退伍义务兵安置条例》等法律法规，对退役军人的安置作出规定。政府为城镇退役士兵安排就业岗位，对自谋职业的城镇退役士兵发给一次性经济补助，并给予优惠政策扶持；对农村退伍义务兵在生产、生活、医疗等方面的困难，视不同情况予以解决。机关、团体、企事业单位招工时，在同等条件下优先录用城乡退伍军人。对报考大中专院校的，在同等条件下优先录取退伍军人。对退出现役的伤残军人，在就业、生活等方面给予适当照顾。对军队干部（含士官）退出现役，分别实行复员、转业、退役和退休等安置办法。目前，各级政府普遍建立了相关工作机构。

中国政府将动员社会各方面力量，从保障优抚对象和退役军人的切实利益出发，不断完善各项优抚安置制度，提高优抚对象的保障水平，推进退役军人安置管理的法制化、制度化建设，维护优抚安置对象的合法权益。

四、社会救助

中国政府从国家发展的实际出发，最大限度地对生活困难的城乡居民实行最低生活保障，对受灾群众进行救济，对城市流浪乞讨人员予以救助，提倡并鼓励开展各种社会互助活动。

（一）城市居民最低生活保障

1999年，中国政府颁布《城市居民最低生活保障条例》，规定：对持有非农业户口的城市居民，凡共同生活的家庭成员人均收入低于当地城市居民最低生活标准的，均可从当地政府获得基本生活物质帮助；对无生活来源，无劳动能力，无法定赡养人或抚养人的城市居民，可按当地城市居民最低生活保障标准全额救助。保障标准的制定主要依据城市居民的人均收入和人均生活消费水平、上年物价水平、生活消费物价指数、维持当地最低生活水平所必须的费用、需要衔接的其他社会保障标准以及维持吃、穿、住等基本生存所需物品和未成年人义务教育费用等，同时还考虑当地经济社会发展水平、本地符合最低生活保障条件人数以及财政承受能力等情况。城市居民最低生活保障资金由地方政府列入财政预算。对财政确有困难的地区，中央财政给予支持。截至2003年底，全国领取城市居民最低生活保障金的人数为2247万人，月人均领取58元；当年全国各级政府财政支出最低生活保障资金156亿元，其中中央政府对中西部困难地区补助92亿元。

（二）灾害救助

国家建立了针对突发性自然灾害的应急体系和社会救助制度。政府视人民生命安全为第一，灾害发生时及时抢救、转移受灾群众，灾后引导群众进行生产自救、互助互济，并动员社会各方力量参与，最大限度地减少灾害造成的人员伤亡和财产损失，确保受灾群众有饭吃、有衣穿、有房住、有病能医。各级政府在财政预算中安排救灾支出，用于救灾物资储备和转移救济灾民。2003年，各级政府共安排用于受灾群众生活方面的救灾资金53.1亿元，其中中央政府安排40.5亿元。

（三）流浪乞讨人员救助

2003年8月1日，国家正式实施《城市生活无着落流浪乞讨人员救助管理办法》。该办法按照"自愿受助、无偿援助"的原则,对在城市生活无着的流浪乞讨人员给予关爱性的救助管理,根据受助人员的不同情况和需求,给予食宿、医疗、通讯、返乡及接送等方面的救助服务。截至 2003 年底,全国共建有救助管理站 909 个,当年救助生活无着的流浪乞讨人员 21 万多人。

(四) 社会互助

国家鼓励并支持社会成员自愿组织和参与扶弱济困活动,推动社会捐赠制度建设,建立健全经常性的捐助工作机构、工作网点和仓储设施,随时接受各种社会捐赠。2003 年底,大中城市和有条件的小城市共有社会捐赠接收站点 2.8 万个。1996 年至 2003 年,累计接受社会各界捐款捐物折合人民币 230 多亿元,衣被 9.6 亿件,得到援助的灾民、贫困群众达 4 亿多人次。基层政府通过兴办社区服务业,为贫困对象提供照顾和服务。中国各级工会组织每年开展对困难职工家庭的"送温暖"活动。从 1994 年到 2004 年初,共筹集慰问款 181.1 亿元,走访慰问困难职工 5577.8 万户(次)。

中国各级工会组织积极开展互助保障活动。2003 年底,全国工会系统兴办职工互助保障组织 1.8 万个,参保人员 723 万人;开办职工互助保障的工会组织 1839 个,参加人员 1485 万人,累计有 600 余万人次获得了待遇给付。

五、住房保障

中国政府积极推进以住房公积金制度、经济适用住房制度、廉租住房制度为主要内容的城镇住房保障制度建设,不断改善城镇居民的住房条件。到 2003 年底,城镇居民人均住房建筑面积达到 23.7 平方米。

(一) 住房公积金制度

住房公积金制度是中国政府为解决职工家庭住房问题的政策性融资渠道。住房公积金由国家机关、事业单位、各种类型企业、社会团体和民办非企业单位及其在职职工按职工工资的一定比例逐月缴存,归职工个人所有。住房公积金专户存储,专项用于职工购买、建造、大修自住住房,并可以向职工个人住房贷款,具有义务性、互助性和保障性特点。1994 年,住房公积金制度在城镇全面推行。1999 年,国家颁布《住房公积金管理条例》,并于 2002 年重新发布,使住房公积金制度逐步纳入法制化和规范化轨道。目前,已基本建立起住房公积金管理委员会决策、住房公积金管理中心运作、银行专户存储、财政监督的管理体制。住房公积金按规定可以享受列入企业成本、免交个人所得税等税收政策,存贷款利率实行低进低出原则,体现政策优惠。截至 2003 年底,全国建立住房公积金职工人数达 6045 万人,累计归集公积金 5563 亿元,职工因购建住房和退休等支取 1743 亿元,累计发放个人住房贷款 2343 亿元,支持 327 万户职工家庭购建住房,为改善居民家庭住房条件发挥了重要作用。

(二) 经济适用住房制度

1998年，中国确定发展经济适用住房。经济适用住房是由政府提供政策优惠，限定建设标准、供应对象和销售价格，具有保障性质的政策性商品住房。符合下列条件的家庭可以申请购买或承租一套经济适用住房：有当地城镇户口（含符合当地安置条件的军队人员）或市、县人民政府确定的供应对象；无房或现住房面积低于市、县人民政府规定标准的住房困难家庭；家庭收入符合市、县人民政府划定的收入线标准；市、县人民政府规定的其他条件。经济适用住房的租售价格以保本微利为原则，购买经济适用住房满一定年限后，方可上市出售，且须将收益按一定比例向政府交纳。经济适用住房实行申请、审核和公示制度，强调公开透明，严格监督管理。从1998年到2003年，经济适用住房竣工面积达4.77亿平方米。

(三) 廉租住房制度

1998年以来，中国政府积极推进廉租住房制度建设，不断完善廉租住房保障政策。对按政府规定价格出租的公有住房和廉租住房，暂免征收房产税、营业税。各地政府在国家统一政策指导下，结合当地经济社会发展的实际情况，因地制宜建立城镇最低收入家庭廉租住房制度。廉租住房制度以财政预算安排为主、多渠道筹措廉租住房资金，实行以住房租赁补贴为主，实物配租、租金核减为辅的多种保障方式。对住房面积和家庭收入在当地政府规定标准之下的家庭，当地政府按申请、登记、轮候程序给予安排，保障其基本要求。2003年，全国已有35个大中城市全面建立了最低收入家庭廉租住房制度。

第三节 商业保险投资品种

社会保障体系为我们提供了基本风险保障，但基本保障是不能满足我们保障需求，因此，在社会保障基础上，我们还要投资商业保险。商业保险有哪些品种？它们都是用来进行哪些风险防范的？本节将逐一为你讲解商业保险的品种及其保障范围，为你的保险投资提供方向性指导。

按照保险标的，保险可以分为人身保险、财产保险[1]。

一、人身保险

(一) 人身保险的概念

人身保险是指以人的生命和身体为保险标的，当被保险人发生死亡、伤残、疾病、年老等事故或保险期满时给付保险金的保险。人身保险的保险标的为人的生命或身体。当人的生命作为保险标的时，保险以生存和死亡两种状态存在。在定期保险中，如果被保险人在保险期间内死亡，根据保险合同有关条款，保险人

---

[1] 这里的财产保险是指广义的财产保险，包括财产损失险、责任保险、保证保险等。

给付保险金；在生存保险中，如果被保险人生存至某一约定时点，则保险人给付保险金。当人的身体作为保险标的时，它是以人的健康和生理能力、劳动能力等状态存在。在健康保险中，如果被保险人的身体遭受疾病或意外伤害而导致损失，根据保险合同，保险人给付保险金。

（二）人身保险的种类（见图4.2）

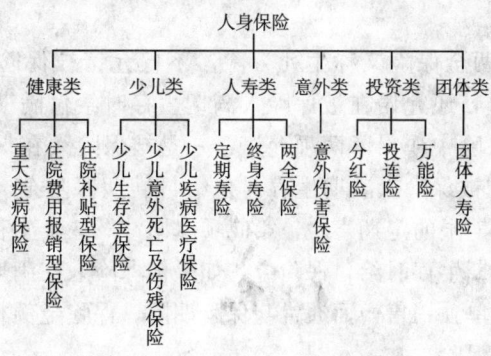

图4.2 人身保险险种示意图

1. 健康类保险

（1）健康险概念

健康险是以被保险人身体的健康状况为基本出发点，以提供被保险人的医疗费用补偿为目的的一类保险。

（2）商业健康保险类型

商业健康保险包括重大疾病保险、住院费用报销型保险及住院补贴型保险。

① 重大疾病保险以疾病发生为给付条件，在一般情况下，只要被保险人被确诊患了合同界定的某种疾病，不管发生多少医疗费用，都可按保险合同上的约定额度获得赔偿。

② 住院费用报销型保险以发生意外或疾病而导致的住院医疗费用为给付条件，按保险合同约定比例报销。这种保险与社会保险和其他商业保险形成互补，理赔金在被保险人住院结束后给付，需要被保险人提供相应的费用发票。

③ 住院补贴型保险是被保险人因意外或疾病导致住院，保险公司按合同约定标准给付保险金补贴的收入保障保险，与社会保险和其他商业医疗保险无关，也是在住院结束后给付。

2. 人寿类保险

（1）人寿险的概念

人寿保险是以被保险人的生命为保险标的、以被保险人死亡为给付条件的人身保险。包括定期寿险、终身寿险和两全保险三个基本投资品种。

1）定期寿险。定期寿险是指在保险合同约定的期间内，如果被保险人死亡或全残，则保险公司按照约定的保险金额给付保险金；若保险期限届满被保险人健在，则保险合同自然终止，保险公司不再承担保险责任，并且不退回保险费。

定期寿险的保险期限有10年、15年、20年，或到50岁、60岁等约定年龄等多项选择。定期寿险具有"低保费、高保障"的优点，保险金的给付将免纳所得税和遗产税。

2）终身寿险。终身寿险是终身提供死亡或全残保障的保险，能够为保险人提供终生的死亡保障，死亡保险金通常等于保单的保额，且在被保险人的一生中是固定不变的。例如，无论被保险人何时死亡，保额为30万元的终身寿险保单都将付给受益人。

3）两全保险。两全保险又称生死合险。不仅允诺被保险人在保险期限内死亡时给付死亡保险金，还允诺在被保险人满期生存时给付满期保险金。从数学角度看，公司在两全保险中作出了两项允诺：一是被保险人在保险期内死亡，给付死亡保险金；二是在被保险人满期生存时，给付满期保险金。第一项允诺相当于具有相同保额和保险期限的定期寿险，第二项允诺涉及一个生存保险的概念。生存保险仅在被保险人满期生存时给付保险金，如果被保险人在满期前死亡，不给付保险金，这类保险很少单独销售，而通常与保险期限、保险金额相同的定期寿险结合起来销售，构成两全保险。

（2）寿险与健康险的区别

健康险是以疾病的发病率和意外伤害事故的发生率为保险费计算的基础。健康险的保险事故是指患病和意外伤害，而非死亡，不像其他寿险那样以生命表为确定保险费费率的基础。因此，健康险的费率是经验费率，而非一般寿险有固定生命表可查。

3. 少儿类保险

少儿类保险是专门针对容易发生意外和疾病的少年儿童设置的保险投资品种，主要包括少儿生存金保险、少儿意外死亡及伤残保险和少儿疾病医疗保险。

（1）少儿生存金保险

该保险需要针对少年儿童在不同的生长阶段提供相应的生存保险金。比如小学、初中、高中和大学几个时期的教育基金，参加工作以后的创业基金，婚嫁基金甚至还有退休之后的养老基金等。使被保险少儿在一生的各个特定阶段都可储备一笔基金，减轻父母亲的经济负担，充分体现父母对子女的呵护和关爱之意。

（2）少儿意外死亡及伤残保险

该保险对被保险少儿一旦发生意外事故导致死亡和伤残提供保障。一般均附加在少儿生存金保险中，而不单独独立险种。

（3）少儿疾病医疗保险

该保险对被保险少儿因患疾病而产生的治疗、住院和手术等费用提供保障。按照我国目前的医疗制度现状，少年儿童这一年龄段的医疗保障体系尚不健全。因此，商业保险公司开办少儿医疗保险的前景可观。

4. 意外伤害类保险

（1）意外伤害保险的概念

意外伤害保险是指被保险人由于意外原因造成身体伤害或导致残废、死亡时，保险人按照约定承担给付保险金责任的人身保险合同。保险人的给付，通常包括丧失工作能力给付，丧失手足或失明的给付，因伤致死给付，以及医疗费用给付。

保险中对意外伤害有以下两方面的规定：

第一，伤害必须是身体的伤害。这里的"身体"，是指人的天然躯体。人工装置以代替人体功能的假肢、假眼、假牙等，不是人身天然躯体的组成部分，不能作为意外伤害保险的保险对象。

第二，伤害必须是意外事故所致。意外事故，既是伤害的直接原因，也是被保险人或受益人主张保险给付的根据。所谓"意外事故"，是指外来的剧烈的偶然发生的事故。只有同时具备"外来"、"剧烈"、"偶然"三个条件，才能构成该合同的保险事故。所谓"外来"，是指伤害纯系由被保险人人身外部的因素作用所致。如因交通事故、不慎落水、遭雷击、蛇咬、煤气中毒，等等。如果伤害由自身疾病引起则不属意外事故；所谓"剧烈"是指人体受到强烈而突然的袭击而形成的伤害。如果伤亡系由被保险人长期操劳或磨炼所致，如地质勘探作业、运动员多年运动致腰及关节损伤等，就不是意外事故；所谓"偶然"，是指被保险人不能预见、不希望发生的事故。

（2）意外伤害保险的特点

意外伤害保险合同与普通人寿保险合同的区别在于：意外伤害保险合同针对的是意外事故造成的伤害或因伤害引起的残疾或死亡。

意外伤害保险合同与健康保险合同的区别在于：意外伤害保险合同更重视外部原因导致的身体伤害，健康保险合同侧重在被保险人内在原因而导致的疾病，即身体健康的变化。

5. 团体人寿保险

团体人寿保险是用一张总的保单对一个团体的成员及其生活依赖者提供人寿保险保障的保险。在团体人寿保险中，投保人是团体组织，被保险人是团体中的在职人员。一般来讲，"团体组织"作为投保人，组织在职人员集体投保，团体应为社会团体、企事业单位等独立核算的单位组织；"在职人员"是指在投保单位领取工资的正常工作人员，已退休、退职的人员不应参加团体保险；临时工、合同工虽然不是投保单位的正式职工，若单位要求投保，保险人也可以接受。

除以上所列出的保险种类，还有投资类的保险，将在第三节中进行重点介绍。

二、财产保险

（一）财产保险的定义及原则

1. 财产保险的概念

财产保险是指投保人根据合同约定，向保险人交付保险费，保险人按保险合同的约定对所承保的财产及其有关利益因自然灾害或意外事故造成的损失承担赔偿责任的保险。

财产保险包括财产损失保险、责任保险、信用保险等。可保财产，包括物质形态和非物质形态的财产及其有关利益。以物质形态的财产及其相关利益作为保险标的的，通常称为财产损失保险。例如飞机、卫星、电厂、大型工程、汽车、船舶、厂房、设备以及家庭财产保险等。以非物质形态的财产及其相关利益作为保险标的的，通常是指各种责任保险、信用保险等。例如公众责任、产品责任、雇主责任、职业责任、出口信用保险、投资风险保险等。但是，并非所有的财产及其相关利益都可以作为财产保险的保险标的。只有根据法律规定，符合财产保险合同要求的财产及其相关利益，才能成为财产保险的保险标的。

2. 财产保险赔付的两个基本原则

1) 损失补偿原则。它是财产保险的核心原则。是指在财产保险中，当保险事故发生导致被保险人经济损失时，保险公司给予被保险人经济损失赔偿，使其恢复到遭受保险事故前的经济状况。损失补偿原则包括两层含义：一是"有损失，有补偿"，二是"损失多少，补偿多少"。坚持损失补偿原则，一方面可以保障被保险人的利益，另一方面可以防止被保险人通过赔偿而得到额外利益，从而避免道德风险的发生。在实施损失补偿原则时应该注意，保险公司的赔偿金额以实际损失为限、以保险金额为限、以保险利益为限，三者中又以低者为限。

2) 重复保险分摊原则。它是由损失补偿原则派生出来的。重复保险是指投保人就同一保险标的、同一保险利益、同一保险事故分别向两个以上保险人订立保险合同的保险。重复保险的投保人应当将重复保险的有关情况通知各保险人。在重复保险的情况下，当重复保险的保险金额总和超过保险价值，被保险人因发生保险事故向数家保险公司提出索赔时，其损失赔偿必须在保险人之间进行分摊，被保险人所得赔偿总额不得超过其保险价值。实行重复保险分摊原则，一方面，可以防止被保险人恶意利用重复保险，在保险公司之间进行多次索赔，以获得额外利益；另一方面，可以保持保险公司应有的权利与义务的对等。常用的分摊方式有保险金额比例责任制、赔款限额比例责任制和顺序责任制。除合同另有约定外，各保险公司之间一般按照其保险金额与保险金额总和的比例承担赔偿责任。

（二）财产保险的分类

1. 以保险标的为标准划分

以保险标的为标准划分，财产保险可分为财产损失保险、责任保险、信用保险和保证保险。

1) 财产损失保险是指以各种有形财产及其相关利益为保险标的的财产保险。财产损失保险的保险标的必须是以物质形式存在、可以用货币价值衡量的财产。财产损失是指某一财产的毁损、灭失所导致的财产价值的减少或丧失，包括直接物质损失以及因采取施救措施等引起的必要的、合理的费用支出。财产损失保险主要包括企业财产保险、家庭财产保险、工程保险、运输工具保险、货物运输保险等。

2) 责任保险是指以被保险人对第三者依法应负的赔偿责任为保险标的的保险。这种保险以第三者请求被保险人赔偿为保险事故，以被保险人向第三者应赔偿的损失价值为实际损失。责任保险包括的范围十分广泛，从内容上看，主要包括公众责任保险、产品责任保险、雇主责任保险、职业责任保险等类型。

3) 信用保险是以信用交易中债务人的信用作为保险标的，在债务人未能如约履行债务清偿而使债权人遭受经济损失时，由保险人向债权人提供风险保障的一种保险。按保险标的性质的不同，可以将信用保险分为商业信用保险、银行信用保险和国家信用保险。按保险标的所处地理位置的不同，可以将信用保险分为进口信用保险和出口信用保险。

4) 保证保险属于一种担保业务，由保险人为被保证人向权利人提供担保，当被保证人违约或不忠诚而使权利人遭受经济损失时，权利人有权从保证人处获得补偿。保证保险通常有指名保证和总括保证两种承保方式。指名保证以指定的法人或自然人为被保证人，总括保证则以集团内全体人员为被保证人。

信用保险与保证保险同属一个范畴，是不同的当事人从不同角度向保险人提出保险请求。

2. 以财产保险合同当事人订立财产保险合同的意愿为标准划分

以财产保险合同当事人订立财产保险合同的意愿为标准，可以将财产保险分为自愿财产保险和强制财产保险。

1) 自愿财产保险是指合同当事人双方在自愿原则的基础上订立财产保险合同的保险。对于自愿财产保险来说，任何一方均不得把自己的意志强加给对方，任何单位或个人不得非法干预保险行为。自愿原则是保险活动的基本原则之一，除法律、行政法规规定必须保险的以外，保险公司和其他单位不得强制他人订立保险合同。依据自愿原则，保险合同当事人订立保险合同的行为完全是各自真实的意思表示，投保人可以自由选择保险公司，与保险公司双方协商约定保险标的、保险责任、责任免除、保险期限、保险金额、保险费率等保险合同内容。大部分财产保险都属于自愿财产保险。

2) 强制财产保险，又称法定财产保险，是指根据国家法律和行政法规的规定必须参加的保险。强制保险通常是指对危险范围较广、影响公众利益较大、与人民群众生活息息相关的保险标的，以颁布法律、法规形式实施的保险。如机动车第三者责任保险、法定雇主责任保险等。凡属于法定范围内的人或机构，都必须按规定的条件向有权经营法定保险业务的保险公司办理保险事项。在国际上实施强制保险的形式有两种：一是规定在特定范围内建立保险公司被保险人的保险关系；二是规定一定范围内的人或者财产都必须参加保险，作为从事法律所许可的某项业务活动的前提条件。

（三）财产保险险种

1. 家庭财产保险

家庭财产保险是以城乡居民室内的有形财产为保险标的的保险。家庭财产保险为居民或家庭遭受的财产损失提供及时的经济补偿,有利于安定居民生活,保障社会稳定。我国目前开办的家庭财产保险主要有普通家庭财产险和家庭财产两全险。根据保险责任的不同,普通家庭财产险又分为灾害损失险和盗窃险两种。

(1) 灾害损失险

1) 灾害损失险保险标的。灾害损失险的保险标的包括被保险人的自有财产、由被保险人代管的财产或被保险人与他人共有的财产。通常包括:日用品、床上用品;家具、用具、室内装修物;家用电器,文化、娱乐用品;农村家庭的农具、工具、已收获入库的农副产品等。有些家庭财产的实际价值很难确定,如金银、珠宝、玉器、首饰、古玩、古书、字画等,这些财产必须由专业鉴定人员进行价值鉴定,经投保人与保险人特别约定后,才作为保险标的。保险人通常对以下家庭财产不予承保:损失发生后无法确定具体价值的财产,如货币、票证、有价证券、邮票、文件、账册、图表、技术资料等;日常生活所需的日用消费品,如食品、粮食、烟酒、药品、化妆品等;法律规定不容许个人收藏、保管或拥有的财产,如枪支、弹药、爆炸物品、毒品等;处于危险状态下的财产;保险人从风险管理的需要出发,声明不予承保的财产。

2) 灾害损失险的保险责任。家庭财产灾害损失险规定的保险责任包括:火灾、爆炸、雷击、冰雹、洪水、海啸、地震、泥石流、暴风雨、空中运行物体坠落等一系列自然灾害和意外事故。对于被保险人为预防灾害事故而事先支出的预防费用,保险人原则上不予赔偿;但对于在灾害事故发生后,为防止灾害损失扩大,积极抢救、施救、保护保险标的而支出的费用,保险人将按约定负责提供补偿。

3) 灾害损失险的责任免赔。保险人对于家庭财产保险单下所承保的财产由于下列原因造成的损失不承担赔偿责任:战争、军事行动或暴力行为;核子辐射和污染;电机、电器、电器设备因使用过度、超电压、碰线、弧花、漏电、自身发热等原因造成的本身损毁;被保险人及其家庭成员、服务人员、寄居人员的故意行为,或勾结纵容他人盗窃或被外来人员顺手偷摸,或窗外钩物所致的损失等;其他不属于家庭财产保险单列明的保险责任内的损失和费用。

(2) 盗窃险

盗窃险的保险责任指在正常安全状态下,留有明显现场痕迹的盗窃行为,致使保险财产产生损失。除自行车、助动车以外,盗窃险规定的保险标的的范围与家庭财产、灾害损失险完全一样。对于由被保险人及其家庭成员、家庭服务人员、寄居人员的盗窃或纵容行为造成的损失以及如房门未锁、门窗未关等非正常安全状态下的失窃损失,保险人均不承担赔偿责任。盗窃险保险金额的确定以及保险期限的规定,均与灾害损失险相同。

(3) 家庭财产两全险

家庭财产两全险是一种具有经济补偿和到期还本性质的险种。它与普通家庭财产保险不同之处仅在于保险金额的确定方式上。家庭财产两全险采用按份数确定保险金额的方式:城镇居民每份1000元,农村居民每份2000元,至少投保1

份，具体份数多少根据投保财产的实际价值而定。投保人根据保险金额一次性交纳保险储金，保险人将保险储金的利息作为保费。保险期满后，无论保险期内是否发生赔付，保险人都将如数退还全部保险储金。

（4）家庭财产保险金额的确定

家庭财产保险的保险金额由投保人依据投保财产的实际价值自行估计而定。若估价过低，会使保障不足；若估价过高，一方面，保费将随之增加，另一方面，实际灾害发生时，保险人将根据补偿原则，以投保财产的实际价值作为赔偿上限，因而被保险人也不可能靠此获利。投保人明智的做法是，对投保财产作出客观合理的估价，使保险金额尽可能接近所投保财产的实际价值。

（5）家庭财产保险期限

普通家庭财产险的保险期限为1年，即从保单签发日零时算起，到保险期满日24时为止。

2. 机动车辆保险

随着经济的发展，机动车辆的数量不断增加，机动车辆保险已成为我国财产保险业务中最大的险种。机动车辆保险是以机动车辆本身及其相关经济利益为保险标的的一种不定值财产保险。机动车辆是指汽车、电车、电瓶车、摩托车、拖拉机、各种专用机械车、特种车。机动车辆保险一般包括基本险和附加险两部分。基本险分为车辆损失险和第三者责任险。

1）车辆损失险在下列原因造成保险车辆的损失时，保险人负责赔偿：碰撞；火灾、倾覆；外界物体倒塌、空中运行物体坠落、行驶中平行坠落；雷击、暴风、龙卷风、暴雨、洪水、海啸、地陷、冰陷、崖崩、雪崩、雹灾、泥石流、滑坡；载运保险车辆的渡船遭受自然灾害（只限于驾驶员随车照料者）；发生保险事故时，被保险人对保险车辆采取施救、保护措施所支出的合理费用，但此项费用的最高赔偿金额以保险金额为限。

2）第三者责任险是指被保险人允许的合格驾驶员在使用保险车辆过程中发生意外事故，致使第三者遭受人身伤亡或财产的直接损毁，依法应当由被保险人支付的赔偿金额，保险人依照保险合同的约定给予赔偿。但因事故产生的善后工作，由被保险人负责处理。

3）车辆损失险与第三者责任险的责任免除为：自然磨损、朽蚀、故障、轮胎爆裂、地震、人工直接供油、自燃、高温烘烤、战争、军事冲突、扣押、罚没、竞赛、测试、进厂修理等。

另外，机动车辆保险还有一系列附加险。如车上人员座位责任险等。

3. 交强险

机动车交通事故责任强制保险（以下简称"交强险"）是我国首个由国家法律规定实行的强制保险制度。《机动车交通事故责任强制保险条例》（以下简称《条例》）规定：交强险是由保险公司对被保险机动车发生道路交通事故造成受害人（不包括本车人员和被保险人）的人身伤亡、财产损失，在责任限额内予以赔偿的强制性责任保险。

(1) 实行交强险的必要性

实行交强险制度是通过国家法律强制机动车所有人或管理人购买相应的责任保险，以提高第三者责任险的投保面，在最大程度上为交通事故受害人提供及时和基本的保障。

交强险负有更多的社会管理职能。建立机动车交通事故责任强制保险制度不仅有利于道路交通事故受害人获得及时有效的经济保障和医疗救治，而且有助于减轻交通事故肇事方的经济负担。而商业第三者责任险则属于商业保险，保险公司经营该险种的目的便是盈利，这与交强险"不盈不亏"的经营理念显然相去甚远。

此外，交强险还具有一般责任保险所没有的强制性。只要是在中国境内道路上行驶的机动车的所有人或者管理人都应当投保交强险，未投保的机动车不得上路行驶。这种强制性不仅体现在强制投保上，也体现在强制承保上，具有经营机动车交通事故责任强制保险资格的保险公司不得拒绝承保，也不能随意解除合同。而商业第三者责任险则属于民事合同，机动车主或者管理人拥有是否选择购买的权利，保险公司也享有拒绝承保的权利。

(2) 交强险责任限额

交强险责任限额是指被保险机动车在保险期间（通常为1年）发生交通事故，保险公司对每次保险事故所有受害人的人身伤亡和财产损失所承担的最高赔偿金额。

交强险的责任限额（即每次保险事故的最高赔偿金额），全国统一定为6万元人民币。在6万元总的责任限额下，实行分项限额，具体为死亡伤残赔偿限额5万元、医疗费用赔偿限额8000元和财产损失赔偿限额2000元。此外，被保险人在道路交通事故中无责任的赔偿限额分别按照上述限额的20%计算。

保监会有关负责人介绍，确定6万元赔偿责任限额主要是基于以下各方面的考虑：

① 满足交通事故受害人基本保障需要。

② 与国民经济发展水平和消费者支付能力相适应。

③ 参照了国内其他行业和一些地区赔偿标准的有关规定。

(3) 交强险的基础费率和计算方式

交强险的基础费率共分42种，家庭自用车、非营业客车、营业客车、非营业货车、营业货车、特种车、摩托车和拖拉机等八大类42小类车型保险费率各不相同。但对同一车型，全国执行统一价格。

最终保费＝基础保费×（1＋与道路交通事故相联系的浮动比率）×(1＋与交通安全违法行为相联系的浮动比率)。

如：6座以下的私家车主一年内未发生有责任交通事故，但有过1次酒后驾车，其第二年缴纳的保费为：1050×(1－10%)×(1＋30%)＝1228.5元。

(4) 交强险与商业第三者责任险的区别

交强险与机动车商业第三者责任险比较，有以下几个方面的区别：

第一，赔偿原则不同。根据《道路交通安全法》的规定，对机动车发生交通事故造成人身伤亡、财产损失的，由保险公司在交强险责任限额范围内予以赔偿。而商业第三者责任险中，保险公司是根据投保人或被保险人在交通事故中应负的责任来确定赔偿责任。

第二，保障范围不同。除了《条例》规定的个别事项外，交强险的赔偿范围几乎涵盖了所有道路交通责任风险。而商业第三者责任险中，保险公司不同程度地规定有免赔额、免赔率或责任免除事项。

第三，具有强制性。根据《条例》规定，机动车的所有人或管理人都应当投保交强险，同时，保险公司不能拒绝承保、不得拖延承保和不得随意解除合同。

第四，根据《条例》规定，交强险实行全国统一的保险条款和基础费率，保监会按照交强险业务总体上"不盈利，不亏损"的原则审批费率。

第五，交强险实行分项责任限额。

4. 国内货物运输保险

国内货物运输保险是指以各种运输工具运输过程中的货物为保险标的，保险人承保因自然灾害或意外事故导致运输过程中的货物遭受损失的一种保险。无论是对外贸易还是国内贸易，商品从生产者到消费者手中，都要经过相应的运输过程。货物运输保险已成为贸易尤其是国际贸易的一个重要内容，为货物在运输过程中可能遭受的各种自然灾害和意外事故造成的损失提供保险。这不仅能够保障货主的经济利益，而且有利于商品交易和运输业的正常发展。

5. 责任保险

责任保险是以被保险人依法或依契约应对第三者承担的经济赔偿责任为保险标的的一种保险。责任保险的标的是被保险人在法律上应负的民事损害赔偿责任，民事责任就是指公民或法人在不履行自己的民事义务或者侵犯他人的民事权利时按照民法的规定而产生的法律后果。责任保险的主要险种包括公众责任保险、产品责任保险、雇主责任保险和职业责任保险。

6. 信用保证保险

信用保证保险是以各种信用行为为保险标的的保险。当义务人不履约而使权利人遭受损失时，由保险人提供经济补偿。凡保险人应权利人的要求担保义务人信用的保险属于信用保险，凡义务人应权利人的要求向保险人投保自己的信用的保险属于保证保险。信用保险的种类一般分为商业信用保险和出口信用保险。保证保险的种类一般包括合同保证保险、忠诚保证保险、产品质量保证保险。

7. 农业保险

农业保险是承保农业生产者和经营者在种植业和养殖业生产过程中因自然灾害和意外事故所造成的经济损失的一种财产保险。农业保险包括种植业保险和养殖业保险。种植业保险一般包括农作物保险和林木保险两大类，养殖业保险包括畜禽养殖保险、水产养殖保险。

除以上保险外财产保险还包括建筑工程保险、航天保险、核电站保险等其他类保险。

第四节 投资型寿险分析

寿险是保障我们的老年生活质量的险种，是我们一生中最为重要的保险品种，而且现在许多寿险品种也具有了投资收益功能。这些寿险品种有哪些？它们都有什么特点？收益有保障吗？我们如何为自己选择寿险品种？本节将为你全面阐释投资型寿险的概念、特点、收益保障以及不同品种之间的区别，为你的寿险投资提供指导。

寿险产品的发展经历的四个阶段：传统纯保障型、分红型、万能型和投连型。保险的主要功能是保障功能。随着保险产品的创新，在寿险方面，为了吸引投资者，寿险已经突破了传统保障型功能，开发了具有投资收益功能的保险新品种：分红险、万能险和投连险。

一、分红险

（一）分红险概念

分红寿险，指保险公司在每个会计年度结束后，将上一会计年度该类分红保险的可分配盈余，按一定的比例、以现金红利或增值红利的方式，分配给客户的一种人寿保险。简单来说，就是带有分红功能的寿险，最早出现在1776年的英国。中国保监会目前的统计中，把分红寿险、分红养老险、分红两全险及其他有分红功能的险种都被列入分红险范围。

（二）分红险分类

分红寿险依据功能，可以分为投资型分红险和保障型分红险两类。投资型分红险以银保分红产品为代表，主要为一次性缴费的保险，通常为5年或10年期。它的保障功能相对较弱，多数只提供人身死亡或者全残保障，不能附加各种健康险或重大疾病保障。在给付额度上，意外死亡一般为所交保费的两到三倍，自然或疾病死亡给付只略高于所缴保费。保障型分红险主要是带分红功能的普通寿险产品，如两全分红保险和定期分红保险等。这类保险侧重人身保障功能，分红只是作为附加利益。以两全分红保险为例，在固定返还生存金的同时，还有固定保额的身故或全残保障，红利将按照公司每年的经营投资状况分配，没有确定额度。保障型的分红保险通常都可作为主险附加健康险、意外险和重大疾病保险，能形成完善的保障计划。

（三）分红险分红

1. 红利来源

分红寿险的红利来源于死差益、利差益和费差益所产生的可分配盈余。

1) 死差益是指保险公司实际的风险发生率低于预计的风险发生率，即实际死亡人数比预定死亡人数少时所产生的盈余。

2) 利差益是指保险公司实际的投资收益高于预计的投资收益时所产生的盈余。

3) 费差益是指保险公司实际的营运管理费用低于预计的营运管理费用时所产生的盈余。

由于保险公司在厘定费率时要考虑三个因素：预定死亡率、预定投资回报率和预定营运管理费用，而费率一经厘定，不能随意改动。但寿险保单的保障期限往往长达几十年，在这样漫长的时间内，实际发生的情况可能同预期的情况有所差别。一旦实际情况好于预期情况，就会出现以上差益，保险公司将这部分差益产生的利润按一定的比例分配给客户，这就是红利的来源。

2. 红利保证

投保人所交保费并非全部用于投资。在扣除风险金、责任准备金、管理费等费用后，剩下的由保险公司进行资金运作，这部分投资，要受保监会的严格监管，目前仍主要集中在与银行的协议存款、投资国债企业债、基金等方面。分红险每年的分红，是一个不确定因素，保险公司不会承诺收益。公司宣传时的收益是基于一种假想状况下的收益水平，并不能代表红利派发的实际水平。

3. 分红险选择技巧

低利率时代，选择分红寿险能抵御风险。在低利率环境下，公司计算出的投资回报率也比较低，而且不会随意改动。如果未来利率上升，纯保障型产品得到的仍然是低回报率，也就承受了利差损失。如果产品附加了分红功能，那么利率上升后，公司盈利能力和分红水平随之提高，保户可以通过分红享受到这部分收益。

4. 分红险红利分配方式和红利分配额

红利分配的方式包括现金红利和增额红利。现金红利是直接以现金形式将红利分配给保户，保户可以通过现金、累积生息、抵交保费和购买交清保额等途径来领取红利。增额红利则是指以增加保险金额的方式来分配红利。

需要说明的是，缴纳相同保费的保户，得到的分红水平可能不同，比如保户的年龄、性别、健康状况不同就对应不同的分红水平。说到底，这是因为保户对保险公司的贡献度不同，比如年龄越高贡献度就越低。

【例 4.1】 陈先生，30 岁，某外企主管，非常关注健康和养老问题。

平安人寿无忧果分红产品组合（鸿祥两全分红保险＋附加鸿祥重疾提前给付）保险保额及保费如表 4.2 所示。

主要保险利益描述：

重疾保险金：等待期后，初次发生合同约定的重大疾病，可以领取 10 万元保险金，保险合同终止。

身故保险金：如果没有领取重大疾病保险金，身故可领取身故保险金 10 万元，保险合同终止。

满期生存保险金：年满 60 岁时仍生存，可领取 10 万元保险金，保险合同终止。

分红：60 周岁时，累计红利可达 54 301 元（中等假设情况，采取累积生息方式）。

表 4.2 平安人寿无忧果分红产品组合保费、保额

险 种	鸿祥两全分红保险	附加鸿祥重疾提前给付	合 计
基本保额	10 万元	10 万元	
保险期间	30 年	30 年	
交费年期	30 年	30 年	
年交保费	3090 元	330 元	3420 元
10 万元满期生存保险金转换为年金领取			
领取方式	转换年金形式领取		
领取年龄	60 岁		
领取年数	20 年		
每月保证领取金额	511.6		

二、万能险

（一）万能险概念

万能险的概念最早由国外传入，指的是可以任意支付保险费以及任意调整死亡保险金给付金额的人寿保险。也就是说，除了支付某一个最低金额的第一期保险费以后，投保人可以在任何时间支付任何金额的保险费，并且任意提高或降低死亡给付金额，只要保单积存的现金价值足够支付以后各期的成本和费用就可以了。万能保险现金价值的计算有一个最低的保证利率，保证了最低的收益率。

万能险之"万能"，在于在投保以后可根据人生不同阶段的保障需求和财力状况，调整保额、保费及缴费期，确定保障与投资的最佳比例，让有限的资金发挥最大的作用。万能险是风险与保障并存，介于分红险与投连险间的一种投资型寿险。所缴保费分成两部分，一部分用于保险保障，另一部分用于投资账户。保障和投资额度的设置主动权在投保人，可根据不同需求进行调节；账户资金由保险公司代为投资理财，投资利益上不封顶、下设最低保障利率。

（二）万能险的保障功能

在保障方面，万能寿险一般提供人身保险，当被保险人身故或者全残时，就能得到规定基本保额或者保单价值的给付。从这个角度来讲，万能寿险的保障功能还是有限的。但是，一般情况下，万能寿险不能发挥意外、医疗等方面的保障

作用，如果真正要投资保障兼顾，就需要附加相关健康险等。

(三) 万能险投资收益分析

1. 初始费用

初始费用是保险公司在投资之前必须从保单账户扣除的费用，用来支付代理人佣金和保险公司运营成本等。根据多家保险公司的万能寿险产品说明，通常保单生效10年内，投保人都要向保险公司支付相当金额的初始费。第一年交得最多，初始费往往占所交保费的65%～70%，前三年的比例相对较大，第五年后相对较小。不仅有风险保险费和初始费用，万能险投保人还需要向保险公司支付保单管理费、贷款账户管理费、附加险保险费，有的公司还要收取部分领取手续费和退保手续费。这些项目从投报人的保费中一一扣除之后，剩下的保费才是用于投资。

【例4.2】 郁女士是一家本土广告公司的会计，2004年8月18日，在这个所谓吉祥的日子里，她在一位熟识的代理人处，为自己和女儿分别签下了一份20年缴年缴保费5000元的万能险保单，并当场交付10 000元的首年度保费。这家保险公司的代理人告诉她："这个万能险每年的保底收益有1.75%，不扣利息税，而且还有保障功能，比银行储蓄要划得来。"郁女士正是冲着"和储蓄差不多"，签下了这两份单子。到了2005年8月初，郁女士因为急需要用钱，想到自己的保单"随时可以取现"，准备从中取钱，没想到，不看不知道，一看吓一跳，工作人员告诉她，两张保单账户合计还有4128元，问她要取多少？郁女士懵了，工作人员帮她仔细查看保单的现金价值表，告诉她这份保险投保第一年各种费用扣除较多，因此若第一年退保退回的钱很少。这到底是怎么一回事？如今，万能险已然是保险市场上最大的热门产品，几乎每家公司都推出了此类产品。作为消费者，在市场产品如此之多的情况下，一定先要摸清这类新产品的"脾气"，再择优而选。万能险作为一种强大的变额保险，要随时应对客户的保费、保额变更，保险公司需要投入较多的人力物力风险控制等管理费用，所以前几年的初始费用扣除比例较高，这主要是用来支付代理人的佣金，后期初始费用主要是保单和投资账户日常的维护管理成本。

2. 首年度保费额度支付

从账户资产价值和保费合理安排来看，重点之一在于掌握好首年度保费额度的支付。首先，万能险条款通常规定收取保单管理费等费用，收取的额度在第一年最高，同时有的万能产品也规定，如果保户能正常缴纳续期保费，会享受一定额度的奖金，所以首年基础保费额度适度客户值得考虑；第二，对于首年趸缴，以后可以再追加保费的万能产品，掌握好第一年度保费额度显得更为重要（建议考虑条款中规定的最低保费额度），因为追加保费，保险公司收取的费用相对比首年要低得多，如果客户把更多的钱在第二年进行保费追加，享受通过保险公司进行投资带来的高收益的可能性对客户而言，无疑是有利的。

3. 万能险投资风险分析

既然是投资，就会有风险。保险公司许诺了保底利率，还有不定额浮动利率。这不意味着收益可以无忧了？万能寿险一般是长期缴纳，银行利率上调，保底利率显得就不那么诱人了；而浮动利率主要看投资收益，不确定的因素很多，特别是在证券市场上运用的资金。理论上，浮动利率可以为零。

万能寿险一般都是长期的，少则10年，多则终身缴费，一旦确定了利率，就面临利率将来上调的风险。当然，有的保底利率也随银行利率变化。

在最终给付上，万能寿险采取满期给付或者年金的形式。中途退保，只能得到现金价值，特别是前期退保，可能连保费总额也拿不回来，毕竟万能寿险的理财功能体现在长期性上。

4. 费率与年龄

从费率计算的方法上看，老年人买万能险产品不划算。将基本保险费交足之后，保险公司要先扣除几项费用，再将剩余的钱拿来投资产生收益。需要扣除的费用中，有一项叫做风险保险费，即保险公司用于支付保险保障的费用。与传统保单的费率计算方式不同，风险保险费的费率计算依据的是"自然费率"，而不是传统的"均衡费率"。顾名思义，均衡费率是将投保人应该在若干年内交纳的保费总额平均分摊到每一年收取，使得投保人年交保费的负担比较均衡。而自然费率则根据风险发生的几率而定，人的年纪越大，当然越有可能出现风险，因此要交纳的风险保险费也就越多。

三、投连险

（一）投连险概念

投连险的全称是投资连结保险。是指除了具有保险保障外，保单的现金价值直接与保险公司的投资收益挂钩的寿险产品，投资人缴付的保费一部分用来购买由保险公司设立的投资账户中的投资单位，一部分购买寿险保障，投资账户内的资金由保险公司的投资专家负责投资运作，客户享有全部投资收益，同时承担相应投资风险。

（二）投连险特点

1）投连保险更强调客户资金的投资功能。

2）投连产品当中可包含多个不同类型（根据投资对象分类）的投资账户供客户选择，客户购买后资金将直接进入其选择的投资账户。

3）投连产品同时可以向客户提供人身风险保障功能，保障责任可多可少，客户购买保障发生的费用及其他投连产品规定向客户收取的管理费用，均定期从客户的投资账户中扣除。

4）同股票、基金类似，投连账户中的资产由若干个标价清晰的投资单位组成，资金收益体现为单位价格的增加。

5）客户享有投连账户中的全部资金收益，保险公司不参与任何收益分配而只收取相应管理费用，同时客户要承担相应投资风险。

【例 4.3】 以投保平安聚富年年投资连结保险为例。

案例背景资料：陈先生 40 岁，合资公司销售主管，妻子在机关工作，女儿今年进入高中，选择为自己投保平安聚富年年投资连结保险，每年存 18 000 元，连续存 10 年，选择 12 万元基本保额。在该计划生效的第 11 年，从账户中提取 5 万元作为女儿的创业基金。陈先生 60 岁时，随着退休生活的来临，将基本保额降低为 1 万元。

（1）客户分析。

1）生活特征：已经成家立业，子孙虽未成年，但经济上、生活方式上趋于稳定，对未来的生活安排和人生目标日趋清晰。处于家庭成长期，家庭成员不再增加，整个家庭成员年岁都在增长。

2）投资风格：有较强的风险承受能力，投资品种多样化。以稳健进取型投资风格为主。

3）理财需求：日常消费稳定，着手准备子女教育投资增值计划，并希望保持合理的流动资金，以备它用，理财意识很强，理财需求迫切。

（2）专家建议

这一时期，家庭的最大开支是房贷、教育并准备保健医疗和养老费用，理财的重点适合安排上述费用。同时在未来几年里面临孩子接受高等教育的经济压力，完全依靠父母的经济支持，通过保险可以为子女提供经济保证，使子女能在任何情况下可接受良好的教育。用 10% 左右收入为自己和家庭建立足额保险理财规划，以备不时之需，同时随着保单价值的增长，为自己和家庭做好理财准备。

（3）计划利益演示（见图 4.3）

40～59 岁：高额保障家人安心。

身故保障＝基本保额 12 万＋账户价值

60 岁以后：高账户价值，保证老年生活品质。

基本保额调低，账户价值快速增长，同时仍享有足额保障。

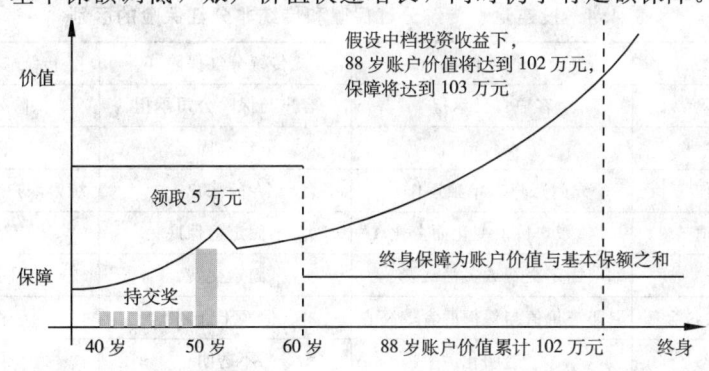

该图示的保单利益是以中国投资收益率演示的

假设保险期间的投资收益率分别处于低、中、高三种水平，对应的年收益率分别为 3%、5%、7%（扣除资产管理费后的数值）。

图 4.3 投资连结保险计划演示

保单年度	不同假定投资收益下的保单年度末账户价值（即现金价值）			不同假定投资收益下的保单年度末身故保险金		
	低	中	高	低	中	高
1	14 291	14 571	14 851	134 291	134 571	134 851
10	189 758	211 771	236 522	309 758	331 771	356 522
30	237 261	412 560	704 687	247 261	422 560	714 687
50	408 820	1 071 049	2 698 449	418 820	1 081 049	2 708 449

图 4.3 投资连结保险计划演示（续）

四、不同寿险产品比较分析

（一）分红险与万能险区别

分红险与万能险的区别如表 4.3 所示。

表 4.3 分红险与万能险的区别

项目种类	分红险	万能险
收益来源	红利来源于保险公司的分配	来源于个人账户的投资收益
收益性	红利并不固定	——
资金投放渠道	收取的保费由保险公司统一运用	资金都是放在投资账户中
功能比重	保障功能强	投资功能强
保险费	固定资费	灵活交费

（二）投连险、传统分红保险和传统非分红保险的区别

投连险与传统分红保险和传统非分红保险的区别如表 4.4 所示。

表 4.4 投连险、传统分红保险和传统非分红保险的区别

项目种类	投连险	传统分红保险	传统非分红保险
投资风险	客户自己承担	客户与保险公司承担	保险公司承担
收益性	不固定	分红不固定	固定
资金运作	专门账户（单独运作）	专门账户	统筹账户（统一运作）
现金价值	随账户价值变化而变化	不固定但保底	固定
保险费	固定交费或灵活交费	固定交费	固定交费
死亡、全残给付金额	取账户价值与保额两者较高者	保额+红利	保额
手续费	透明化	不透明	不透明
利益来源	投资运作	固定部分加利差、死差、费差（分红）	固定
资产管理运用	透明化	不透明	不透明
展业资格	严格限制	限制较严	一般限制
收益状况	详细公布（每月）	投资收益	无

(三)投连险和万能险的区别

1)就保障能力而言,万能保险高于投连产品。不论是万能保险还是投资连结保险,其实质都是一种"终身寿险+各人投资账户"的组合产品。它们都能提供基本的身故保险金,并以所缴纳的保险费(扣除各种费用后)设立一个属于个人的投资账户。也就是说,保险公司将投保人所缴纳的保险费分为两部分,一部分用于提供保险保障,另一部分记入个人账户,由保险公司统一运作。两类保险本身所固有的保障功能只有寿险身故保障,而医疗等方面的保障是通过附加合同来实现的。也就是说为了满足身故以外的各类保险需求,还需要通过额外支付相应的保险费。目前,市场上几个万能保险产品的基本寿险保障额一般有两种做法:一种是比较"基本保险金"和当期"个人账户净值",取其中高者给付。另一种是按照"基本保险金"和当期投资账户净值之和给付。其中"基本保险金"一般是基本保险费的10~100倍。而投连产品在投保人身故后一样可以领回个人账户中的资金,但基本保险金部分较万能险要弱,一般设定为在投保第一年,享有10倍于基本保费的基本保险金额;第二保单年度开始,基本保险金额等值于基本保费。

2)投资模式和回报率。在投资模式上,投连险一般分为激进型和稳健型等多个账户,客户可以根据自己的风险承受能力自行选择投资于其中的一个或多个账户,投保人可依据各个账户以及市场表现,随时转换投资账户或调整各个账户之间的比例,以取得更理想的投资回报。但万能险一般只有一个类型账户。当然市场上的产品也在不断更新中,如安联的万能险就在期限上作了创新,提供了3年、5年、7年、10年等不同年限的账户选择。

两类险种在投资回报上,主要与保险公司的投资收益或经营业绩有关,保险公司资金运作得好,经营效率高,投保人能获得较好的收益。也就是说,保险公司与投保人利益均享,风险共担。但是,两者在投资回报模式上还是有所不同,最大的区别在于是否承诺保底。

3)费用扣除方式有所差异,费用透明是万能险和投连险共同的宣传词,由于这两类保险要随时应对客户的保费、保额变更,保险公司需要投入较多的人力、物力、风险控制等管理费用,所以一般要收取较高的费用。主要名目为保单"初始费用"和用于购买寿险保障的"风险保险费",以及"资产管理费用"。前几年的初始费用扣除比例均较高,这主要是用来支付代理人的佣金;后期初始费用主要是保单和投资账户日常的维护管理成本。总体来说,万能险前期的收费虽然不低,但每一笔缴纳给保险公司的保费,无论是基本保险费,还是额外保费,都只需要扣除一次性的初始费用。而投连险个人账户中的钱,管理费用的扣除类似基金,每年追加的资金并不是单扣一次,而是持续不断地缴纳"年费",也就等于一笔钱进入个人账户后,只要还没有退保,就每年都要被扣除一次管理费用。至于购买保险保障的"风险保险费",无论万能险还是投连险,都是每年单独扣除。而保单管理费,基本都是5元/每月。

4)资金进出。万能险的资金进出非常灵活,保障额、保费及缴费期都比较灵活。投保人可以根据人生不同阶段的保障需求和财力状况，调整保额保费及缴费期。大多数产品都规定投保者可以根据自己的意愿，定额不定期，或定期不定额缴纳，扣除一定的费用后，自动进入个人专属账户中。每期追加的额外保险费，一般会规定下限。同时万能寿险产品可以中途提前领取一部分个人账户中的金额或退保，作为各种用途。当然此时投保者需要缴纳一定的提取费用或退保费用。投资连结产品也可以随时追加投资金额，并可随时从保单账户中提取一部分现金，以作应急之用，大多也是规定第6个保单年度开始，部分或全部领取账户价值不再收取任何退保费用。但值得重点提示的是，投资连结产品虽然和万能险等其他产品一样，以"元"为单位，但实际购买的却是以份为单位的产品。这一点非常像基金产品，而且投连产品每周都会公布"投资单位买入价"，投资者可以根据当前价格决定追加多少资金进入。如果因为各种原因需要将账户中的资金部分或全部取出，那么保户就需要按照当时公布的投资单位价格，将所需资金折算成"份"来"赎回"部分资金。同时，保险公司会要求缴纳相当于提前领取部分资金总额的5%作为赎回费用。因此投连险如果进行频繁的资金进出，其交易成本远高于万能险。

需要反复提醒的是，作为新型的投资保险，万能险和投连险的确有一定的抵御利率波动风险功能，但它们的收益率（无论是保证的还是期待的）都是以个人结算账户中的资金为基数的，而不是所有缴纳给保险公司的资金。对于各类费用，一定要看清楚，算仔细。而到了一定年限以后，保险公司反而会反馈一定比例的奖金给保户，以鼓励其投资于这个账户，就相当于提高了这部分资金的收益率。因此，这两大类保险都可算是长期险种，只适合作为家庭长期理财规划的一种途径，并不适宜作家庭资产的中短期配置。

第五节　商业保险实务操作

我们选定了保险的投资品种，但是如何购买保险？在购买保险时应注意哪些问题？出险后如何理赔？本节将为你展示不同险种的投资操作流程，为你的保险投资提供技术指导。

一、常用人身保险实务操作

（一）寿险投保一般流程

1. 确定投保险种

如前所述，寿险的险种大致分为：健康类、人寿类、少儿类、团体类、意外类及投资类。其中有的险种适合团体投保；有的险种适合个人投保；有的险种适合的对象相同，但责任范围不同；有的险种不仅有基本险，还有附加险。根据不同的需求确定投保险种能更好地转嫁风险。

2. 选择保险公司

在国内，寿险保险公司主要有：中国人寿保险公司、中国太平洋保险公司、中国平安保险公司、新华保险公司、泰康保险公司及一些合资、外资保险公司。

不同的保险公司有着不同的公司实力,不同的保险产品,不同的业务重点,不同的经营网点以及不同的售后服务。总之,应选择实力强、信誉高、价格合理、售后服务有保证的保险公司。

3. 商议保险金额

保险的金额一般都有最高限额,各个保险公司均有不同的规定。根据自身的经济实力和实际需要,确定合理的保险金额,是未来获得理想的损失补偿或经济给付的重要保证。

4. 填写投保单

1) 要填明被保险人的名称,受益人的名称、年龄、性别、健康状况,保险项目,保险金额,保险费率,保险费,保险期限及特别约定。

2) 要详实填写投保人地址、电话、联系人、开户银行、银行账号,填写地址时应注意邮政编码,以方便业务联系。

3) 投保人对投保单填写内容核对无误后,须在投保人签章处签章,并填写填单日期。

4) 保险期限应从投保次日的零时起,不得提前,以免先出险后保险。

5. 缴纳保险费

保险费可一次性缴纳,亦可以约定分月、季、年缴纳。但必须及时缴纳,否则保险公司可以拒绝承担保险责任或减小承担保险责任。缴纳保险费后应开具保险费收据,并妥善保管。

(二) 保单变更内容

1) 投保人变更。
2) 被保险人相关信息的变更。
3) 受益人变更。
4) 续期保费形式的变更。
5) 职业类别的变更。
6) 缴费方式变更。

(三) 如何进行报案

1. 一般报案方式

被保险公司认可的报案方式有电话报案、传真报案、电子邮件报案、上门报案。

2. 报案时间限制

《保险法》规定:"人寿保险以外的其他保险的被保险人或者受益人,对保险人请求赔偿或者给付保险金的权利,自其知道保险事故之日起二年不行使而消灭。人寿保险的被保险人或者受益人对保险人请求给付保险金的权利,自其知道保险事故发生之日起五年内不行使而消灭。"简言之，就是人寿险赔偿请求权 5 年内有效，其他险种 2 年内有效。报案一定要尽早。

3. 报案人员认定

投保人、被保险人或受益人，业务员，出险人的亲戚、朋友均可。

4. 报案时应当说明的情况

1）保险单号。

2）报案人姓名、与被保险人关系、报案人联系地址、电话、其他联系方式，如果是业务人员报案，还应提供业务员号。

3）出险人姓名、身份证号码（或其他身份证明名称及号码）、联系地址、电话、其他联系方式。

4）出险情况（包括出险时间、出险地点、事故原因、出险经过、出险结果等项目）。

5. 保险金的申请

（1）保险金的申请手续

被保险人或受益人应填写《人身保险通知书/保险金给付申请书》并亲笔签名，其内容应与保险事故的事实相一致，不得漏项、隐瞒或编造虚假内容。如委托他人办理还需填写《授权委托书》。

（2）保险公司的立案程序

理赔人员会在收到给付申请书后 3 日内审核单证并按下列情况分别处理：单证齐全且符合立案条件的，予以立案，通知申请人；不符合立案条件的，不予立案，并将决定及理由书面通知申请人，退还原始单证；单证不齐全，书面通知申请人补交，等单证符合要求后再行立案。

（3）理赔材料

1）保险单、保险批单、保费收据。

2）公安、派出所或有关部门出具的伤残、死亡证明，销户证明，火葬场的火葬证明，被保险人的身份证明。

3）证明受益人或保险金受领人的身份证明；

4）医院出具的诊断证明、出院证明、住院费收据、门诊费收据、病历及其他材料。

5）相关照片等。

（4）理赔时限的规定

理赔案件审理，对属于保险责任的，在与被保险人或者受益人达成有关赔偿或给付保险金额的协议后，10 个工作日内履行赔偿或给付保险金的义务。

二、常用财产保险实务操作

财产险的种类很多，常用到的有机动车辆保险、家庭财产保险、车贷险、交强险等，在实务操作中存在差异性。

（一）机动车辆保险

机动车辆保险可分为机动车辆基本险和附加险，机动车辆损失险和机动车交通事故责任强制保险是机动车辆保险的基本险。附加险因各公司的条款规定不同而异，一般不能独立承保。

1. 投保程序

机动车辆保险投保时需要携带的单证：行驶证、购车发票、单位公章或车主本人的身份证，同时要做如实告知的内容通常包括以下几个方面：

① 关于汽车基本情况：车牌号码、发动机号码、车架号码、购置日期以及审验情况等。

② 汽车日常保管、维护保养以及事故情况等。

③ 关于汽车驾驶员的情况：是否固定、性别、年龄、驾龄以及驾驶经历等情况。

④ 关于汽车以往保险情况：投保保险公司、投保险种、索赔情况等。

⑤ 保险公司需要知道的其他情况。以上内容应该按照实际情况如实回答。如果对上述内容故意隐瞒的，一旦发生保险事故，将不会得到任何保险补偿，而且也不可以退掉保险。

2. 索赔程序

机动车辆保险索赔时一般需要三个步骤。

1）报案。报案时需根据案发情况做出具体不同的处理，主要有以下几个方面：

① 当发生保险事故时，不论是否在车辆注册地，应立即通知事故当地的公安机关，并等候处理；同时通知保险公司。

② 在道路上发生的交通事故，应通知交警部门。

③ 发生火灾事故，应通知公安消防部门。

④ 车辆丢失，应通知公安刑侦部门

⑤ 发生其他保险事故，应首先通知保险公司。

⑥ 通知保险公司时，应将事故发生的真实情况详细说明，然后，与保险公司协商处理意见，在未征得保险公司同意前，千万不能自作主张，随意接受有关事故的任何处理意见。

⑦ 如果事故经公安部门确认属轻微事故，或经保险公司确认无法赶赴现场的，可以先行配合公安部门处理事故，并取得保险公司认可的事故证明后，再到保险公司办理索赔手续。

2）定责定损。在此过程中，应注意以下事项：

① 对于事故所涉及的各项费用，在处理交通事故时，应先了解该事故所涉及各项费用内容，事故当地的赔偿标准，保险公司不负责赔偿的费用项目，以及最高赔偿的金额等情况，然后，征求保险公司对该事故的处理意见，并根据保险公司的意见与对方当事人协商处理。

② 事故处理过程中，以及处理完毕后，投保人应及时将处理结果通知保险公司。

③ 事故中，投保人车辆或有对方车辆需要投保人负责修理，应会同保险公司人员协商定损，即确定受损车辆需更换或修理的零配件名称、价格，以及工时费标准。

④ 定损完毕，投保人有权选择汽车修理厂维修受损车辆，任何人无权干涉。

⑤ 如果事故中有伤亡人员，投保人有义务先救治伤员、处理死者后事。

⑥ 如果事故中有其他的财产损失，投保人应会同保险公司人员协商确定损失的数量、程度及金额。受损财产中尚有部分价值的部分一般归投保人所有，并直接抵扣保险赔款。

3) 提供单据及领取赔款。投保人在事故处理完毕后，应及时向保险公司提交索赔单据。索赔单据包括索赔申请、事故证明、损失单据以及其他保险公司需要提交的单据等。投保人提交的索赔单据必须真实、合法、有效，否则保险公司将不予赔偿。待保险公司将投保人的索赔案件处理完毕后，投保人可以向保险公司领取赔款，并有权要求保险公司详细解释赔款的明细（包括赔款项目及金额）。如果是丢车或保险公司代位追偿事故，投保人应在领取赔款的同时签具权益转让书。

3. 索赔举例

涉及到机动车辆具体出险事故索赔流程，在此列举车辆被盗、车辆在外地出险、车辆撞伤第三者的索赔程序。

(1) 车辆被盗索赔

1) 如果车不幸被盗窃或被抢劫，应在 24 小时之内向当地公安部门报案，同时在 48 小时内通知保险公司，并在保险人指定的报纸上登报声明。到公安机关专门处理此类事故的部门备案。

2) 向保险公司索赔时，须提供保险单正本、机动车行驶证、购车原始发票、车辆购置附加费凭证、车钥匙，经其出险地县级以上公安刑侦部门出具的盗抢案件证明和车辆已报停手续。

3) 在此提醒您最好不要将机动车行驶证、购车原始发票、车辆购置附加费凭证放在车上，一旦丢失，要开比较复杂的证明，而且每缺少一项，增加 0.5％的免赔，缺少车钥匙也加 5％的免赔率，不但减少了赔款金额，而且会在领取赔款时平添许多麻烦。

4) 盗抢险的结案速度比较慢一点，因为条款规定，保险车辆全车被盗抢，经县级以上公安刑侦部门立案证实，满三个月未查明下落保险公司才负责赔偿。

(2) 车辆在外地出险索赔

1) 如果车在外地出险，同样要保护好现场，立即向当地的公安交通管理部门和保险公司在当地机构报案，并在 48 小时内通知承保公司，说明保单、出险时间、地点、原因及经过。

2) 承保公司一般是要求出险当地分公司代查勘,这时一定要注意让当地分公司按规定程序照相,出具代查勘报告,问清这些材料在何时、如何转交给承保公司。回来后再到承保公司填出险通知书并索赔。

(3) 车辆撞伤第三者索赔

1) 如果行驶过程中,不小心造成他人伤亡事故,或者本车上人员受伤。应立即向公安交通管理部门和保险公司报案。

2) 事故结案前,所有费用均由被保险人先行支付。但条款规定:对被保险人自行承诺或支付的赔偿金额,保险人有权重新核定或拒绝赔偿,所以在支付前,最好得到保险公司的同意,以免在索赔时发生麻烦。

3) 索赔时提供保险单正本、公安交通部门出具的事故责任认定书,事故调解书和伤残证明以及各种有关费用单据。

4) 按照《道路交通事故处理办法》的规定可以负责赔偿的合理费用为:医疗费、误工费、护理费、就医交通费、住院伙食补助费、残疾者生活补助费、残疾用具费、丧葬费、死亡补偿费、被抚养人生活费等。

5) 申请以上各项费用,都要提供相应的证明。

6) 如涉及到误工费,需提供伤者的工资证明;造成伤者残疾的,需要提供残疾鉴定等。但要注意的是,这些费用的总和不能超过赔偿限额。

(二) 家庭财产保险

通常情况下,绝大部分家庭财产保险理赔属于轻微事故。因此,在投保时并不一定要根据房屋的实际价值进行投保,主要根据屋内财产和装潢情况而定,现在房屋价格普遍高,若按照房屋实际价值投保,按照1‰的费率计算,保费也不低。保险公司还提供自助式的家庭财产保险投保,投保人可以对需要的险种进行自由组合,设定保险金额。这种方式较适合了解自己家庭风险特点的家庭。

家庭财产保险实际赔偿原则是保险人对于被保险人的赔偿不得超过被保险人的实际损失,被保险人不能由于保险人的赔偿而获得额外的利益。实际赔偿原则的具体内容包括如下几点:

1) 保险人的赔偿只是恢复被保险人的实际损失,这是实际赔偿原则的核心。被保险人的财产要得到赔偿必须符合三个条件:

① 被保险人对损失的保险标的具有实际的保险利益。

② 保险标的遭受损失原因必须在保险合同规定的保险责任范围之内。

③ 遭受的损失必须可以用货币进行衡量。

2) 保险人有权选择对于被保险人的赔偿方式。保险人只要能够满足损失赔偿的目的,就可以有权选择赔偿的具体方式,如支付货币、修复和置换等。

3) 保险人对于赔偿金额限度的控制。保险人在处理财产保险的赔偿申请时,在对实际损失、保险金额和保险利益的比较后,选择实际货币量最小的一方为最终的赔偿控制限度。

4) 被保险人不能通过赔偿而额外获利。

(三) 车贷险

虽然车贷险同属于保证保险,但在投保上有所区别。

1) 要提供个人资信证明。保险公司提供车贷险时需要投保人提供个人资信状况,包括偿款能力、诚信状况等,这通常由贷款银行审核认定。由于目前车贷险在赔付时实行10%的绝对免赔率,银行也要承担风险,所以资信审核比较严格。

2) 费率与资信状况挂钩。保险公司通常根据个人资信状况来决定车贷险的费率,如85分的费率是1.3%,75~84分的费率是1.8%……50~54分的费率是3.2%,50分以下不予贷款,当然,还可以实行适当的费率浮动。保险金额为购车贷款合同中列明的贷款金额及利息,车贷险的保费就是对应的费率乘以保额。还有一部分保险公司采取费率与贷款年限挂钩的办法,费率与贷款时间长短有关。总体上看,以资信状况决定费率是车贷险的主流。

3) 必须购买相应的车辆保险,这是车贷险比较特殊的地方。在实际操作中,要求贷款人购买车辆时投保车辆损失险、全车盗抢险、自燃损失险、交强险和第三者责任险等,其目的是防范车辆本身的风险,如被盗抢,保险公司可以赔付给车主相应的款项,用于偿还贷款。不同保险公司对于购买的车险险种有所不同,有的还要求增加不计免赔险等。对于这些保险,保险期间至少应与贷款期限相同,而且要一次性交费,比如王先生投保3年期的车贷险,需要一次性缴清3年期车贷险和3年车辆险的保险费。有的保险公司还要求车辆保险期比贷款期长6个月。这样算下来,车主要缴纳的保费数目不菲,20万元的车辆,如果贷款三年期10万元,需要一次性缴纳保费约16 000元。

4) 贷款期限较短。由于车辆贷款金额相对较少,加上车辆损耗大,保险公司为控制风险,车贷险的贷款期限一般不超过5年,有的明确为3年。受保险期限的约束,贷款人需妥善规划好自己的还贷计划。

保险公司对于下面两种情况赔付时,由保险公司完全承担贷款本息余额的还款责任:当投保车主在保险合同有效期内遭受意外伤害,导致身故或者经鉴定达到一级至四级伤残;投保人自保险期间开始180日后(不含第180日)初次罹患疾病,导致身故或者鉴定达到一级至四级伤残。车贷险还承担"无理由"不还款的情况,当投保车主连续三个还款期未履行还贷责任,银行通过拍卖车辆实现抵(质)押权后,所获资金不足以清偿未偿还的贷款本息的,保险公司负责赔偿差额部分。不过,银行也要承担10%的损失。

本 章 小 结

纯粹性风险是每个人必然面临的风险,我们可以通过保险投资减少此类风险损失。保险分为社会保险和商业保险。社会保险是指通过国家立法形式,以劳动者为保障对象,以劳动者的年老、疾病、伤残、失业、死亡等特殊事件为保障内容，以政府强制实施、提供基本生活需要的一种保障制度。社会保险具有非营利性、社会公平性和强制性等特点。商业保险是基于自愿原则，将众多面临相同风险的投保人以签订保险合同的方式，将其风险转移给保险公司，保险公司以大数法则和概率统计为数理基础，利用保险精算技术和方法，预测风险单位未来的平均损失概率和损失幅度，向各投保人收取相应的保费，建立保险基金，当合同约定的保险事故发生时，利用累积的保险基金对遭遇损失的被保险人提供经济补偿或给付，从而将少数被保险人的损失在所有参加保险的投保人中进行分摊，实现风险的集中与分散。商业保险具有营利性、个体平等性、自愿性等特点。

商业保险分为人身保险和财产保险。人身保险是以人的生命和身体为保险标的，当被保险人发生死亡、伤残、疾病、年老等事故或保险期满时给付保险金的保险，险种大致分为：健康类、人寿类、少儿类、意外类、团体类及投资类；财产保险是投保人根据合同约定，向保险人交付保险费，保险人按保险合同的约定对所承保的财产及其有关利益因自然灾害或意外事故造成的损失承担赔偿责任的保险，包括财产损失保险、责任保险、信用保险等保险业务。

寿险产品的发展经历的四个阶段：传统纯保障型、分红型、万能型和投连型。分红保险是指保险公司在每个会计年度结束后，将上一会计年度该类分红保险的可分配盈余，按一定的比例、以现金红利或增值红利的方式，分配给客户的一种人寿保险；万能保险指的是可以任意支付保险费以及任意调整死亡保险金给付金额的人寿保险；投连险是指除了具有保险保障外，保单的现金价值直接与保险公司的投资收益挂钩的寿险产品，投资人缴付的保费一部分用来购买由保险公司设立的投资账户中的投资单位，一部分购买寿险保障，投资账户内的资金由保险公司的投资专家负责投资运作，客户享有全部投资收益，同时承担相应投资风险。

第五章

房地产投资

在本章,你将学习到如下知识点:

房地产投资概念

房地产投资收益与风险分析
- 房地产投资收益
- 房地产投资风险

房地产投资策略
- 住宅投资
- 商铺投资
- 写字楼投资

房地产投资操作实务
- 房地产交易合同
- 房地产投资操作流程
- 房地产交易税费
- 房地产融资

第一节 房地产投资概述

土地的供应是有限度的,因此,投资房地产风险相对适中。但房地产投资额高,属于大型投资项目,变现也不容易,投资时需谨慎。在投资房地产时,应首先对房地产投资有清醒的认识。什么是房地产?房地产有哪些种类可供投资?这些种类的房地产都有什么样的投资价值和风险?在投资房地产时应考虑哪些因素?需要防范哪些风险?本节将就这些问题全面介绍房地产投资的基本概念和理论,以对房地产投资有初步的认识。

一、房地产投资基本含义

(一) 房地产的含义

在理论上,房地产是房产和地产两个概念的合称。在不同的社会形态中,房地产始终是人类赖以生存和生产的基本条件,是一切经济活动的载体和基础。在实际经济生活中,房产和地产是不可分割的,是紧紧地结合在一起的。因此,人们习惯上把房产和地产统称为房地产。

1. 房产的概念

房产是指个人或者团体保有所有权的房屋连同保有使用权的地基,以及依托于房屋、地基物质实体上的权益。

2. 地产的概念

地产是指土地和固着在其上不可分割的部分所共同形成的物质实体,以及依托于物质实体上的权益。

房产和地产之间的关系表现为:房产是建立在土地上,附着土地并与土地连为一体的;房价与地价也总是结合在一起的;任何形式的房产交易,必然同时伴随着土地使用权的转移。而房产与地产的差异性又体现为:地产可脱离房产而独立存在,而房产则无法脱离土地而单独存在;作为自然资源的土地,特别是生地、荒地不用计提折旧,而房屋则有折旧;地产的价格直接由地租规律支配,而纯粹的房产价值则由商品价值规律支配。

3. 房地产的概念

关于"房地产"的概念虽然有着各种不同的认识和说法,但是,普遍认为"房地产"有广义和狭义两种解释。根据国家建设部2003年3月批准的中华人民共和国行业标准《房地产业基本术语标准》(JGJ/T30—2003 J 251—2003)中的解释,我们把狭义的房地产定义为:是指可开发的土地及其地上定着物、建筑物,包括物质实体和依托于物质实体上的权益。这一解释强调了房地产是物质实体与权益的结合,表明了两者密不可分的关系。物质实体(或自然形态)是指一般的土地、房屋及与之相关的其他设施和建筑物等;它是权益的载体,也是一切经济活动的物质基础。

从经济形态上看，房地产是一种重要的资产，总是在一定的社会关系中存在并表现为生产力的组成部分。因此，房地产不仅仅表现为一种物，更表现为一种权利，或者是人们拥有的财产权利。房地产的财产权有着丰富的内涵和不同的权属状态，如所有权、使用权、抵押权、占有权等。房地产的各种经济活动的实质就是其权益（也称产权）的运行过程。当投资者购买一宗土地或完整意义的房地产时，购买的不是房地产本身，不能把购买的对象运往某处，而购买到的是一定的产权。由此可见，从经济学的角度分析房地产含义有着比其自然属性更为广泛的内涵。房地产不仅包括土地和土地上的建筑物、附着物，而且还包括由此衍生的权利与义务关系。

广义的房地产是指除了上述内容以外，还包括诸如水、矿藏、森林等自然资源。

（二）房地产存在的形态

房地产虽然包括土地和建筑物两大部分，但并不意味着只有土地与建筑物在空间上成为统一体时才称为房地产。单纯的土地或单纯的建筑物均属于房地产，都是房地产的一种存在形态。归纳起来房地产存在下列三种形态：

1. 土地

土地是指地球表层的陆地部分及其以上或以下一定幅度空间范围内的全部环境要素，以及人类社会生产、生活和活动作用于空间的某些结果所组成的自然经济综合体。它是人类社会赖以生存的物质条件，是一切生产和生活的源泉。土地最简单的情形是一块无建筑物的空地，这块空地既可以是没有任何投入的土地，也可以是经过了人们的一定投入，如进行了土地平整、铺设了地下管线，修筑了道路的土地；另一种常见的情形是地上已有部分建筑物或附着物，但往往无视其建筑物或附着物的存在，把土地设想为无建筑的空地。

2. 建筑物

建筑物是指直接供人们进行生产、生活或其他活动的场所，是经人工建造而成，由建筑材料、构配件和设备（如给排水、采暖、燃气、照明、空调、消防、电梯、通讯等）组成的整体物，是建筑施工生产活动的最终成果。建筑物包括房屋和构筑物两大类。房屋是供人们生产、居住或者作其他用途的建筑物的总称，分为住宅和非住宅建筑物两部分。构筑物是指房屋以外的建筑物，人们一般不直接在其内进行生产和生活，如烟囱、水塔、道路、隧道、桥梁和水坝等。建筑物虽然必须建造在大地上，在实物形态上与土地连为一体，但它有很大的独立性，在许多情况下可以把它单独作为一种资产看待。

3. 房地产

房地产是指土地与建筑物这两种实物形态合为一体的统称，体现了房地产的完整实物形态。

(三) 房地产投资的含义

房地产投资，是指投入一定数量的货币资本或某种类型的资产投入房地产的经济活动，以获得一定利润的经济行为。在市场经济条件下，投资的领域很多，其中房地产开发是大家最熟悉的一种，房地产投资也最具有收益、保值、增值和消费四个方面特性，因而广泛受到投资者的青睐，是较理想的投资领域。房地产的投资与其他投资一样，都需要投入一定的生产要素（土地、劳动和资本等），但由于房地产商品和房地产行业的特殊性，使得房地产投资及过程与其他投资项目相比有着显著的差异。房地产投资是以获取房地产收益为目的，将货币资本投入房地产开发、经营及房地产金融资产的经济活动，它是整个国民经济投资的重要组成部分。房地产开发通常是在土地上建造房屋，然后提供给社会生产或消费。在开发过程中不但需要购买土地（在我国只能购得土地使用权），支付土地取得费，而且还需要投入大量资金用以支付前期工程费、建安工程费、基础设施建设费、市政配套费用、规划费、管理费用、财务费用等。同时，房地产投资还涉及到房地产与金融资产的组合，如房地产抵押贷款的设定、房地产金融资产证券化等。因此，房地产投资一方面表现为实物资产的投资活动，另一方面又表现为金融资产的投资活动。

二、房地产的类型

按不同的分类标准，可以对房地产进行以下的分类：

（一）按房地产用途分类

1) 居住类房地产。主要是指各种为居住使用的房地产，包括普通住宅、高档住宅、别墅、廉租房和经济适用房。

2) 商业类房地产。主要包括商场、超级市场、购物中心、商业店铺和批发市场等。

3) 旅游类房地产。主要包括各种宾馆、饭店、酒店、旅店、招待所和度假村等。

4) 餐饮类房地产。主要包括酒楼、美食城、餐馆、快餐馆、火锅城和烧烤店等。

5) 金融用房地产。主要包括银行、储蓄所、信用社、信托社、证券公司、保险公司及财务公司等。

6) 信息用房地产。主要包括邮电、电讯和信息产业等。

7) 办公用房地产。主要包括商务写字楼和各种办公楼等。

8) 娱乐用房地产。主要包括影剧院、游乐场、娱乐城、夜总会、公园和高尔夫球场等。

9) 工业和仓储房地产。主要包括各类工厂、车间、手工作坊、发电厂、仓库和油库等。

10）农业用房地产。主要包括农地、菜地、农场、林场、牧场和果园等。

11）特殊用房地产。主要包括机场、车站、码头、学校、医院、市场和体育、科研、社会福利、涉外、宗教用房以及绿化、墓地等。

12）军用房地产。包括部队用的各种房屋和构筑物等。

13）综合房地产。指具有两种或两种以上用途的房地产。

（二）按房地产实物分类

1）按所处的区位和地段不同分为：城市中心、城市边缘、城市郊区、农林等房地产。

2）按建筑结构不同分为：钢结构、钢筋混凝土结构、混合结构、砖（石）结构、木结构、其他结构的房屋建筑等。

3）按建筑层数划分，以住宅为例分为：低层建筑（1～3层）；多层建筑（4～6层）；小高层建筑（7～9层）；高层建筑（10～30，公共建筑≤100米）；超高层建筑（≥30层；公共建筑＞100米）。

4）按建筑物的建设和建筑标准分为：高级豪华、中等标准、普通标准。

5）按建筑物的新旧程度分为：新建造、旧有用房、危险用房等。

（三）按房地产开发程度分类

1）生地：指完成土地征用，未经开发、不可直接作为建筑用地的农用地或荒地等土地。

2）毛地：指在城市旧区范围内，尚未经过拆迁、安置、补偿等土地开发过程，不具备基本建设条件的土地。

3）熟地：指经过土地开发，具备基本建设条件的土地。

4）在建工程：指正在建设尚未竣工投入使用的建设项目。

5）现房（含土地）：是指地上建筑物已建成，可直接使用的房地产，它可能是新的，也可能是旧的或经过装修改造的。

（四）按房地产的权属关系分类

1）国有房产。指归国家所有的房产，包括由政府接管、收购、新建以及由国有单位自筹资金购买的房产。对其进一步划分，还可以分为直管房、自管房、军房等。

2）集体所有房产。指城市集体所有制单位所有的房产，即集体所有制单位投资建造、购买的房产。

3）私有房产。指私人所有的房产，包括中国公民、外国公民以及中国公民投资的私营企业所投资建造、购买的房产。

4）联合企业房产。指不同所有制性质的单位之间共同组成新的法人型经济实体所投资建造、购买的房产。

(五) 按房地产开发经营内容分类

1) 建筑地块。是指与房地产开发与经营活动相关的那部分土地，它有具体的地号、面积、形态乃至用途等。建筑地块的构成状况包括：住宅用地、商业金融用地、工业仓储用地、市政用地、公共建筑用地、交通用地、特殊用地、水域用地、农用地、其他用地等。

2) 房屋。房地产企业开发建设过程中形成的最终产品，是房地产经营活动的主体对象。房屋商是具有不动产的性质，一般由基础、墙体、门窗、梁柱和屋面以及水、暖、电、卫设备等组成。

3) 房地产服务。指房地产企业在其开发建设和经营管理过程中，为人们提供的一系列经营性服务活动的总和。房地产服务活动贯穿于房地产企业全部经济活动过程的始终。既包括开发前的服务。也包括售后的服务，如决策咨询、营销策划、中介服务、拆迁安置、买卖租赁、换房服务以及房屋修缮、房屋装饰等各种房地产管理服务。

三、房地产投资的特征

根据房地产和房地产业的特性，房地产投资通常具有下列一些特征：

(一) 投资额巨大

相对于其他投资品种，房地产投资额巨大，少则几十万元，多则数百万元甚至数千万元。因此，对于中低收入家庭，投资一套住房很不容易。对于投资炒房者，也需要有大量的资金。

(二) 具有高风险

房地产投资数额巨大，投资回收期远远长于一般商品经营。在投资过程中，有很多不确定性因素，项目面临较大的风险和威胁。这些潜在的风险和威胁可能来自经济、政策、政治、市场或其他方面。较大的风险使投资者必须谨慎从事，不惜时间和精力，进行投资前期调查研究和分析，以便投资风险降到最低限度。

(三) 对金融的依赖性较强

房地产的巨额投资，使房地产投资者无法完全依赖自有资本，必须在很大程度上依赖金融部门的支持。从另一个角度讲，房地产价值量巨大，购房者也难以完全依赖自己的资金实现消费，需要银行信贷的支持。也就是说，房地产投资在开发和消费两个环节上严重依赖于金融支持，如果没有金融机构的参与，房地产经济的持续发展几乎是不可能的。

(四) 受城市规划与环境制约较大

房地产投资所形成的建筑物是整个城市中的一个组成部分，它必然要受到城市规划的制约。城市规划对于土地用途、建筑高度、容积率、建筑密度、建筑物规划红线距离、建筑间距、建筑物色彩等方面都有非常严格的要求，这对于房地产投资有很大的限制和制约作用。城市规划约束及其所蕴含的风险是投资者不能不慎重考虑的一个重要因素。

（五）受国民经济和政府政策影响较大

房地产业是宏观国民经济不可分割的一个重要组成部分，经济增长率、国民收入与消费水平、物价与通货膨胀率等宏观经济变量对房地产业发展有着重要影响。尤其房地产业对金融业的严重依赖，使得房地产业的风险直接关系到金融安全。因此，国家非常重视对房地产业发展的调控，国家的投资政策、金融政策、产业政策、财政政策对房地产投资都有着非常重要的影响。

（六）房地产投资流动性差

房地产投资成本高，又有不可移动性和独一无二性，使得不像一般商品买卖，可以在短时间内马上完成轻易脱手，通常需要相对长的时间才能完成交易。因此，当急需资金或有其他急需时，不易将房地产变成现款；如果要快速变现，只有相当幅度的降价。所以说，房地产投资所形成的资产的流动性和灵活性都较低。

（七）具有保值增值性

房地产投资的保值增值性是由房地产商品的保值增值性决定的。房地产商品不同于其他商品的最重要的特征，就是其保值增值性。所谓保值指的是即便在发生通货膨胀的情况下，房地产商品所内涵的社会实际购买力也不会因此而减少，所谓增值是指从长期趋势来看，房地产商品所内涵的社会实际购买力不断递增的一种经济现象。房地产的保值增值性主要来源于土地供应的刚性导致的土地保值增值性，因为房屋建筑本身从建成之日起，就在不断地耗损、贬值，只有土地是在不断增值的。

四、房地产投资的三要素

（一）房地产投资时机

房地产投资时机，简而言之，就是房地产投资者何时入市投资的问题。它存在于房地产开发和经营的各个阶段。例如，什么时候买入土地，什么时候购入房地产，投资于开发的哪一阶段，等等。一方面，房地产本身的特点、房地产市场特殊的供求关系以及房地产投资者的不同状况，都要求房地产投资者必须善于把握投资时机；另一方面，宏观经济的运行特点、经济的周期性波动决定了房地产业的周期性，也要求投资者抓住时机，顺潮流而动。

在房地产投资中，每一个时机均包含有国际形势的变化、经济的走势、收入水平的升降等各种因素。因此，房地产投资中合理时机策略的形成，要求房地产投资者必须具备丰富的实践经验、高度的敏感性和广博的知识。为此，房地产投资者要通过市场调查研究，掌握大量的第一手资料，并对这些资料进行加工处理，同时还要根据经验对那些不易表面化的因素进行分析，做出符合投资时机要求的房地产投资决策。

房地产投资者的投资意愿不同，对房地产投资时机的判断和利用也不同。有的投资者，其潜在意识是追求近期收益，选择容易转手的房地产项目；而对于那些追求长期未来收益的投资者而言，只具有短期收益的房地产项目并不是他们的投资对象。对于追求避税收入和房地产保值、增值的投资者而言，当地段好的大规模房地产项目允许建设或其拥有者愿意出售时，他们会认为投资时机已到，必定会想方设法地去投资；而对于资金短缺或对周转资金需求大的投资者而言，只有当投资少而且容易出手的房地产项目出现时，他们才会认为最佳投资时机来临。

（二）房地产投资地段

房地产投资地段的选择，对房地产投资的成败有着至关重要的作用。房地产具有增值性，这种增值性在很大程度上表现为土地的增值性。土地增值潜力的大小、利用效果的好坏，都与地段有着密切的联系。增值潜力大的地段是房地产投资获利的首要条件。房地产地段不仅指其所处的地理位置，同时还指其社会位置，后者主要包括人口素质，教育水平，服务业水平，交通、通讯、生活设施状况等。

从房地产投资的实践来看，即使在其他方面存在策略失误，但只要正确地选择了地段，一方面会因房地产的迅速增值而弥补其他方面的损失，另一方面，由于好的地段的房地产具有较强的流动性，可以使买家在不利的情况下迅速脱手，做到少亏甚至不亏。

房地产投资者应根据所选地段的不同、建造不同的房屋或投资不同类型的房地产。如：购物中心和商场之类的商业用房屋应建在繁华的商业中心，因为那里有大量的顾客；别墅应建在远离城市的地方，因为那里环境幽静，便于别墅主人修身养性；住宅楼应建在交通方便、购物便利的地方，因为那里便于住户的工作和生活。

选择房地产投资的地段，需要进行认真的预测分析和细致的调查研究。需要指出的是，对于房地产投资者而言，这里所讲的房地产地段的好坏，对不同的房地产投资者或同一房地产投资者在不同时期的意义是大相径庭的。对于长线投资者而言，对于长线投资者必须更注重城市的中长期发展规划，对于短线投资者，必须注重房地产的社区位置。

房地产投资地段选择是一个较复杂的问题，没有一个固定的模式。一般情况下，选择的重点包括以下几个方面：

1. 选择最有升值潜力的土地进行投资

不同土地的升值潜力是不同的，房地产投资地段分析的目的就是把那些最具升值潜力的土地找出来并进行投资。为此,往往需要对土地划分类型后再进行分析、比较。例如,把建筑用地划分为未开发的土地、已开发的土地、开发中的土地三类,并对这三类土地进行如下分析、比较。

1)在未开发的土地上建设房屋,虽然价格看起来并不贵,但建设过程中的配套投资却相当大。如果该地区的经济发展不是很快,在这类土地上建设的房地产在中短期内的增值幅度不会很大。

2)已开发的土地指已经具备城镇规模的土地。在西方发达国家,这类土地不仅价格比较高,而且可供利用的空间相当少,建筑规模和居住人口已趋于饱和,房地产在日后增值的可能性不会太大。而在我国目前的情况下,这类土地可供再利用的价值较大,升值潜力尚待开发,国家又有政策鼓励投资,所以,在一段时间内,还将是可供选择的投资地段。

3)开发中的土地主要位于已经完成了区域规划,具备基本的交通条件以及有供水、供电等保障的地区,多指城镇周边的郊区或新开发区。比较起来,这类土地的价格适中,投资后的增值潜力比较大,最为房地产投资者看好。

2. 掌握并应用地段选择的理论和经验

投资地段选择的理论和经验很多,主要有上风口发展理论、高走理论、近水发展理论、沿边发展理论等。

1)上风口发展理论的含义。城市将主要向上风口方向发展,上风口地段是良好的投资地段。由于城市的烟尘污染严重,为免受其害,人们必然涌向城市的上风口地区,从而使得上风口地段成为好的投资地段。

2)高走理论的含义。城市将主要向地势高处发展,明显高于周围地区的地段是良好的投资地段。由于地势高的房地产受周围环境的影响小,有居高临下的感觉,所以人们愿意选择这类房地产。

3)近水发展理论的含义。城市将主要向河、湖、海的方向发展,从市区到水边的地段是良好的投资地段。有水的地方景色秀丽、空气清新,所以人们愿意到这里来居住。

4)沿边发展理论的含义。城市将主要沿着铁路或公路两边、江河岸边、境界边发展,沿边地段是良好的投资地段。

3. 从城市规划的角度选择投资地段

房地产投资地段只是整个城市土地的一个组成部分,因此必须从整个城市规划的角度来选择投资地段。在选择投资地段时,既要判断近期的投资热点地段,又要判断中长期的投资热点地段,还要判断隐蔽的投资地段。城市规划因素包括土地用途、容积率、覆盖率、建筑高度、交通道路状况等。土地用途的允许范围越大,越便于规划设计,越利于获取投资收益,投资回报率越高。容积率的大小直接决定了建筑面积的大小。容积率小的地块,往往投资效益较差,因而不是好的投资地段;容积率大的地块,往往投资效益较好,因而是好的投资地段。覆盖率越大,允许建造的建筑面积越大,越便于规划设计,所以覆盖率大的地段是好的投资地段。城市规划所允许的建筑高度越高,可以建造的层数越多,建筑面积越大,越有利于投资者,因而是好的投资地段。

交通道路规划对地段的影响很大,越接近交通要道的地块,毗及临街长度越大的地块,越是好的投资地段。

选择房地产投资地段时,不仅要注意预测其升值的潜力,选择那些升值潜力相对较大的地段,同时还要注意避开那些因各种原因而可能贬值的地段。

(三)房地产投资的质量

有了良好的地段,就具备了良好的投资获利条件,但并不一定能带来良好的投资效果。良好的投资效果要通过良好的房地产质量来实现。房地产投资质量指房地产投资对象的优劣程度,它包括房地产建筑质量和管理质量。

所谓房地产建筑质量,是指建筑物的结实和安全程度、建筑物的审美价值、建筑物的周围环境以及建筑物的适用性。房地产投资中的质量策略,要求房地产投资者对建筑物的设计、建筑物的结构、建筑物的施工以及建筑物的审美价值、建筑物的周围环境、建筑物的适用性进行深入细致的调查、研究,有一个全面的了解。管理质量同样具有重要的作用。房地产管理水平高,既能吸引顾客、留住顾客,又能扩大宣传、增加收入。它与房地产本身的质量相辅相成。房地产本身的质量高而管理水平很低与管理质量较高而房地产本身质量很低,同样不受顾客欢迎。

1. 房地产本身质量的影响因素分析

1)用户的质量要求。房屋本身的质量包括性能、寿命、可靠性、安全性、经济性等五个方面。不同的用户,在不同时期对房屋本身的质量要求是不相同的。在无房可住而又资金短缺时,用户最关心的是经济性问题;在资金充裕,需要显示身份时,用户最关心的是性能问题,尤其是内外装修水平。进行房地产投资时,必须针对不同的服务对象,决定投资质量,从而保证房地产能及时售出,获得投资利润。

2)周围房地产的质量。投资地段周围的房地产质量对投资质量起着制约作用。如果周围全是高档次房地产,那么所投资的房地产质量也不能太低。否则房价和地价不匹配,住着不舒服,也不容易出手。进行房地产投资时,必须结合周围房地产的质量来决定投资质量,从而保证房地产在质量方面满足用户的需求。

3)房地产类型。不同类型的房地产对质量的要求也不一样。如:"解困房"以实用为主,对外装修和建筑风格考虑较少,对房屋造价考虑较多;而高级别墅对内外装修、配套设施考虑较多,对房屋造价考虑较少。进行房地产投资时,必须从房地产类型本身的要求出发来考虑投资质量问题,以取得理想的投资效益。

2. 房地产管理质量的影响因素分析

1)投资者的经营方针。房地产投资者的经营方针不同,房地产管理水平也不同。如:有的房地产投资者以专营房地产开发为主,他们对房地产管理质量考虑较少,水平不高;有的房地产投资者对房地产经营很感兴趣,愿意通过房地产管理来进行广告宣传以取得较稳定的收益,他们对房地产管理质量考虑较多,水平较高。

2) 购房者的支付能力。房地产管理水平的提高,相应地提高了房地产的总价格。而不同的房地产用户,其支付能力大不相同。房地产管理水平的高低,必须结合用户的支付能力来确定。对于支付能力强的用户,可以提供 24 小时保安服务,提供生活方面的"一条龙"服务;对于支付能力弱的用户,只能提供那些收费较低的简单服务。

3) 房地产本身的质量要求。房地产本身的质量较高,一般对管理水平的要求也较高;房地产本身的质量较低,往往对管理水平的要求也较低。普通住宅区的管理水平低于高级别墅区的管理水平,就是实例。当然,有时也可能出现房地产本身的质量不高,但通过高水平的管理来提高档次的现象。不论哪种情况都说明,房地产本身的质量与管理质量大有关系。

4) 管理的效益大小。房地产投资者的每一项工作都是围绕着提高投资效益而开展的。如果房地产管理水平的提高能够带来明显的经济效益,那么房地产投资者肯定乐意去提高管理水平;反之,如果房地产管理水平的提高无利可图或经济效益不明显,那么房地产投资者必然是能免则免。

房地产投资者和用户对房地产质量的观点是截然不同的,甚至是对立的。房地产投资质量分析的目的,就是要从投资者和用户双方的角度来考虑质量问题,使双方对房地产质量的认识达到一致。

对于房地产投资者而言,在确定房地产质量目标时,应当综合考虑用户要求的质量、价格以及建设成本和盈利,从而确定适当的房地产质量目标。这个质量目标,既不是用户要求的最高的质量水平,也不是投资者希望的较低的质量水平,而是用户愿意购买、投资者对回报满意的质量水平。

然而,具体到某一房地产项目,很难找到一个绝对的尺度来衡量质量目标是否适当。对于房地产投资者而言,可以从房地产的销售结果来衡量质量目标是否适当。如果某房地产很畅销,投资者盈利很多,就说明该房地产的质量目标定得较合适。不过,这只是事后评价,事先评价只能依靠质量分析和市场预测来进行。

五、房地产投资的优缺点

(一) 房地产投资的优点

在市场经济条件下,在众多的投资领域中,房地产投资吸引着越来越多的投资者。由于房地产投资的物质对象是房地产,而房地产具有供求决定性、位置固定性、形体庞大性、类型多样性、功能基础性、投资大量性、保值增值性、相关影响性、感应灵敏性等诸多特点,决定了房地产投资拥有相应的优点及缺点。具体讲,房地产投资与其他投资相比,具有以下优点。

1. 通货膨胀中的保值手段

保护投资者免遭通货膨胀损害的投资可称为一种保值手段。投资者投资时,必须考虑通货膨胀因素的影响。在一定程度上，房地产能较好地规避通货膨胀风险。一是从长期看，地价具有增值的趋势；二是房产作为实业具有相当的抗通货膨胀功能，即原材料等价格上升了，其价格可以随之上升；三是房地产是不动产，一旦租户或公司破产，通常首先赔偿所租借的不动产投资者的损失，投资者可以及时收回房屋重新出租获取租金，避免像股票投资者那样的毁灭性损失；四是房地产多用途性，可以寻找新兴的景气的行业与公司，取代不景气的交不起租金的行业和企业租用这些房地产。

2. 房地产投资具有易于融资性

由于房地产具有保值和增值性，且不可移动，是良好的抵押品，这使得投资房地产比较容易取得银行贷款。从发放贷款角度看，房地产是最佳抵押品之一，这是因为它具有以下特点：有形化、有用性、固定性和价值稳定性。所以，有房地产做担保，发放贷款的人愿意以低的利息、较长的期限，贷出较大额度的资金（与其他类型投资相比），这为房地产投资提供了有效的财务收益杠杆作用。

3. 具有一定的税收优势

折旧扣除是房地产投资中最重要的税收优势。投资房地产可以避免交纳由折旧而发生的所得税，所以房地产投资相对于其他投资而言，交纳所得税较少。

4. 潜在的增值性

房地产是趋于增值的资产，而许多其他种类的投资不会发生潜在增值。正常情况下，地价具有不断增值的趋势。从房地产的供给看，土地具有固定性和有限性，它在宏观上是一个常数，不能随意增加；房屋的数量虽然可以增加，但是受土地有限性的限制，房地产供给相对于它的需求来说是不足的。这样，在正常条件下，房地产需求常常呈现出大于供给的现象，使房地产价格处于不断上升的趋势。正是因为如此，投资者才愿意把资金投向房地产，以获取其增值的好处。这是房地产投资的一个最大优势。

5. 投资回报高

房地产投资回报高，是有条件的，其条件是投资获得了成功。如果投资失败，那么投资回报极低，损失惨重。因此在房地产投资分析中，投资回报率的分析计算历来都是重要内容，既需要进行投资回报率的计算并与其他投资回报率进行比较，又需要进行敏感性分析来判断它的变动特性。在房地产投资决策时，投资回报的高低往往决定了投资方案的取舍。

6. 可以获得多重收益

房地产投资除获得增值收益外，还可以获得多重收益：房地产租金收益，房地产销售收益，运用房地产抵押贷款进行负债经营；还可以获得这些非经济性收益——名声、社会地位等。

(二) 房地产投资的缺点

对于个人投资者而言，房地产投资具有如下缺点。

1. 投资风险大

虽然投资者进行房地产投资时都怀着美好的愿望，但是由于影响投资效果的因素很多，而且变化多端，能否实现美好的愿望，需要冒很大的风险。导致房地产投资风险大的原因很多，如房地产市场不景气、国家加强房地产宏观调控、政局可能发生动荡等。特别是在我国，房地产成为国民经济重要支柱时，往往作为宏观调控的重要手段，房地产交易的税费有很大的不确定性，因而导致交易成本可能有很高的风险。

2. 投资技巧性强

为什么有些房地产投资者投资的项目能成功，而有些房地产投资者却常常失败呢？主要原因之一是成功的投资者掌握了熟练的投资技巧，而失败的投资者往往是由于没有掌握或没有用好投资技巧。由于房地产项目类型多样而且不可移动，需要恰当选择投资项目并合理组织投资。这就是说，只有掌握并熟练运用房地产投资的技巧，才能保证房地产投资的预期效益得以实现。分析研究房地产投资的目的就是要总结出房地产投资的内在规律和操作技巧，从而为搞好房地产投资工作奠定坚实的基础。房地产投资技巧性强的特征，使得房地产投资市场成为"行家"的天下。

3. 投资流动性差

流动性是指投资转换为现金的速度。房地产是流动性比较差的投资之一，把房地产迅速转换为现金是很困难的。

4. 投资的固定性

使房地产成为取得贷款的良好抵押物的因素反过来也是缺点。投资的固定性是指一旦土地上建造了建筑物或发生其他变化完成了改建，再想有所变化是很困难的，费用也很大。另外，房地产的不可移动性是房地产投资中比较明显的劣势之一。

第二节　房地产投资收益与风险分析

房地产投资作为大型投资项目，必须充分考虑其收益与风险的配比，在控制风险的基础上，力求获取高收益。可以从房地产投资中获取哪些收益？这些收益如何计算？风险有哪些？应如何有效地进行控制？本节将全面展示房地产收益的种类和计算方法，阐释房地产投资的风险，为房地产投资分析提供可靠的方法。

一、房地产投资收益

房地产投资收益是指房地产投资者因投资而获取的种种经济利益。房地产投资收益主要有四种：销售收益、租金收益、避税收益和无形收益。

（一）销售收益

销售收益，指房地产销售收入减去房地产开发成本和应纳税金后的余额。它是房地产投资者卖出房地产时得到的投资收益。

房地产销售收益的计算：

出售收益＝销售收入－购房总价－资金成本－应纳税金－管理成本－建筑成本

销售收入＝单位面积售价×销售面积数量

购房总价＝买入价格×购房面积数量

应纳税金＝销售收入×税率

下面分别对公式中各指标进行说明。

1. 房价的影响因素

投资者无论是卖房还是买房，其价格都与下列因素有关。

1）宏观因素，包括宏观经济因素和宏观经济政策因素。经济处于上升阶段，房价就会上涨，经济处于紧缩阶段，房价不但不会上涨，还可能下跌。宽松的宏观政策，会导致房价上涨，而紧缩的政策会打压房价。

2）拟购房屋的区域因素，包括交通通达程度、繁华程度、小区配套设施、环境污染、噪声、景观等。

3）拟购房屋的个别因素，包括房型好坏、房屋的层次及朝向、基础形式及结构类型、装修情况等。

4）投资者买房时与卖主的特别情况，如买方急于买房结婚，这时，买方可能会出较高的价格；卖方急于筹集现金，可能会要求较低的价格。另外还与买卖双方讨价还价的能力相关。

2. 商品房面积的计算

商品房销售面积＝套内建筑面积＋公摊的公用建筑面积

套内建筑面积由三部分组成：套（单元）内的使用面积；套内墙体面积；阳台建筑面积。

商品房各套（单元）内使用空间周围的维护或承重墙体，分共用墙及非共用墙两种。商品房各套（单元）之间的分隔墙、套（单元）与公用建筑空间之间的分隔墙以及外墙（包括山墙）均为共用墙，共用墙墙体水平投影面积的一半计入套内墙体面积。非共用墙墙体水平投影面积全部计入套内墙体面积。

阳台建筑面积的计算办法：按国家现行《建筑面积计算规则》规定，封闭阳台按实际面积计算，非封闭阳台按实际面积的一半计算。

公用建筑面积由以下两部分组成：

① 电梯井、楼梯间、垃圾道、变电室、设备间、公共门厅和过道、地下室、值班警卫室以及其他功能上为整栋建筑服务的公共用房和管理用房建筑面积。

② 套（单元）与公用建筑空间之间的分隔墙以及外墙（包括山墙）墙体水平投影面积的一半。

公用建筑面积计算原则：凡已作为独立使用空间销售或出租的地下室、车棚等，不应计入公用建筑面积部分。作为人防工程的地下室也不计入公用建筑面积。

公用建筑面积按以下方法计算：整栋建筑物的建筑面积扣除整栋建筑物各套

（单元）套内建筑面积之和，并排除已作为独立使用空间销售或出租的地下室、车棚及人防工程等建筑面积，即为整栋建筑物的公用建筑面积。

公用建筑面积分摊系数计算：将整栋建筑物的公用建筑面积除以整栋建筑物的各套套内建筑面积之和，得到建筑的公用建筑面积分摊系数。

公用建筑面积分摊计算：各套（单元）的套内建筑面积乘以公用建筑面积分摊系数，得到购房者应合理分摊的公用建筑面积。

分摊的公用建筑面积＝公用建筑面积分摊系数×套内建筑面积。

在实际应用中，销售面积和实际建筑面积可能不相符，存在误差。销售面积误差的处理办法是：面积误差比绝对值在3%以内（含3%），按照合同约定的价格据实结算，即不足部分卖方向买方退还房价款及支付相应利息；如超出部分不足3%，由买方补交超出部分房价款。

面积误差比绝对值超出3%，买房人可以请求解除合同、返还已付购房款及利息。买房人同意继续履行合同的情况下，房屋实际面积小于合同约定面积的，面积误差比在3%以内（含3%）部分的房价款及利息由出卖人返还买房人，面积误差比超过3%部分的房价款由出卖人双倍返还买房人。房屋实际面积大于合同约定面积超过时，超过3%以内的房价款由买方补交，而超出3%以外的房价款由卖方自行承担。

3. 资金成本

资金成本是指为筹集和使用资金而付出的代价。资金成本在这里主要指银行利息。对于个人投资者而言，资金主要来自于自有资金及银行贷款。无论是自有资金还是银行贷款都有资金成本的问题。自有资金的资金成本就是放弃了投资其他理财产品所获得的收益，而银行贷款的利息就是资金成本。这个问题我们在第四节作详细的讲述。

4. 管理成本

管理成本指房地产管理费、维修基金、保险费。

管理成本主要是指投资者在房产没有卖出之前每年必须要承担一定的房地产管理费和维修基金费，其中房地产管理费以多层为最低。目前宁波市近两年开发的楼盘多层普通住宅按每平方米0.30元征收，而小高层和高层按每平方米1.1~2.8元征收，像鄞州区的万达、金地国际房地产管理费分别为2.5元/平方米和2.8元/平方米。对于100平方米的住房，每年房地产管理费和维修基金费3000多元，这种管理成本就比较高。而北京、上海房地产费每年每平方米在5~10元的楼盘很普遍。

5. 建筑成本

对于个人投资者而言，建筑成本主要是指房产的折旧，一般多层每年按价值的2%进行折旧，而小高层和高层按1.5%进行折旧。

房地产税费将在第四节详细讨论。

（二）租金收益

租金收益，指从拥有的房地产中获取的租金收入中扣除各种支出后的余额。它是房地产投资者利用所拥有的房地产从事经营活动所获取的净收入。

房地产投资者可以凭借所拥有的房地产取得房地产的租金收入。当然，在拥有房地产时，必须支出各种营运费用，同时必须偿还到期借款。租金收入扣除总营运费用和偿还到期借款后的余额，就是房地产的租金收益。

租金收益＝租金收入－总营运费用－抵押贷款偿还额

租金收入＝出租价格×出租面积×出租率

因此，房地产租金收益的决定因素有三个：租金收入、总营运费用和抵押贷款偿还额。

由于出租面积是确定值，所以房地产租金收入主要取决于出租价格和出租率。出租价格越高，出租率越大，租金收入越多。由于出租率和出租价格呈反比关系，出租价格高可能会降低出租率，所以，在确定出租价格时，必须以租金收入最大化作为目标，寻找出租价格和分租率之间的平衡点。在现实中，影响租金收益的主要因素如下。

1. 市场供求关系

从理论上讲，租金水平的确定要考虑营运成本、固定的税费和业主期望的投资回报率。实际上，租金水平的高低主要取决于同类房地产的市场供求关系。如某商业圈写字楼供不应求，租金水平就会较高，反之则租金偏低。

2. 投资成本

租金收入一定的情况下，投资成本越高，投资者所获得的收益越低；反之亦然。如果投资者能作出科学的投资决策，一般来说，投资成本越高，租金收入会相应提高，从而绝对收益也会增加。

3. 房地产的位置

房地产的位置决定了其使用者与外界交往的便利程度。位置好的房地产，由于客流量大，交流便利，配套设施好，即使出租价格高，出租率也照样高。

4. 房地产的类型

房地产的类型对租金的影响很大。一般来说，在其他条件相同的情况下，收益性房地产租金从高到低的顺序是：商场、娱乐中心、写字楼、公寓。对于零售商业房地产来说，其租金的高低还与经营内容有关。一般认为，经营内容不同而使租金按承受能力或获利能力从低到高的顺序是：杂货店、百货店、家具店、餐馆、电器商行、男子时装店、书店和体育用品商店、妇女时装店、化妆品商店、珠宝首饰商店。

5. 租户类型

从投资的角度来讲，租户类型对房地产收益的影响很大。通常来说，将房地产出租给大型综合性公司，在获取租金收益方面有着特殊的安全保障。因为在整个租期内,即使这些公司的某些分支机构的利润水平不尽如人意,也能通过公司内部的协调来支付租金。但租给小型公司则不同了,由于小公司的资金有限,其业务亏损的可能性较大,不能按时支付租金的危险也就随之增大。

6. 房地产质量与装修水平

房地产租金收入与房地产的质量有关。质量差的房地产,不可能以高租金出租出去,甚至低价出租都很困难。由租户还是由房地产所有者负责装修房地产,对租金收入有很大影响。此外,租期的长短也很重要。业主一般更愿意一次签订租期较长的租赁合约,但租金可以定期调整。

7. 管理水平

房地产的租金收入与管理水平有很大关系。管理水平高的房地产,既可以将出租价格定得高一些,又能保证较高的出租率。不同类型的房地产,管理的重点不一样:对办公楼而言,管理的重点是水、电、冷热气、保安、清洁及维修工作,以不影响用户的办公和使用为目的;对商场而言,管理的重点是保持房屋的外观清洁和良好形象,以提高商场的知名度为目的;对住宅而言,管理服务的重点是清洁、保安、设施维修、园艺管理、娱乐设施管理等工作,以给用户提供舒适的生活环境为目的;对工业厂房而言,管理的重点是水、电和货物的起卸,以保证顺利生产和货运畅通为目的。

8. 楼层、朝向和面积

房地产的租金收益还与楼层、朝向和面积大小有关。例如:对写字楼和电梯公寓来说,楼层越高租金越高;而对于商场而言,楼层越低租金越高。良好的朝向和室外景观能提高人们的工作效率和身心愉悦的程度,故对大多数建筑物来说,良好朝向的楼面的租金要高一些。面积也同样重要,面积不同租金水平也有较大的差异。

(三) 避税收益

避税收益,指因提取房地产折旧而降低纳税基数,从而给投资者带来的收益。它是房地产投资者因拥有房地产而间接获取的收益。

折旧为房地产投资提供了一种重要的税收方面的优势。从理论上讲,投资者可以通过不断地从房地产投资所得(免税)中提取折旧来回收投资。相关分式如下:

所得税 = 应纳税所得额 × 所得税税率

应纳税所得额 = 收入总额 − 营业税及附加 − (经营成本 + 折旧 + 摊销 + 应偿还的借款利息)

营业税及附加、经营成本、摊销、应偿还的借款利息四项费用,是必须从收入总额中付给他人的资金。它们本来就不是企业所得,所以不缴纳所得税是理所当然的。折旧费则不同,折旧费只是从账面提取但并没有付给其他任何人的隐形开销。如果投资者投资于其他领域,则没有折旧或折旧额小于房地产折旧额。所以,相比其他投资而言,房地产投资缴纳的所得税少。

(四) 无形收益

无形收益,指房地产投资者因投资而获得的心理享受。房地产投资的无形收益与投资者的心情相关,它是不可计量的。

二、房地产投资风险

房地产投资虽然具有可以获取较高投资收益、具有保值功能等优势,但它与其他投资形式一样仍然存在着风险,尤其是由于房地产投资所需资金量大、周期长,其实物形态为不动产,以及房地产市场具有不完全竞争、信息不完全对称等特点,使房地产投资更是披上了某种神秘色彩。为此,投资者在进行房地产投资时,应谨慎耐心地进行选择和科学决策,以最大限度地规避投资风险,获取最大限度的投资利润。

(一) 市场风险

市场风险是指由于房地产市场状况变化的不确定性给房地产投资者带来的风险。它主要有如下几种类型。

1. 流动性和变现性风险

由于房地产不能移动,位置固定,是真正意义上的不动产,所以投资于房地产上的资金流动性差,变现能力也弱。

房地产是一种特殊的商品。一般的商品交换或买卖,除了商品所有权和使用权转移之外,还伴随着商品实体本身的空间移动。而房地产则不同,这是由于,首先,房屋是固定在土地上的,其交易的完成只能是所有权或使用权的转移,其实体是不能移动的;其次,房地产价值量大、占用资金多的特点,也决定了房地产交易的完成需要一个相当长的时间过程。这些都影响了房地产的流动性和变现性。也就是说,房地产投资者在急需现金的时候,无法将其手中的房地产很快脱手。即使投资者能较快地完成房地产交易或买卖,也较难以合理的价格成交,从而会大大影响其投资收益。所以,房地产不能流动及其变现上的困难,给房地产投资者带来了变现及收益上的风险。

2. 购买力风险

购买力风险是指由于物价总水平的上升而给投资者因出售或出租房地产获得的收益而带来的购买力的下降。例如,投资者投资于某一宗房地产的预期收益率为20%,在通货膨胀率为8%的情况下,如仍以原有价格出售该房地产,则其实际收益率将下降为12%。虽然房地产具有抗通胀能力,但如果其提价幅度低于通胀率,则其实际收益率仍会下降;另外,购买力风险也会影响消费者,在收入水平一定及购买力水平普遍下降的情况下,人们会把有限的资金用到最必需的消费商品上,从而降低对房地产商品的消费需求。这样,即使房地产本身具有保值功能,但由于人们降低了对它的消费需求,也会导致房地产投资者的出售或出租收入减少，从而使其遭受一定的损失。

3. 利率风险

利率风险是指利率的变化给投资者带来损失的可能性。利率的变化对房地产投资者的影响主要有两方面：一是对房地产实际价值的影响。一般地，使用高利率折现，会降低投资者的净现值收益；二是对房地产债务资金成本的影响。一般地，贷款利率上升，会直接增加投资者的开发成本，加重其债务负担。

（二）经营性风险

经营性风险是指由于经营上的不善或失误所造成的实际经营结果与期望值偏离的可能性。这种风险既与企业内在因素有关，也与外在经济环境因素的影响有关。影响经营性风险的内在因素主要有三种情况：一是由于投资者得不到准确充分的市场信息而可能导致经营决策的失误。根据西方经济学理论，完全的自由竞争市场应具备商品同质、信息充分、厂商可自由出入、交易双方人数众多四个条件。也就是说，在完全自由竞争的市场上，无论是买者还是卖者都不会垄断市场。而房地产市场与完全自由竞争市场相比存在着较大的差距，从某种程度来说，它只能算是一个准市场，即既不具备完全信息，也不像证券市场及其他商品市场那样，商品实行明码标价，其交易定价往往是悄悄进行的。这种在信息不对称情况下的交易定价往往不能反映房地产的真实价值，从而造成其经营成果偏离其期望值。二是由于投资者对房地产交易所涉及的法律条文、城市规划条例及税负规定等不甚了解造成的投资或交易失败。三是因投资者未能在最有利的市场时机将手中的房地产脱手，致使其空置率过高，经营费用增加，营业净收入（或利润）低于期望值等。而影响房地产经营性风险的外在因素主要是指影响房地产市场、价格及销售量的外部因素发生了变化，从而带来的房地产价格或租金发生变化。

（三）财务风险

财务风险是指由于房地产投资主体财务状况恶化而使房地产投资者面临着不能按期或无法收回其投资报酬的可能。产生财务风险的原因主要有：一是购房者因种种原因未能在约定的期限内支付购房款而致使房地产投资者的资金周转发生严重危机，直至无法实现其正常收益。二是投资者运用财务杠杆，即大量地使用贷款，实施负债经营。虽然这种方式拓展了投资的利润空间，但同时也增大了投资的不确定性，加大了偿债风险。

（四）社会风险

社会风险是指由于国家的政治、经济因素的变动，引起的房地产供求及价格的涨跌而造成的风险。例如，当国家政治形势稳定，经济发展处于蒸蒸日上的高潮期时，其房地产价格上涨；而当各种政治风波出现时，经济处于衰退期时，则会造成房地产需求下降和房地产价格的急剧下跌。因此，投资者必须关注一个国家的政治、经济形势,以避免因政策经济形势的变动而带来的经济损失。

(五)政策风险

政策风险是指由于国家或地方政府的有关房地产投资的各种政策变化而给投资者带来的风险。房地产投资是一项政策性极强的业务,受多种政策的影响和制约,例如投资政策、金融政策、产业政策、房地产管理政策和财税政策等。在一定程度上,这些政策会对房地产投资者收益目标的实现产生非常重大的影响,甚至会对房地产业的发展具有决定性的影响作用。

(六)自然风险

自然风险是指由于人们对自然力失去控制或自然本身发生异常变化,如地震、洪涝、火灾、暴风雨、滑坡、崖崩、冰雹等而给投资者带来损失的可能性。这些灾害因素往往又被称为不可抗拒因素,其一旦发生,就必然会形成对房地产业的巨大破坏,从而给投资者带来很大的损失。

第三节 房地产投资策略

房地产投资项目有哪些?这些投资项目有什么特点?在投资时应注意什么?采取什么样的投资策略?本节将介绍住宅、写字楼和商铺的种类、特点和投资策略,为房地产投资提供方向性指导。

一、住宅投资

(一)住宅的类型

1. 按经济形态分类

1)商品房。商品房是指具有经营资格的房地产开发公司(包括外资投资企业)开发经营的住宅。它不同于长期以来在住房体制上所供给的福利性住宅,是纯粹商品化的住宅。商品房的价格由市场决定。

2)经济适用房。经济适用房是指具有社会保障性质的商品住宅,具有经济性和适用性的特点。经济性是指住宅价格相对市场而言较低,能够适应中低收入家庭的购买能力;适用性是指在住房设计及其建筑标准上强调住房的使用效果,而不是降低建筑标准。它是国家为解决中低收入家庭住房问题而修建的普通住房。这类住宅因减免了工程报建中的部分费用,其成本略低于普通商品房,故称经济适用房。经济适用房包括安居房、解困房。

3)安居房。安居房是指实施国家"安居工程"而建设的住房(属于经济适用房),是国家安排贷款和地方自筹资金建设的面向广大中低收入家庭,特别是人均4平方米以下特困户提供的销售价格低于成本、由政府补贴的非营利性住房。

4)房改房。房改房是指按照单位分房原则,已经分配的并按国家规定的房改标准出售的住房。

5）集资房。集资房是指改变住房建设由国家和单位全包的制度，实行政府、单位、个人三者共同承担，通过筹集资金而建设的住房。建集资房时，职工个人可按房价全额或部分出资，政府及相关部门在用地、信贷、建材供应、税费等方面给予部分减免。

6）限价房。限价房是指以成本价加上一定的管理费（3%）作为销售价格向大多数中低收入家庭提供的住宅。成本由征地和拆迁补偿费、勘察和前期工程费、建安工程费、住宅小区基础建设费、管理费、贷款利息和税金等构成。

7）廉租房。廉租房是指政府以租金补贴或实物配租的方式，向符合城镇居民最低生活保障标准且住房困难的家庭提供社会保障性质的住房。廉租房是在新出台的国家房改政策中首次提出的。我国的廉租房只租不售，出租给城镇居民中最低收入者。

2．按设计特点分类

1）单元式住宅。它是以一个楼梯为几户服务的单元组合体，一般为多层住宅。单元式住宅的基本特点是：

① 每层以楼梯为中心（又叫梯间式住宅），每层安排户数较少，各户自成一体。

② 户内生活设施完善，既减少了住户间的相互干扰，又能适应多种气候条件。

③ 建筑面积较小，造价经济合理。

④ 仍保留一定的公共使用面积，如梯楼、走道、垃圾道，保持一定的邻里交往，有助于改善人际关系。

2）公寓式住宅。公寓式住宅是区别于独院独户的西式别墅住宅而言的。公寓式住宅一般建在大城市里，多数为高层大楼，标准较高，每一层内有若干单户独用的套房，包括卧室、起居室、客厅、浴室、厕所、厨房、阳台等；还有的附设于旅馆酒店之内，供一些中外客商及其家属中短期租用。

3）花园式住宅。花园式住宅一般也称西式洋房或小洋楼，也称花园别墅，一般都是带有花园草坪和车库的独院式平房或二三层小楼，建筑密度很低，内部居住功能完备，装修豪华，并富有变化，水、电、暖供给一应俱全，户外道路、通讯、购物、绿化也都有较高的标准，一般为高收入者购买。

4）跃层式住宅。跃层式住宅是指住宅占有上下两层楼面，卧室、起居室、客厅、卫生间、厨房及其他辅助用房可以分层布置，上下层之间不通过公共楼梯而采用户内独用小楼梯连接。

5）复式住宅。复式住宅一般是指每户住宅在层高较高的一层楼中增建一个1.2米的夹层，两层合计的层高要大大低于跃层式住宅（复式为3.3米，而一般跃层式为5.6米），其下层供起居用，如炊事、进餐、洗浴等，上层供休息睡眠和贮藏用，户内设有一层的起居室高2米，上层直接作为卧室的床面，人可坐起但无法直立。

6）跃复式住宅。跃复式住宅是在复式住宅设计功能上的一种创新。其特点是其中一层高在2.2米内，通常设置在洗手间、厨房、餐厅、书房、工人房、储藏室等非主要活动区域；一般情况下该种住宅的总层高在 3.8～4.9 米之间，客厅为共享式。

7) 错层式住宅。错层式住宅是户内楼面高度不一致，错开之处有楼梯联系。优点是和跃层一样能够动静分区，但因为没有完全分为两层，所以又有复式住宅丰富的空间感。可以利用错层住宅中不同的层高区分不同功能的房间，比如起居室比较高，卧室比较低等。还有的利用地形地势的高差在坡地上设计错层式住宅，可以减少挖土的土方量。错层式住宅不利于结构抗震，而且显得空间零散，容易使小户型显得局促，更适合于层数少、面积大的高档住宅。

8) 退台式住宅。退台式住宅又称为"台阶式"住宅，其外型类似于台阶。特点是住宅的建筑面积由底层向上逐渐减少，下层减少的建筑面积成为上层的一个大平台，可做花园使用。目前，国内建造的退台式住宅都通常属于中高档住宅。

3. 按建筑结构分类

1) 砖混结构住宅。砖混结构住宅中的"砖"，指的是一种统一尺寸的建筑材料，也有其他尺寸的异型黏土砖如空心砖等。"混"是指由钢筋、水泥、砂石、水按一定比例配制的钢筋混凝土配料，包括楼板、过梁、楼梯、阳台、排檐。这些配件与砖做的承重墙相结合，可以称为砖混结构住宅。由于抗震的要求，砖混住宅一般在五六层以下。

2) 框架结构住宅。框架结构住宅是指以钢筋混凝土浇捣成承重梁柱，再用预制的加气混凝土、膨胀珍珠岩、浮石、蛭石、陶粒等轻质板材隔墙分户装配而成的住宅。适合大规模工业化施工，效率较高，工程质量较好，经久耐用，并且房间的开间、进深相对较大，空间分割较自由。目前，这种结构多用于多、高层住宅。其缺点是工艺比较复杂，建筑造价较高。

3) 钢混结构住宅。这类住宅的结构材料是钢筋混凝土，即钢筋、水泥、粗细骨料（碎石）、水等的混合体。这种结构的住宅具有抗震性能好、整体性强、抗腐蚀能力强、经久耐用等优点，并且房间的开间、进深相对较大，空间分割较自由。目前，这种结构多用于多、高层住宅。其缺点是工艺比较复杂，建筑造价较高。

（二）购买住宅的基本标准

购买的住宅能否保值、增值，受选择住宅时的那些可变因素和不可变因素的影响。这些因素包括以下几个方面。

1. 位置

位置是决定房价的关键因素，所购房产地处的位置的成长性将决定该房价的增长潜力。位置最好处在住宅商圈里。所谓住宅商圈，由几部分构成：其一是就业中心区，一个能吸收大量就业人口的商务办公楼或经济开发区。就业人口是周边住宅的最大需求市场，这个就业中心区的层次将决定周边住宅的定位，其成长性将决定周边住宅开发在市场上的活力。其二，在离就业中心区三至五公里的地带将集中成一个规模的、统一规划的成片住宅区,一般要超过四五个完整街区。在就业中心区与住宅区之间,有简洁、完整、多样化的交通线路。其三,在住宅区中,有一个以大卖场为中心的商业中心,辐射20分钟步程。就业中心区、住宅区、大卖场三者之间将会形成一种互动的关系。

2. 环境

住宅环境包括生态环境、人文环境、经济环境,任何环境条件的改善都会使房产升值。生态环境要看有无空气、水流等公害污染及污染程度等,如果小区内开辟有大量的绿地或有园林,这样的小区就可因局部区域绿化而使气候有所改良。在购房时,要重视城市规划的指导功能,尽量避免选择坐落在工业区的房产。每一个社区都有自己的背景,特别是文化背景。在知识经济时代,文化层次越高的社区,房产越具有增值的潜力。如外国人喜欢聚居在使馆区周围的公寓、住宅里,其外国文化背景使得使馆区周围的外销公寓很受青睐。

3. 配套

在关注房地产本身的同时,还要放眼所购房产的配套设施。配套设施的齐全与否,直接决定着该地段房地产的附加价值及升值潜力,同时也是入住后居家生活舒适与否的关键因素。同交通条件类似,配套条件也主要针对城郊新区的居住区而言,在城市中心区域大多不存在配套问题。而很多小区是逐步发展起来的,其配套设施也是逐步完成的。配套设施完善的过程,也就是房地产价格逐步上升的过程。

4. 开发商的实力、信誉

开发商的实力、信誉是一个项目成为理想房地产的保障。我们应该着重考察的是发展商是否是国内外知名企业,在国内外曾操作开发过哪些项目并且这些项目是否成功,特别要考察的是开发商在操作此项目时是否有开发规模,建设是否同期进行,工程进展是否保持一定速度,承诺可兑现性有多大。

5. 小区规划

超前规划可令房地产保持更长的竞争力。投资时要考察小区规划是否合理,设施是否齐全。

6. 房地产管理

购买住宅时要考虑房地产管理公司的经验与实力,如收费是否合理,是否符合规定等。好的房地产管理能使房地产的品质保持长久。

7. 朝向、楼层

住宅的采光、通风要好,若朝向不好,景观优美也可以,并同时与售价一起考虑。在楼层上要考虑家人出入的方便,底层或顶层有花园的,要考虑是否实用并同时与售价一起考虑。不同朝向、楼层的售价相差8%~15%。

8. 住户档次

要了解小区内的住户是否是自己所能接受的住户群。不但如此,还要了解住户买房的用途。住户的档次同时也决定了房地产的档次。

9. 售价

要了解其他方位的房地产售价,最主要的是考虑是否为自己的预期价,同时要与付款方式一起考虑。

10. 户型设计

户型的设计要考虑实用性与合理性是否完美结合,功能合理是否兼具美观性,能否适应未来家庭结构变化,是否具有灵活性(如能否满足自住并兼顾出租);一般的家庭厨房面积应有 6~8 平方米,卫生间 5~7 平方米,卧室 12~20 平方米,起居室+饭厅有 30~50 平方米,阳台 6~8 平方米,才称得上是一个好户型,总面积大约在 90~120 平方米(三居室)。但若房间的功能齐全,面积虽小,仍然能生活得其乐融融。

(三)购买期房注意事项

期房尽管显示出房价较现房低等许多优越性,但期房的购买也有风险。购买期房,应考虑以下几个方面因素。

1. 考证开发商实力

购房者首先要选择那些信誉好、实力强的开发商。引发期房购买烦恼的,大多是购买者选择了那些实力不强、信誉不好的开发商,从而造成不能按时交房、质量太差等问题。

2. 购房资金不能一次性投入

购买期房时,有的开发商对一次性交费的优惠很大,有的甚至达到了 5% 以上,这确实是一笔不少的开支。但购期房时要慎重,如果一次性交费,到时开发商不能按时交房,购房者去要求赔偿,几乎难以奏效。如果钱未一次交清,则可凭未付余款去交涉,购房者便由被动变主动了。

3. 考察周边环境

购期房不像买现房,现买现住,对周边的环境一清二楚。因此买期房时,对周边环境的潜在变化一定要心中有数。

4. 关注开发商的房地产管理承诺

影响人们购期房积极性的一个重要原因,则是对未来房地产管理的担忧。通常现房的房地产管理公司已经进场,好坏易于看出来。而期房则不一样,它将来被谁管理、怎么管理、如何收费,都是一个未知数。如果买了套房地产管理不好的房子,不仅不安全,也生活不舒畅。因此,购期房时,必须先要向开发商了解将来的房地产管理构想,并要他们给一定的承诺,以保证将来入住时,享受到良好的房地产管理。

5. 合同签订最好请律师

购房是一件大事,有的花费几万、十几万,甚至几十万、上百万元。如今购房引发的纠纷也越来越多，购期房潜在风险很大，如何避免？或者在发生纠纷时，如何对自己有利呢？为了实现上述目的，业内人士建议，购房者在与开发商签订购房合同订时，要请律师去办理，以保障自己的合法权益。

（四）购买二手房注意事项

住房成为商品，二手房交易也成为整个房地产交易市场中活跃的部分。二手房买卖不像购置新房那样一目了然，因此挑选时应格外注意以下事项。

1. 查明产权状况

购房人第一步是要卖方提供产权证书、身份证件、资格证件以及其他相关证件；第二步应向有关房产管理部门查验所购房产产权的来源和产权记录，包括房主、档案文号、登记日期、成交价格等；第三步要查验房屋有无债务负担。另外，购房者还需了解所购房有无抵押、是否被法院查封等。

特别注意的是，产权有纠纷的，或是部分产权（如以标准价购买的公有住房）、共有产权、产权不清、无产权的房子，即使房子再好也不要买，以免成交后拿不到产权证。

2. 弄清房屋的面积、结构、装修状况

要确认房屋的准确面积，包括建筑面积、使用面积和户内的实际面积，要核实产权证所确认的面积与实际面积是否有不符之处，产权证上一般标明的是建筑面积，最保险的办法是测量一下房屋内从墙角到墙角的面积，即所谓地毯面积；要观察房屋的内部结构，户型是否合理，有没有特别不适合居住的缺点，察看管线是否太多或者走线不合理，天花板是否有渗水的痕迹。墙壁是否有爆裂或者脱皮等明显的问题；此外，要了解装修的状况，原房屋是否带装修，装修水平和程度如何。

3. 考察环境和配套

旧房子一般位于市区，建筑密度大，周边环境已经形成多年，一般较难改变。要认真考察房屋周围有无污染源，如噪音、有害气体、水污染、垃圾等，以及房屋周围环境、小区安全保卫、卫生清洁等方面的情况。对房屋配套设施的考察主要有：水质、水压、供电容量、燃气供应、暖气供应情况和收费标准以及电视接收的清晰度等。走访一下周围的邻居，对这里的环境和生活方便度会有更深入了解。

4. 了解房屋的历史与邻居组合

了解一下该住房是哪一年建成的，还有多长时间的土地使用期限；哪些人住过，什么背景，是何种用途，是否发生过不好的事情，是否发生过盗窃案。有否欠房地产管理公司的费用以及水、电、气等的费用。

好邻居会让你生活愉快，可以在不同的时间看社区内的往来人群，通过衣着和生活规律判断人的社会层次；观察公共楼道的整洁程度及布局；拜访上、下、左、右的邻居，了解他们在此居住是否顺心；与居委会或者传达室的值班人员聊

天,了解情况。

5. 了解房地产管理状况

对房地产管理的考察,主要是考察房地产管理公司的信誉情况和服务到位程度,看看保安人员的基本素质、保安装备和管理人员的专业水平、服务态度;小区环境卫生、绿化等是否清洁、舒适,各项设施设备是否完好、运行是否正常等。还要了解房地产管理费用标准,水、电、气、供暖的价格以及停车位的收费标准等,了解是否建立了公共设施设备、公共部位维修养护专项基金,以免日后支付庞大的维修养护费用,出现买得起住不起的情况。许多公房出售后陷入了"无人管"的状态,选择时宜慎重。

6. 合法、彻底地办理过户手续

不要随便相信对方的信誉,先交钱再过户还是先过户再交钱是一个重要问题,可以考虑将房款押在一个双方都信得过的单位(个人),等过户完成后,再将房款转给卖方;尤其需注意的是,产权的过户必须报经房屋土地管理部门办理才算完成过户手续,有代理行、律师、公证的保证等都不算是完成交易过程。从买房的角度来说,一定是产权过户完成以后这套房才真正属于购房者,在此之前,卖方随时可以毁约。

二、商铺投资

目前投资商铺的人群大致分为四种:购买小商铺出租或待其升值后转手获利的小业主;包租客以批发价的租金"吃"进相当数量的商铺,经过适当的包装后,再以零售价分租,赚取其中的差价利润;自营商铺;投资养老。

与其他投资不同,商铺具有两种增值手段。一是转租,二是自营。一般而言,投资小型商铺的租金收益,绝对高于把钱存入银行的利息。同时,商铺售价通常与住房售价呈反向互动关系,商铺价格会随商业氛围成熟而向上波动,二手商铺会因其周边商业氛围的培育成熟而价格上升。俗话说,商铺越用越升值,住宅越用越折旧。

但商铺投资是高投入、高产出、高风险的行为,投资者在决定投资对象之前,需要掌握一定的投资分析方法,了解商铺的类型和特点。

(一)商铺投资的特点

1. 商铺投资的稳定性

业内专业人士分析认为,投资商铺具有稳定性。住宅的租约期限一般为半年至一年,相对较短,而商铺的租约期通常为3~5年或更长。承租户对商铺的装修投资、赢利预期及长期规划,决定了商铺租约的稳定性。此外,租金的递增保证了商铺长期的收益增长。租金预付的付款方式使租金收取也较有保障。

2. 商铺增值的特点

商铺投资是一个长期过程,它不会因房龄增长而降低其投资价值。相反,好的商铺因其稀有性或特定供应条件,会随着商圈的发展成熟不断升值,价值提升的同时,租金增长是必然的。如果说住宅的价值还可以相对准确地衡量,那么成功商铺的价值却是无价的。

3. 商铺投资回报率较高

与人们传统的资本增值方式比起来,投资商铺利润率高。商铺的投资回报率单租金收益可能达 10%~15%,有的甚至达到 20% 以上。购买社区商铺的业主,随着业主入住,人气上升,商铺价值提升成为必然。

需要指出的是,除商铺租金收益之外,商铺投资者还可充分利用商铺增值提高投资收益,在商铺买价升值到一定水平时及时卖出,完成该商铺的投资过程。

4. 商铺可出租、可经营,方式灵活

调查显示,商铺的投资者主要有两种:一是专业的商铺投资商,拥有较雄厚的经济实力,通常会做大型商铺交易,即购买一些商铺的产权或经营权,然后出租给各个经营商,自己也兼有经营,但不以经营为主;二是小型商铺投资商,通常是拥有一定闲置资金,投资一两个商铺。

(二) 商铺类型及投资分析

1. 商业街商铺

在城市商业中心或住区中心,由沿街商铺形成的购物步行街是形成黄金商铺的重要区域。但这样传统的商业中心推出的新商铺非常少,投资机会非常小,投资时,应多注意新商圈,例如旧街通过改造后形成的新商业街,郊区城市商业中心的商业街,大型社区形成的商业街等,释放的商铺多,投资机会也多,如果及时发现并把握住机会,投资回报将会非常可观。

商业街商铺投资时必须要考察区域商圈历史发展情况,同时要了解商业街周边区域的商业承受能力。在政府和人为意志下,有许多所谓的商业街是一夜之间被制造出来的,缺乏有效的市场支持和培育,有行无市,这样的商业街商铺一旦投资难免被套牢。

投资商业街商铺时,对于规模超大、集中投放的商业街,应保持理性;另外,对于缺乏有效人流,快行车道商业街商铺、缺乏停车位等交通设施的商业街商铺都须慎重对待。

2. 社区商铺

社区商铺是设在一定规模住宅小区内,以提供社区便利消费、充实社区生活为主的住宅底商型商铺。社区商铺对支撑社区居民日常消费的作用较大。社区商铺投资时应尽量选择相对成熟或已有入住户的规模型项目,并选择好具体位置。因为社区的商铺在销售时的价格差异不大,但不同位置的租金差别却非常大,尽量购买距社区主入口附近的商铺单元,以提高投资收益。

3. 购物中心、专业市场席位型商铺

此类商铺多将整层购物中心、大市场分隔成 20~30 平方米甚至更小的铺位,然后进行小单元零售或长期出租。其特点是投资门槛相对较低，有一定收益承诺保证，适合个人投资者长线投资。但是从市场经验来看，此类商铺承担的风险也是较高的，因为它需要发展商进行准确的市场定位、完善的经营管理，有力的市场推广等，如果缺乏准确的市场分析，定位混乱，加之招商渠道不畅，缺乏经营租户支持，致使项目建成后无法正常开业或亏损经营，这样投资者就得不到预期的收益。因此，投资这类商铺时，首先需要通过对商业市场大环境的分析，确定项目的定位是否符合地域商业市场的发展趋势，而不能盲目跟从广告宣传。比如像城区内小商品批发城之类的低层次市场，虽然有一定消费群，但随着城市消费水平的普遍升级，定位已不适应终端消费更新换代的要求，这种市场的租金收益也不可能太高，投资前景暗淡，需慎重介入。其次要看一个市场或购物中心的招商和业态划分，继而确定其是否有充分的商户经营基础和市场消费支持。第三还要看项目的营销代理商和经营管理公司对保证正确的招商、经营方向所采取的措施是否属实等。最后，投资者投资此类商铺力戒盲从、跟风，应选择具备商业定位合理，业态划分清晰，具有后期专业管理的项目。

4. 底商

底商是目前最多的商铺类型，这种拥有独立门面的商铺最受投资者的欢迎。底商从专业投资眼光看是非常模糊的概念，商业街的临街商铺也是底商，普通住宅楼下的商铺也是底商。底商是房地产开发概念，而不是商业分类。底商分两类：办公楼底商和住宅底商。

（1）办公楼底商

由于中高档写字楼多处于中心商务区，客流量相对较大，人口消费素质和租金承受能力较高。但一般情况下，此类商铺划分的出售单元面积较大，多在120平方米以上，总投资额度较高，投资门槛也较高。

办公楼底商的建筑结构和环境应有较大的适应性，这样有利于后期商户的经营使用，才能长期保证较高的租金水平。投资时，首先考察写字楼及配套设施的整体品质，对于品质和位置都不错的项目可以考虑早期预订，通过谈判拿到较为优惠的价位和付款方式，从而提高投资回报率。其次要看入驻的品牌店档次，如麦当劳、肯德基等品牌客户对于商铺的选择有严格的商圈评估标准和计算方法，所以他们选择的商铺从经营和发展潜力上将肯定是有保证的；另外品牌客户本身就具备聚客能力，会影响商圈的形成。所以，在同一个区域选择商铺有犹豫时，不妨跟着品牌店走。

（2）住宅底商

住宅底商作为市场基础最成熟的商业房地产类型，适合个人投资者。一方面，只要售价合理，投资风险相对比较低，空租率比较低，租金收益可以得到保证；另一方面，如果住宅项目规模大，居住人口消费能力强，其投资收益可以得到很好的保证。住宅底商选择过程中，需要考虑以下因素："可视性"因子、楼层、客流量、商铺初始售价、硬件条件等，即商铺投资者选择住宅底商商铺的原则是：首先确定哪个商铺从外部、内部都具有最好的"可视性"；一层商铺的价值最高；以客流量为考虑参数，进行深入挑选；最后结合拟选商铺的上述条件及自身资金状况，与开发商进行购买价格或租金的洽商。

（三）商铺投资的基本策略

1. 了解城市、道路规划

要仔细了解欲投资商铺所属地域至少3年以内的城市发展规划。这是因为，即使商铺目前收益率较高，但若不久要拆迁或者改建，直接关系到商铺是否能升值和转手是否有人接收的问题。此外，还要对交通规划进行调查，比如本来商铺处于人行区域，但未来要修成临时车辆通行的街道，那么客流量会受到直接影响，商铺难以保值增值。

2. 考察商铺具体位置的特性

好商铺的共同特性是交通便利、商铺适用行业广泛、所处位置客流量大、人气旺。从这点来说，一些甲级商厦的底层或低层商铺是好选择，一层的商铺价值永远最高，而其他楼层的售价和租价都随楼层的不同有很大的差别，一般一楼与二楼的租金要相差2~3倍，因此，在择铺时，选择一、二层比选择三、四层店铺要更具有经营上的安全性。如果投资者财力有限，更适合选择街铺。首先街铺权属明晰，可控制性与自主性都很强，受相邻关系影响较小；其次，投资者可以根据商铺价值变化规律进行"养铺"，以时间换得升值空间，从而使得投资收益最大化。针对单个商铺的选择，街角上的铺位是首选，因为街角汇聚四方人流，人们立足时间长，其次则是处于人流进入的街道两端的商铺。而商业街中间部分的商铺则是所谓"死角"，由于客流分散、购物兴趣下降、行走体力不支等原因，往往会令中间段商铺经营比较困难，这就是为什么有的商业街会设计成环绕矩形商街的原因，目的就是为了使得每一家商铺能够最大限度地利用商街的所有人流。

3. 计算投资回报率

商铺投资价格高，投资者如何实现投资的价格接近价值甚至大于价值？这就要通过基本的技术分析来计算回报率。

购买商铺的最终目的之一是通过租赁实现预期利润，所以判断一个商铺是否值得选择的首要条件是看它能不能获得较高的回报，而判断回报的最有效方式，是看现实租金收入是否能尽快地收回购铺的前期资金投入。计算商铺回报的方式有很多种，最简单实用的一种是看总售价与总年收益的比值倍数，如果大于15说明投资收益较低，不宜介入，如果小于15，大于10就可以考虑投资，如果小于10则说明，具有很高的投资价值。当然年收益的推算应尽量准确客观，同时也需考虑一定的风险如空置期等。

4. 投资商铺的控制风险

商铺投资对个人资金投入和现金流要求较高，投资者应将承受的风险控制在一定的范围内（如投资额不超过总资产的70%），同时应在可能的情况下，分散投资。应尽量购买准现房或现房。投资前应通过现场实地调查来深入了解铺位的实际情况、环境因素，通过直观感受和对区域商业规划的间接了解，来判断未来商业发展的趋势。

5. 坚持长期投资

商铺投资是一种中长期投资，不能抱着投机心理短线操作，而要根据商铺的投资特性进行中长期投资，多方考察，才能享受到租金提升，商铺升值的收益。

6. 商铺选"熟"慎"生"

那些在开发商或管理公司数年经营的情况下，有固定的经营商家，经营规模和效应都已具备，已有了旺盛的人气、商气、投资回报稳定的商铺在行业里被称为"熟铺"。熟铺优先选择的原因是这类商铺已进入成熟经营期，具有良好的市场成长性，出租率高、商家稳定、经营有序、投资回报明显。生铺，则是那些一边开发、一边销售、一边招商的商铺，生铺一般通过项目区域美好的远景规划及短期（通常是返租3~5年，不低于10%）的高额投资回报来吸引投资者，但事实上开发商已在商铺的销售价格中把对投资者的回报作为成本考虑进去了。而在生铺的养铺周期内，由于实际租金低而承诺回报高，这种巨额补差造成的高运营成本使经营管理公司无法良性运营，进而对投资者承诺的高额回报往往无法及时兑现，这就造成大多数投资者资金被套。

7. 检查商铺品质

检查商铺的结构和设施是否有硬伤，层高、柱距、排污、水电供应等是否合理，对经营业态是否有限制，比如经营餐饮需要有上下水、动力电、煤气、排烟设施，如果商铺没有这些设施，那这个投资就失败了，因为像排水排油排烟这样的问题等到正式交楼后，是投资者根本解决不了的。

三、写字楼投资

（一）写字楼投资的特点

1. 回报高

写字楼的回报率较住宅要高，一般达到8%，好的可以达到10%~12%。越顶级地段的写字楼回报率越高，因为面对的是高端的客户群，并且这些客户群抗经济衰退的能力要强。

2. 风险大

由于写字楼面对的客户是企业，一旦宏观经济不景气，写字楼的出租率就会大幅下降，租金也会相应降低。另外，写字楼所处地段由于一些市政或其他原因造成贬值，写字楼必然也会跟着受影响。如果所投资写字楼在未来的几年内涌现出过多新盘，这也会对现有写字楼市场构成冲击。

3. 成本高

尽管写字楼的价格和周边住宅的价格非常接近，但投资写字楼比投资住宅成本要高。一方面银行要求写字楼的按揭贷款必须在六成以下，投资者应具有很高的首付能力和强有力的还款能力。利率上，写字楼货款要高于住宅近1%的利率。另外，还有房产税、首次出租的高折价、房地产管理费用、自己的管理费用、装修、家具、房屋折旧费用等各种费用，约占投资额的20%左右。

（二）写字楼类型及投资分析

目前国内写字楼主要分为：超5A写字楼、甲级写字楼、乙级写字楼。

1. 超5A写字楼

为了迎合国际化发展趋势，越来越多新面世的甲级写字楼取代了原有的旧甲级写字楼，这些新型的甲级写字楼配置完善、设备高档、服务人性化，通常称这类写字楼为"超5A写字楼"。它们对原有写字楼市场是一个有效补充。超5A写字楼，无论是硬件还是软件，都比旧甲级写字楼更先进、更完善。因此在未来的发展中，超5A写字楼肯定会发挥出更加明显的优势。

但是超5A写字楼一般价位较高，根据目前掌握的数据，超5A写字楼的租价平均比旧的同级别写字楼要高出20%～50%（视全国各地方的实际状况，差距比较明显），所以投资超5A写字楼需要较多的资金。此外，超5A写字楼目前回报并不高，属于一种长线投资，投资者需要有耐心，要有长远眼光。

2. 甲级写字楼

目前全国各甲级写字楼投资的共同特点就是：投资风险小，回报稳健。这些甲级写字楼具有很高的知名度、相关配套成熟、有固定的客源和成熟的商业氛围、出租相对比较活跃。投资这类写字楼，每年有稳定的回报率，属于稳健型投资。

对于一些资金雄厚、不愿意冒险、希望能够有稳健回报的投资者来说，甲级写字楼是一个比较好的选择。

3. 乙级写字楼

近几年全国各地许多小资本企业不断涌现，这对乙级写字楼来说，无疑是租户稳定的保障。虽然乙级写字楼没有甲级写字楼那么高的知名度，但是随着我国中小企业的兴起，投资乙级写字楼可以做到"低成本，高回报"。全国有许多实例表明，投资乙级写字楼的回报率有的甚至比投资甲级写字楼还高。

投资乙级写字楼的优势在于，无论是投资成本还是管理费用，都比投资甲级写字楼便宜得多。对于投资者来说，门槛较低。但是，乙级写字楼因为知名度较低，配套相对落后，所以存在一定的投资风险，需要投资者具有专业的眼光和判断能力。

（三）写字楼的投资策略

投资写字楼要考虑以下方面因素。

1. 地段一定要好，最好是市中心的黄金区域

写字楼的租户主要是公司，他们需要与其他企业保持业务的往来，因此，与住宅不同的是，投资的写字楼最好处于核心商务区，毗邻交通要道，路况良好，

交通方便，商业气氛浓厚，即通常所说的 CBD（中央商务区）。CBD 写字楼的价格一般较高，但是由于其具有高租金、高入驻率的特点，投资回报也较高。而且，CBD 区域的增值前景也是最高的。

2. 计算投资回报率

一个写字楼投资的关键点，具体到数据上就是投资回报率。比较投资方案的唯一依据，就是投资回报率。

$$年回报率 = （每平方米的租金 \div 每平方米的售价） \times 12 个月$$

按经验估计，如果某个写字楼单位年回报率达到 8%～10%，则可投资购买。

什么样的写字楼才有投资前景？在国际上有一个很简单的判断标准：15 年左右即可收回成本的写字楼，才具有投资前景。这一情况调查对比周边同类写字楼的租金情况即可得知，例如 100 平方米，总价 250 万元的房地产，月回报必须在 14 000 元以上，每月每平方米租金必须在 140 元以上才能有效保证 15 年的年限。如果发现周边租金水平在 140 元/平方米·月以上，即证明具有投资价值，投资前景很乐观，可以投资。若周边写字楼租金水平低于 140 元/平方米·月，则存在一定的投资风险。

如果要想投资万无一失，最好在投资前准备"双保险"，除了"15 年的投资回报年限"之外，还要"月租抵月供"。在投资写字楼之前，一定要计算好月供数额，如果写字楼的月租不足以支付月供，写字楼很可能变成一个很重的负担。

3. 瞄准客户群

投资者应充分了解客户，明确不同企业不同的办公需求。现在写字楼市场都以商圈的形式被细化了，不同类型的企业也更加明确了自己置业的选择：自己是什么行业，就进什么"圈"。个人投资写字楼时，要瞄准客户群，准确定位写字楼的档次。同时注意考虑企业办公成本。企业办公的成本包含以下几个方面：租金、房地产管理费、保险费、装修费、停车费、水电费、税费、回复原状费、折旧费、运营成本、人力资本等。一般而言，CBD 地区的平均入住成本最高。成本诱惑对企业选址有很大的吸引力，特别是一些研发、科技类企业。

4. 必须选择纯写字楼

这一点被大多数的投资者忽略了，然而这点却恰恰决定这投资的成败。商住楼的兴起，一方面是总价低、门槛低，另一方面是商住两用。然而恰恰是两用的特点决定了商住楼的前景并不乐观，办公和居住成为不可调和的矛盾体。在北京、上海等商住楼发展较早的地方，已经大量出现了住户搬离的情况，而纯写字楼的需求日益高涨，入住率节节攀升，租金水平也节节上升。

5. 调查入住率

入住率决定着一个写字楼的租金水平，是投资受益的保证。按经验估计，入住率达到 70% 就值得投资。

6. 检查配套

写字楼配套主要包括综合布线系统、电梯品牌数量、停车位数量等。布线系统的优劣、信息传播速度的快慢直接影响到公司的业务，既然是满足办公需求，因此，要选那些网络、通信设施配置较高的写字楼，这些都是租户比较看重的方面。

充足的车位也很重要。车位紧缺是目前写字楼房地产面临的最大问题之一，为吸引租户作长远投资打算，选择的写字楼车位配置至少有1：1以上（即车位数与写字楼间数之比最好大于1：1），并配备足够的地上访客用车位。

7. 看服务

商业房地产的成功很大程度上取决于后期的管理水平，专业管理办公楼的房地产公司，能给楼盘一个良好的内部环境，对大厦的设施有较好的维护，保证长期使用，对保证房地产口碑、提高出租率、保持租金水平非常有效，从这一点上看，较高的服务水准比房地产费的高低显得更为重要。另外，一个具有丰富经验的租务部，也是投资者选择此类房地产时应考虑的。

第四节 房地产投资操作实务

要进行房地产投资项目操作，首先要读懂房地产相关合同条款，这些合同里，应该关注哪些要点？在投资操作过程中，是一个什么样的操作流程？交易的税费如何计算？作为大项目投资，应采取什么样的筹资方式？本节将详解这些问题，为投资提供实务指导。

一、房地产交易合同

（一）房屋买卖合同

房屋买卖合同是指房屋所有人将房屋交付他方所有，对方接受房屋并支付房屋价款的协议。交付房屋的一方为房屋出卖人，接受房屋并支付房屋价款的一方为买受人。房屋买卖合同是要式合同，由于房屋自身的特殊性，签订房屋买卖合同必须采用书面形式，同时，合同的有效成立必须以房屋管理部门办理房产过户手续为要件。

房屋买卖合同（契约）是双方当事人就房屋买卖达成的协议。合同是确定当事人权利义务的重要依据。因此，合同的条款要全面，内容要具体，语言要精确。只有这样，才能有利于合同的顺利履行，减少纠纷。房屋买卖合同的主要条款如下。

1. 标的

标的是指双方当事人权利义务共同指向的对象，房屋买卖合同的标的就是房屋。在房屋买卖合同中，应该明确房屋的地点（包括方位、朝向、门牌号等）、类型（是公房或是私房）、结构（建筑房屋使用的材料）、质量（房屋的新旧程度、使用状况）、附属设施等。

2. 数量

房屋买卖合同要写明建筑面积或使用面积、楼层数、房间数等。

3. 价款

房屋的价款是房屋买卖合同的最重要条款,房屋价款的确定应当由政府房管部门进行评估,确定出最高价格,然后由双方当事人在此限度内自由协商确定。

4. 期限

房屋买卖合同中的期限,包括合同签订及生效期限、价款的支付期限、交付房屋期限等。

5. 交付办法

交付办法包括房屋出卖人交付房屋办法和买受人支付价款办法。买受人在接管房屋时,应对房产主体验收,并按房产交易程序到房管部门办理房屋产权过户手续,交纳税金和费用,领取房屋产权证明。价款支付办法应该确定是一次付款还是分期付款;是现金支付,还是转账、汇兑或信用证支付。

6. 违约责任

违约责任是指房屋买卖合同当事人违反合同规定不履行自己的义务所应承担的责任,即更付违约金并赔偿损失。合同中应写明违约金的数额或计算违约金的办法,没有规定的,按法律规定支付对方 2%~5% 的违约金。

以上几项是房屋买卖合同必须具备的条款。除此之外,当事人任何一方要求在合同中予以另外的规定并经对方同意,也可以作为主要条款加以明确。

(二) 房屋租赁合同

根据《城市房屋租赁管理办法》等有关规定,租赁合同应当具备以下条款:

1) 当事人的姓名或者名称、住所。
2) 房屋的坐落地点、面积、结构、装修及设施状况。
3) 租赁用途。承租人租赁房屋是作个人住宅用,还是作商业用途,如开商店、饭店等,这些应该在合同中写清楚,以便出租人可以约束承租人按租赁用途合理使用房屋。
4) 租赁期限。租赁期限最长不得超过 20 年。
5) 租赁价格和支付期限、方式。
6) 修缮责任。
7) 转租的约定。根据法律规定,如果承租人经过出租人同意是可以将租赁的房屋转租给他人的。在转租过程中,承租人也可受益。如果没有在合同中约定,那么承租人是无权转租的。
8) 变更、解除合同的条件。租赁时间最长可达 20 年,短期也有几个月的,在这么长的时间里,很多事情是难以预料的(比如承租人连续失踪几个月,也没有交房租)。出租人和承租人可以根据情况,在合同中约定发生某些情况时可以变更和解除合同,以减少损失。
9) 违约责任及合同纠纷的解决方式。很多租赁合同对违约责任都没有做出约定,往往都写上按我国《合同法》处理。而《合同法》是要求当事人在签订合同时自己做出约定的,这样一旦发生纠纷时,对违约方的违约责任难以界定。因此当事人应该对违约责任予以明确,比如说承租人未按期支付租金的,应该向出租方按当月租金的30%支付违约金,这样操作起来非常方便。

10)当事人约定的其他条款。

(三)房屋抵押合同

房产抵押必须签订房产抵押贷款合同,房产抵押贷款合同在签订时应当写明以下内容:

1)抵押人、抵押权人的名称或姓名、住所、营业场所、银行账户、所有制性质。

2)借款的金额、币别、用途、期限、利率、支付方式、归还本金利息的方法和日期。

3)抵押房产的坐落位置、楼号、层次、房号、面积、抵押价、所有人及权利义务情况。

4)抵押房产的占有方式、保管责任、收益归属及意外毁损的风险承担。

5)抵押房产的保险情况与保险权益。

6)违约责任与争议解决方式。

7)签约的日期、地点。

(四)房产入股合同

房产入股是以房产作为资本与他人合作合资参与其他经营活动。房产入股参与其他经营活动,使房地产企业能以一业为主开展多种经营,使房产经营的道路越走越宽;可以使房屋所有权人获得更多的经济收益。

房产入股参与其他经营活动,应签订房产入股合作合资经营协议书。在协议中应明确以下内容。

1)合作合资各方的姓名或名称,合作合资经营企业的名称。

2)入股房产的坐落位置、楼号、层次、房号、房产的面积、入股的作价。在合作合资企业中所占的股份比例,入股房产的用途。

3)合作合资各方在合作经营中各自所占的股份和任务、责任,以及经济收益分配或风险承担。

4)房产入股的合作期限。房产入股经营协议的其他内容根据经营情况,依据经济合同法的要求办理。

二、房地产投资操作流程

(一)一手房买卖流程

1)选房。

2)议价。

3）交订金，签订购房意向协议书。

4）签订房屋买卖合同。

5）申请登记。买卖双方应持有《商品房买卖合同》、购房发票、买房人的身份证，到房地产交易中心申请过户。

6）查验证件。

7）填写《房地产买卖契约》、《房地产买卖申请审批书》，并缴纳有关税费。

8）过户，取得土地证、产权证和契税证。

一手房买卖流程如图 5.1 所示。

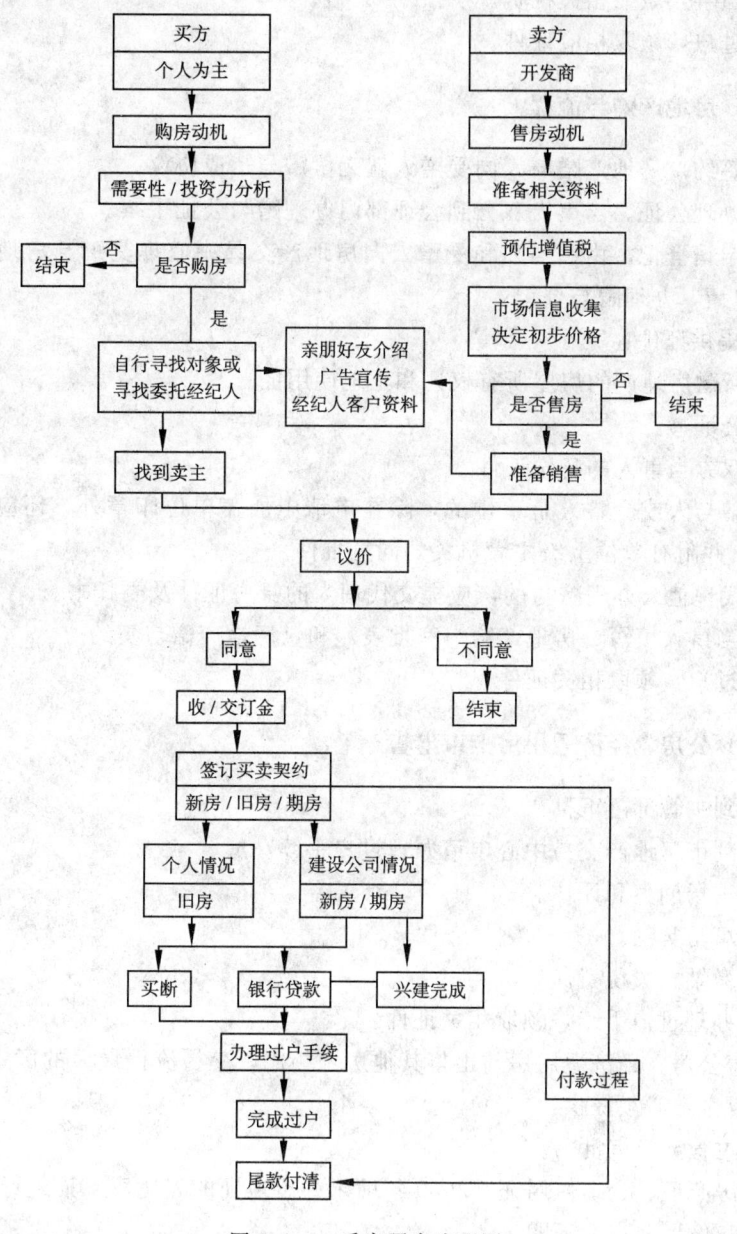

图 5.1　一手房买卖流程图

(二）房地产交换流程

1）在洽谈协商的基础上，双方必须签订房地产交换合同。

2）申请过户。双方当事人持所签合同和各自房屋所有权证、土地使用证申请过户。

3）当事人双方签订《房地产买卖申请审批书》、《房地产买卖契约》。

4）工作人员实地勘查、评估。

5）当事人缴纳相关税费。

6）过户，领取相应证件。

（三）房地产赠与流程

1）签约。房地产赠与人同受赠人就无偿赠与达成协议。

2）办理公证。当事人双方到公证部门办理赠与公证手续。

3）申请登记。由赠与人和受赠人向房地产交易中心提交赠与房地产和接受赠与的申请，办理赠与登记。

4）提供证件：

① 所赠房地产的房屋所有权证和土地使用证。

② 公证书。

③ 双方当事人的身份证件。

④ 赠与人或受赠人是单位的，除在申请中加盖单位印章外，还应有法人代表签字，并附有单位上级主管机关的同意批件。

⑤ 代理他人办理赠与的，应提交代理人的身份证件及委托书。

5）当事人填写《房地产赠与审批表》和《房地产赠与契约》。

6）过户，领取相关证件。

（四）公房、经济适用房上市出售

1）到主管部门审批。

2）到市房地产交易中心申请办理过户手续。

3）现场勘察和评估。

4）填写契约。

5）缴纳相关税费。

6）办理过户手续，领取相关证件。

出售公房、经济适用房与出售其他房屋相比，交易流程最大的区别是提供的证件较复杂，必须提供：

① 主管部门审批书。

② 房产证、土地使用证（2000年前未办土地证的先凭房产证进行交易）。

③ 身份证、户籍证明。

④ 同住成年人同意上市出售书面意见。

⑤ 原单位在同等条件下保留或放弃优先购买权的书面意见。

三、房地产交易税费

投资置业的税费相对其他商品较为复杂，不同类型的房产税费不同，全国各省、市税费种类虽然大致相同，但税费率有较大的不同，即使是同一市区，税率也不尽相同。下面的税费仅供置业者在置业过程中参考（注：不同地区的房产，税费也不尽相同，在投资过程中应根据自己房屋的实际情况来确定该交纳的税费）。

个人转让房屋涉及营业税、个人所得税、契税、城市维护建设税、印花税、土地增值税等6个税种，其中契税由买房者缴纳，印花税由买卖双方缴纳。其余的税全部由卖方承担，但在实际操作中所有税费全部由买方承担。

营业税税率为5%，不足5年的住房要全额缴税，超过5年（含5年）的非普通住房按售房收入减去购买房屋的价款后的差额缴税。

个人所得税税率为20%，以转让收入减去财产原值和合理费用后的余额为应纳税所得额。卖房人也可以通过核定征税的方式缴纳个人所得税，核定征税税率暂按住房转让收入的1%执行。个人转让自用5年以上，并且是家庭唯一生活用房取得的所得，免征个人所得税。

土地增值税实行四级超率累进税率，根据土地增值额的不同，税率分别为30%、40%、50%和60%。卖房人也可以选择核定征收的方式，按转让二手房交易价格全额的1%征收率缴纳土地增值税。

城市建设维护税随营业税征收，计税金额为营业税的实际缴纳税额。印花税税率为1‰，买卖双方各承担万分之五。

契税税率为3%，以购房价格为计税依据缴纳。个人购买自用普通住宅，暂减半征收契税。

宁波市享受优惠政策的普通住房标准为同时满足以下三个条件：住宅小区建筑容积率在1.0（含）以上；单套建筑面积在140（含）平方米以下；实际成交价低于同级别土地上普通住房平均交易价格1.2倍以下。

四、房地产融资

（一）投资置业贷款方式

1. 公积金贷款方式

住房公积金是指国家机关、国有企业、城镇集体企业、外商投资企业、城镇私营企业及其他城镇企业、事业单位（以下简称单位）及其在职职工缴存的长期住房储蓄金。职工个人缴存的公积金是个人长期储蓄的住房基金；单位缴存的公积金是单位对职工住房分配从实物分配向货币分配的转化。两者都归职工个人所有。我国的住房公积金制度是城镇住房制度改革的产物，其目的是在国家、企业、个人三者共同负担的情况下筹集住房资金，并在筹集住房资金的过程中，通过长期的储蓄积累，逐步增强职工个人住房支付能力。

公积金贷款最大的优点是利率最低,可以享受比商业贷款低1‰左右的还款年利率,对于高达几十万元的房款,仅仅一个百分点左右的基数也可以为买房者省下上万元的费用。另外,当国家对贷款利率进行调整的时候,通常对公积金贷款利率的调整幅度会小于商业贷款的调整幅度。很多人在买房子时感觉商业贷款和公积金贷款利率的差别并不是很大,但实际上,在国家对利率进行调控的时候,买房人才发现公积金贷款利率与商业贷款之间的差距越来越大。如2007年3月18日央行加息,虽然商业贷款和公积金贷款的利率同时进行了调整,但调整幅度不同,五年以上的商业贷款上调了0.27%,公积金贷款仅上调了0.18%〔五年期以下(含五年)从4.14%调整为4.32%,五年期以上从4.59%调整为4.77%〕。同样是20年期40万元的贷款,采用等额本息还款,公积金贷款(利率按4.77%)比商业贷款(利率按7.11%)总共要节省129 247.33元。

申请住房公积金贷款,借款人需要具有城镇常住户口或有效居留身份,有稳定的职业和收入;在申请贷款之日前,须连续缴存住房公积金1年以上(含1年);要具有市住房公积金管理中心认可的购买、翻建、大修自住住房及偿还职工在商业银行购买自住住房贷款的证明;有市住房公积金管理中心认可的房产或有价证券作为抵押或质押,同时有足够代偿能力的职工个人作为担保人,担保人须提供担保的书面材料和担保人资信证明;借款人还应有不少于住房总价30%的自筹资金作为购房的首付款。

2. 商业性住房抵押贷款

商业性住房抵押贷款品种繁多,但从本质上看,可以根据贷款期间的贷款利率是否参照市场利率指数进行调整,将抵押贷款分为固定利率抵押贷款和可调利率抵押贷款两大类:

1) 固定利率抵押贷款。是指贷款利率在整个贷款期内固定不变的贷款方式。这是国外房地产金融领域中最流行的方式。其中,最为普遍的品种是本息均摊方式。每月付款额是研究固定利率抵押贷款的重要因素。

2) 可调利率抵押贷款。所谓可调利率购房抵押贷款,是指将贷款利率参照某些利率指数,根据预先确定的方式调整贷款利率和每月付款额的贷款方式。这是20世纪80年代以来美国市场上的重要贷款方式。

(二) 投资置业还款方式

1. 双周供还款方式

双周供还款方式是指将按揭贷款的还款方式从原来每月还款一次变为每两周还款一次,每次还款额为原来月供的一半。适合人群:收入较为稳定和均衡的人士,如除了月收入以外还有其他的较为定期的收入来源(季度奖、年终奖),由于月收入的相对固定,投资者不愿意增加每月供款压力,而在有额外收入来源的时候,希望通过小额提前还款来节省利息。在选定了贷款期限的情况下,采用双周供还款与按月还款相比,可以大大减少利息负担、有效缩短还款期限。

2. 等额本金还款方式

等额本金还款方式是指每月归还本金的金额不变，而利息却逐月递减。这样随着时间的推移所还的本息和越来越少，从而还款压力也就越来越小。如果现在的收入状况很好，并不觉得生活负担很重，那么应该尽量选择"等额本金还款法"。因为随着年龄的增大，收入可能会有所下降，这个时候如果每月的还款额也同步下降，生活就依然不会有太大的压力。等额本金还款方式特别适合四十多岁目前收入稳定的家庭。当然如果已确定还款时间二十年以上，对刚大学毕业或刚成家的年轻人也较适合，因为一旦有了孩子，随着孩子长大所支付的学费等费用也会越来越高，到还款后期正是孩子上高中和大学的时期，这时每月所支付的利息很小，每月还款总额差不多就只剩下本金部分。

3. 等额本息还款方式

银行目前办理得最多的还款方式就是等额本息还款方式。这种还款方式是按按揭贷款的本金总额与利息总额相加，然后平均分摊到还款期限的每个月中。等额本息还款方式尤其适合收入处于稳定状态的人群，以及买房自住、经济条件不允许前期投入过大的人群。作为还款人，每个月还给银行固定金额，但每月还款额中的本金比重逐月递增、利息比重逐月递减。这种还款方式便于借款人安排收支。

每种还款方式都是根据借款人剩余本金的多少计算利息的。不同的是，有的还款方式归还本金的速度比较快，有的则较慢，由此导致不同还款方式总利息的不同。

【例 5.1】 张先生五年前通过贷款方式在某楼盘买了一套一手商品房，建筑面积 150 平方米，总价 60 万元。首付 20 万元，其余 40 万元通过贷款方式支付，贷款期限 20 年。

如果张先生选择等额本息的还款方式，月均还款约 2800 元，20 年共还款约 672 000 元，其中包含利息约为 272 000 元。

如果张先生选择双周供还款，那么他每两周还款约 1400 元，20 年共还款约为 629 700 元，其中包含利息约为 229 700 元。比等额本息节省利息约 42 300 元。

如果张先生选择等额本金的还款方式，20 年共还款约为 628 000 元，其中包含利息约为 228 000 元。比等额本息节省利息约 44 000 元，比双周供节省利息约 1700 元。

尽管在本例中，等额本金还款方式所支付的利息最少，但是并不适合所有的投资者，银行推出不同的房贷还款方式，就是为了满足收入情况不同的各种借款人的需要。投资者应根据自己目前的收入状况及未来的收入预期状况来选择适合自己的还款方式，既要最经济又要量力而行，这样生活才会舒适，至少不会有压力。

本 章 小 结

房地产投资，是指投入一定数量的货币资本或某种类型的资产投入房地产的经济活动，以获得一定利润的经济行为。房地产投资具有收益、保值、增值和消费四个方面特性。房地产投资包括房地产开发和房地产与金融资产的组合，如房地产抵押贷款的设定、房地产金融资产证券化等。因此，房地产投资一方面表现为实物资产的投资活动，另一方面又表现为金融资产的投资活动。房地产投资要考虑投资时机、投资地段和投资质量三个要素。

　　房地产投资收益主要有四种：销售收益、租金收益、避税收益和无形收益。房地产投资的风险包括市场风险（含流动性和变现性风险、购买力风险、利率风险）、经营性风险、社会风险、政策风险和自然风险。房地产投资按投资的对象不同，采取不同的策略。

第六章

家庭理财规划

在本章，你将学习到如下知识点：
个人生命周期理财计划
家庭财务分析
- 家庭财务报表及其编制
- 家庭财务比率分析

编制家庭理财方案

第一节 个人生命周期理财计划

个人理财规划目标是为人一生中对不断提高的物质和文化需求提供经济保障。因此,个人理财规划必然具备生命周期特征。如何依据人的生命周期特点来制定理财计划?本节将在阐释个人生命周期理财理论基础上,教你制定生命周期理财计划的技术方法,以帮助你为自己一生制定一个合理的理财计划。

个人理财是家庭理财的前提和基础,现代经济学和金融学为个人制定和实施跨越其整个生命周期的理财计划提供了理论基础和技术方法。

一、个人生命周期理财的理论基础

(一)持久收入假说

持久收入假说由美国著名经济学家弗里德曼提出。他认为,居民消费水平不取决于现期收入的绝对水平,也不取决于现期收入和以前最高收入的关系,而是取决于居民的持久收入。持久收入假说将居民收入分为持久收入和暂时收入,持久收入是指在相当长时间里可以得到的收入,是一种长期平均的、预期内得到的收入,一般用过去几年的平均收入来表示。暂时收入是指在短期内得到的收入,是一种暂时性的偶然的收入,可能是正值(如意外获得的奖金),也可能是负值(如被盗等)。

持久收入假说的基本观点是:第一,从长期来看,消费支出取决于持久收入。弗里德曼认为,理性的消费者为了实现终生的效用最大化,不是根据现期的暂时性收入,而是根据长期中能保持的收入水平(即持久收入水平)来作出消费决策,因此,消费者支出水平不由其现期收入而是由持久收入决定;第二,持久收入与暂时收入不同,只有前者才影响消费支出;第三,持久收入是稳定的,所以,个人的消费函数也是稳定的,从一个较长时间来看,个人消费支出水平相对稳定;第四,持久收入不仅包括劳动收入,而且还包括财产收入,因此,消费不仅取决于收入,而且还取决于财产。

这一假设告诉我们,在人的一生中,其持久收入是稳定的,这决定了其消费函数也是稳定的。暂时性收入的变动通过对持久性收入变动的影响而影响消费,所以短期中暂时性收入的变动会引起消费波动。

(二)生命周期储蓄假说

生命周期储蓄假说又称消费与储蓄的生命周期储蓄假说,是由美国经济学家莫迪利安尼、布伦贝格、安东等共同提出。

生命周期储蓄假说首先假定消费者是理性的,能以合理的方式分配自己的收入进行消费,同时,消费者行为的唯一目标是实现效用最大化。这样,人们会把其当前和未来预期所能得到的全部收入和财产按一定比例分配到人的一生的各个时期，即根据效用最大化的原则使用一生的收入，安排一生的消费与储蓄，使一生中的收入等于消费。

该假说认为，人是理性的，为了在一生中有比较稳定的生活水平，并使一生的总效用达到最大，就不能根据现期收入的绝对水平来决定自己的消费支出，而是要根据一生所能得到的收入与财产来决定各个时期的消费支出，即每个人在每一时点上的消费和储蓄决策都反映了希望在其生命周期各个阶段达到消费的理想分布，以实现一生消费效用最大化的目标。因此，每个人的消费取决于他们在各个生命周期内的总收入和财产。这样，消费就取决于个人和家庭所处的生命周期阶段。生命周期储蓄假设将人的一生分为年轻时期、中年时期和老年时期三个阶段，其中老年时期是指退休以后的阶段。

一般来说，在年轻时期，个人收入低，但未来收入会增加，因此在这一阶段，往往会把家庭收入的绝大部分用于消费，有时甚至举债消费，导致消费大于收入；进入中年阶段后，个人收入会增加，但消费在收入中所占的比例会降低，收入大于消费，因为一方面要偿还青年阶段的负债，另一方面还要把一部分收入储蓄起来用于养老；退休以后，收入下降，消费又会超过收入。因此，在人的生命周期的不同阶段，收入和消费有不同的关系，消费在收入中所占的比例不是不变的。

生命周期储蓄假说来自一个简单的道理：人们一般将可用于消费的财富在一生中平均使用，他们在有赚钱能力的年代里积累足够多的钱，以便在退休后能继续保持同样的消费水平。

二、制定个人生命周期理财计划的技术方法

生命周期理财是指个人根据一生的收入和支出来安排在各个生命阶段的即期消费和储蓄，目的是获得整个生命周期内的效用最大化。下面通过例 6.1 来说明这一问题。

【例 6.1】 小李今年 35 岁，预计到 65 岁退休，退休后继续生活 15 年，直到 80 岁，其现在年收入为 30 000 元，且尚未积累任何资产。为了使问题简单化，假定没有税收，没有通货膨胀因素，小李在退休前收入保持不变，年利率保持为 3%。那么，小李该如何为自己的养老进行储蓄呢？

分析：从本案例来看，小李要想合理安排自己的退休生活，必须在工作时期就要为未来储蓄和投资，从而使得退休后获得与退休前相同的消费支出水平（或略低于退休前），因而问题的关键在于确定小李退休前的年储蓄额，年储蓄额的获得有两种计算方法，具体如下。

方法一：退休前收入目标替代率法。

很多理财专家认为，在制定养老储蓄计划时，应当以退休前收入的 75% 为目标，即退休前收入的目标替代率方法。现在假定小李采取这种方法，希望在退休后每年能获得退休前年收入的 75%，即 22 500 元（30 000×75%）。

第一步，计算小李退休后连续15年获得22 500元的现值：

$$PV = A\frac{1-(1+i)^{-n}}{i} = 22\,500 \times \frac{1-(1+3\%)^{-15}}{3\%} = 268\,604\,(元)$$

第二步，计算小李为达到这一金额的养老储蓄金额而每年需储蓄的金额：

$$FV = A\frac{(1+i)^n - 1}{i}$$

$$268\,604 = A \times \frac{(1+3\%)^{30} - 1}{3\%}$$

$$A = 5646\,(元)$$

由上可知，小李为了在退休后15年中每年可以取出22 500元的退休金，其在未来30年的工作期间内每年需存款5646元。

这一方案唯一的缺点是小李在退休前后的生活水平不一样，退休前其每年消费支出水平为24 354元（=30 000－5646），而退休后每年只有22 500元可供消费。当然，小李为了能确保自己在退休前后保持同样的生活水平，他可以选择一个高于75%的替代率重新计算，如果新的替代率被证明太高，可以再试一个稍低一点的，继续反复试验，直到找到一个能够使退休前后的消费水平保持一致的替代率。使用这种试错法非常麻烦，如果采用下面的方法则可以较为便利地确定一个金额，以确保小李在退休前后有着同样的支出水平。

方法二：维持相同的消费水平。

假定小李现在的目标是退休后维持与退休前相同的消费支出水平，即其未来的45年内都保持同样的消费支出水平，设这一支出水平为C。本方法的基本思路是：计算出小李未来30年全部收入的现值，再将这笔现值平均分配到未来的45年，平均分配到每年的现值即为C。

第一步，计算小李未来30年全部收入的现值：

$$PV = A\frac{1-(1+i)^{-n}}{i} = 30\,000 \times \frac{1-(1+3\%)^{-30}}{3\%} = 588\,010\,(元)$$

第二，计算小李未来45年中每年可支出的金额（即C）：

$$PV = A\frac{1-(1+i)^{-n}}{i}$$

$$588\,010 = C \times \frac{1-(1+3\%)^{-45}}{3\%}$$

$$C = 23\,982\,(元)$$

由上可知，小李在未来45年内的不变支出水平是23 982元，从现在开始，他每要储蓄6018（30 000－23 982）元，即可保证退休后每年保持23 982元的消费支出水平。

例6.1有着极其严格的假设前提（在现实中并不存在），与复杂的现实情况相比显得过于简单和理想化，但这并不妨碍我们从中得到启示和借鉴。这一案例表明，人们可以通过科学的规划和合理的储蓄与投资行为将自己一生的消费支出水平维持在一个比较接近的水平，即实施跨时期的个人生命周期理财计划。方法二的计算过程表明，小李未来45年消费支出的现值与未来30年劳动收入的现值相等，从金融学角度讲，小李未来 30 年劳动收入的现值即是其人力资本（human capital），而其在未来 45 年中保持不变的消费支出水平即是其持久收入（permanent income），即小李的人力资本是 588 010 元、持久收入是 23 982 元。有兴趣的读者可以参照此案例，估算一下自己的人力资本和持久收入水平。

第二节 家庭财务分析

通过家庭财务分析我们才能确立个人理财规划目标，制定个人理财规划策略。要了解家庭财务状况，首先必须了解和学会家庭财务报表的编制，其次要学会通过家庭财务报表分析家庭财务状况。什么是家庭财务报表？它包括哪些内容？每个报表能反映什么样的信息？我们如何利用这些信息进行家庭财务状况分析？本节将为你全面展示家庭财务报表的内容和编制方法，并教会你如何利用报表来分析家庭财务状况，为编制家庭理财方案打好基础。

一、家庭财务报表及其编制

家庭财务分析是编制家庭理财方案的前提与基础。家庭财务分析主要借助于编制家庭财务报表和分析家庭财务指标等方法和手段来统计和获取家庭财务信息，并分析家庭财务状况，为理财方案的制定提供依据。家庭财务报表主要有家庭资产负债表和家庭现金流量表两种。

1. 家庭资产负债表及其编制

家庭资产负债表是指截止到某一时点上，列示家庭拥有的各项资产和未清偿的各项负债的家庭财务报表。借鉴企业的资产负债表，可以编制出家庭资产负债表，其主要科目如下：

（1）资产类科目

1）金融资产项目，具体包括：

① 现金与现金等价物，包括现金、活期存款、定期存款、其他类型银行存款、货币市场基金、人寿保险现金收入等；

② 其他金融资产项目，包证证券资产（债券、股票及权证、基金、期货）、外汇实盘投资、理财产品（人民币理财产品、保险理财产品、信托理财产品）等。

2）实物资产项目，包括房产（自住房、投资的房地产）、机动车、家具和家用电器、珠宝和收藏品以及其他个人实物资产等。

（2）负债类科目

负债类科目包括信用卡透支、教育贷款、汽车贷款、住房贷款、其他贷款和其他负债等。

家庭资产负债表的具体格式如表 6.1 所示。

表 6.1 家庭资产负债表（单位：元）

日期：　　　　　　　　　　　　　　　　　　　　　　　　　　　姓名：

资产			金额	负债	金额
金融资产	现金与现金等价物	现金		信用卡透支	
		银行存款		教育贷款	
		货币市场基金		汽车贷款	
		人寿保险现金收入		住房贷款	
	小计			其他贷款	
	其他金融资产	证券资产		其他负债	
		外汇实盘投资			
		理财产品			
		其他			
	小计				
金融资产合计					
实物资产	房产				
	机动车				
	家具和家用电器类				
	珠宝和收藏品类				
	其他				
实物资产合计					
资产总计				负债总计	
净资产（总资产－总负债）=					

【例 6.2】 A 家庭截止到 2006 年 12 月 31 日，其家庭资产和负债情况如下：现金 2850 元，各类银行存款 27 350 元，股票（市值）38 000 元，自住住房产 420 000元，其他实物资产 62 400 元，住房贷款 100 000 元，未付网络费、电话费、电费、水费等 2700 元，汽车贷款 62 000，教育贷款 35 000 元，其家庭资产负债表如表 6.2 所示。

表 6.2 A 家庭资产负债表（单位：元）

日期：2006－10－30　　　　　　　　　　　　　　　　　　　　姓名：李二元

资产	金额	负债	金额
现金	2850	教育贷款	35 000
银行存款	27 350	汽车贷款	62 000
证券资产	38 000	住房贷款	100 000
房产	420 000	其他负债	2700
其他实物资产	624 000		
资产总计	550 600	负债总计	199 700
净资产（总资产－总负债）＝350 900			

2. 家庭现金流量表

家庭现金流量表是反映某一时段（一个月、半年、一年等）家庭各项现金收入和支出的家庭财务报表。一般按月或年为单位编制，分为收入和支出两个部分，家庭现金流量表的主要科目设置如下：

(1) 收入类科目

1) 工资和薪金，指家庭成员的工资薪金总额。

2) 自雇收入（稿费及其他非薪金收入），指家庭成员的劳动报酬所得、个体工商户的生产经营所得及对企事业单位承包承租经营所得。

3) 奖金和佣金，指家庭成员的奖金收入及非工资的佣金收入。

4) 养老金和年金，指家庭成员的养老金和年金收入。

5) 投资收入，具体包括利息和分红、资本利得（证券的价差收益）、租金收入和其他投资收入。

6) 其他收入，指除上述收入以外的收入，如偶然所得。

(2) 支出类科目

1) 住房，具体包括租金、抵押贷款支出、修理、维护和装饰支出等。

2) 家电、家具和其他大件消费品，指这些耐用消费品的支出金额。

3) 汽车，具体包括贷款支付、汽油及维护费用、保险费、养路费、车船税、过路与停车费用等方面的支出。

4) 日常生活开支，包括通信费、交通费、日常生活用品支出等内容。

5) 购买衣物支出，指家庭成员购买服装、鞋帽等物品的支出。

6) 个人护理支出，包括化妆品、头发及皮肤护理、健身等项目的费用支出。

7) 休闲和娱乐，包括外出旅游、度假支出和家庭成员在娱乐场所的消费支出。

8) 商业保险费用，包括人身保险、财产保险和其他商业险种的费用支出。

9) 医疗费用，家庭成员用于医疗保健方面的支出。

10) 其他支出。

家庭现金流量表的具体格式如表 6.3 所示。

表 6.3 家庭现金流量表（单位：元）

日期： 姓名：

收 入	金 额	支 出	金 额
1. 工资和薪金		1. 住房：	
2. 自雇收入		租金/抵押贷款支付	
3. 养老金和年金		修理、维护和装饰	
4. 奖金和佣金		2. 家电、家具和其他大件消费	
5. 投资收入：		3. 汽车	
利息和分红		4. 日常生产开支	
资本利得		5. 购买衣物支出	
租金收入		6. 个人护理支出	
其他投资收入		7. 休闲和娱乐	

续表

收 入	金 额	支 出	金 额
6. 其他收入		8. 商业保险费用	
		9. 医疗费用	
		10. 其他支出	
收入总计		支出总计	
		现金结余（或超支）：	

【例 6.3】 A 家庭 2006 年的各项收入与支出有：工资收入 75 000 元，资金和津贴 10 000 元，银行存款利息 1600 元，股票投资收益 28 000 元，另有稿费收入 3000 元、获赠收入 1000 元；住房贷款还款 42 000 元，保险费用支出 3000 元，医疗费用 3400 元，衣物购置支出 6600 元，旅游支出 5400 元，吃饭等日常生活支出 30 000 元。该家庭 2006 年现金流量表如表 6.4 所示。

表 6.4　A 家庭年现金流量表（单位：元）

日期：2006—1—1 至 2006—12—31　　　　　　　　　　　　　　姓名：李二元

收 入	金 额	支 出	金 额
工资和薪金	75 000	住房	42 000
奖金和佣金	10 000	日常生活开支	30 000
投资收入：		购买衣物支出	6600
利息和分红	1600	休闲和娱乐	5400
资本利得	28 000	商业保险费用	3000
其他收入	4000	医疗费用	3400
收入总计	118 600	支出总计	90 400
		现金结余（或超支）：28 200	

二、家庭财务比率分析

依据家庭财务报表的有关数据，可以进一步进行家庭财务比率分析，家庭财务比率主要包括结余比率、投资与净资产比率、清偿比率、负债比率、即付比率、负债收入比率和流动性比率等。

（一）结余比率

结余比率的计算公式如下：

$$结余比率 = 年结余 \div 年总收入$$

该指标主要反映家庭提高其净资产的能力，指标值越高，说明家庭提高其净资产的能力越强，反之亦然。本指标的参考值为 10%，即正常情况下，家庭应将其年度总收入的 10% 结余下来，用于储蓄或投资。

（二）投资与净资产比率

投资与净资产比率的计算公式如下：

投资与净资产比率＝投资资产÷净资产

该指标反映家庭运用其净资产投资的比率，参考值为50%，即一般来说，家庭可运用其净资产值的一半进行各种形式的投资。

(三) 清偿比率

清偿比率的计算公式如下：

清偿比率＝净资产÷总资产

该指标反映了家庭综合偿债能力的高低，参考值为50%，该指标值越高说明家庭财务状况越安全。

(四) 负债比率

负债比率的计算公式如下：

负债比率＝负债总额÷总资产

该指标从另一个角度反映了家庭综合偿债能力的高低，负债比率与清偿比率的和等于1。

(五) 即付比率

即付比率的计算公式如下：

即付比率＝流动资产（仅指现金及现金等价物）÷负债总额

该指标反映了家庭利用可随时变现的资产偿还债务的能力，参考值为70%。即付比率低于70%表明家庭短期偿债能力弱，家庭资产流动性弱，即付比率大于70%说明家庭短期偿债能力强，但流动资产所占比重较高，总体收益水平较低，财务结构不够合理。

(六) 负债收入比率

负债收入比率的计算公式如下：

负债收入比率＝负债÷年收入

该指标从另一个角度反映了家庭短期偿债能力的高低，临界值为40%，负债收入比率小于40%，说明家庭短期偿债能力较强。

(七) 流动性比率

流动性比率的计算公式如下：

流动性比率＝流动资产（仅指现金及现金等价物）÷每月支出

该指标反映家庭短期支出能力的强弱，参考值为3，表明家庭的流动资产总额应保持在家庭月平均支出的3倍为宜。

【例6.4】 A家庭截止到2006年12月31日的家庭资产负债表和2006的现金流量表分别如表6.2和表6.4所示，据此对该家庭的财务比率分析如表6.5所示。

表 6.5　A 家庭财务比率分析

项　目	实际值	参考值	基本评价
结余比率＝28 200÷118 600	23.77%	10%	指标值较大，该家庭具有较强积累财富的意识
投资与净资产比率＝65 350÷350 900	18.62%	50%	指标值较小，从实际情况看，该家庭可用于投资的资产相对较少
清偿比率＝350 900÷550 600	63.73%	50%	指标值较大，该家庭综合偿债能力强、家庭资产负债较为安全
负责比率＝199 700÷550 600	36.27%	50%	
即付比率＝30 200÷199 700	15.12%	70%	指标值严重偏低，该家庭流动性资产储备严重不足，急需改善
负债收入比率＝199 700÷118 600	168.38%	40%	指标值严重偏高，该家庭收入相对于负债而言较低，急需改善
流动性比率＝30 200÷7533	4.01	3	指标值略超过 3，该家庭短期内支付能力较强

综合上述各项指标可知，该家庭是一个典型的处于成长阶段的青年家庭，资产总额不高，但负债相对不低，该家庭具有较强的为未来积累财富的意识。对于该家庭来讲，下一步急需要改善家庭资产的流动性结构，提高投资性资产所占比重，并逐步降低负债额。

第三节　编制家庭理财方案

制定可行性的家庭理财方案是个人理财规划的关键，没有理财方案，理财行为就没有方向性和目的性。如何编制一个可行的理财方案？本节将教你制定理财方案的步骤和方法。

一、家庭理财方案概述

编制家庭理财方案是家庭理财规划的第三个环节，也是至关重要的一个环节。家庭理财方案是在充分获取家庭基本情况、财务状况、理财目标及风险偏好等信息基础上，运用科学的方法，利用财务指标、统计资料、分析核算等多种信息和手段，对客户的财务现状进行描述、分析和评议，并对家庭理财规划提出方案和措施的书面报告。

家庭理财方案由前言和正文两大部分构成。前言主要就理财方案的假设前提作交待和说明，包括未来平均每年的通货膨胀率、家庭收入的年增长率、银行存款利率、证券和理财产品的平均投资回报率、房产的市场价值、机动车的市场价值、教育费用的年增长率、个人所得税及其他税率以及汇率升贬值幅度等方面所做出的假设和描述。

正文是家庭理财方案的核心,一般包括六大部分:家庭基本情况和财务分析,家庭理财目标,分项理财方案,调整后的财务状况,理财方案的执行和附件及相关资料。

二、编制家庭理财方案程序

家庭理财方案编制程序如图6.1所示。

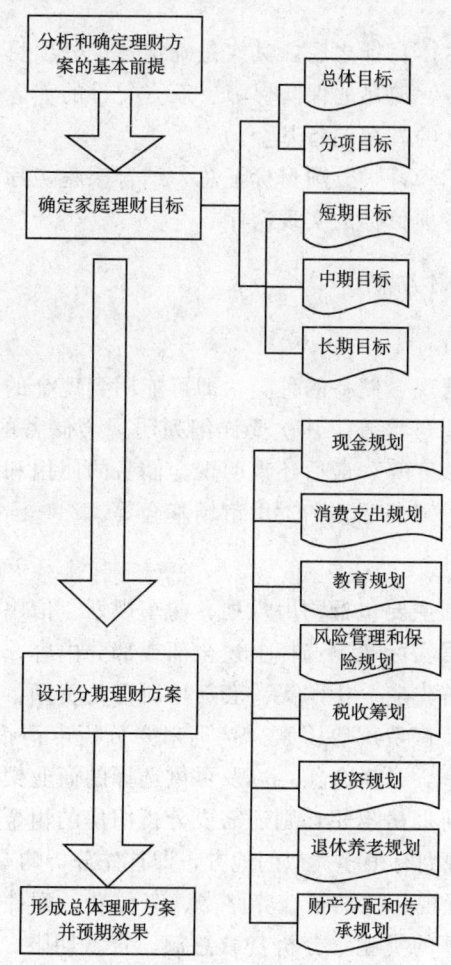

图6.1 家庭理财方案编制程序示意图

(一)分析和确定理财方案的假设前提

家庭理财方案需要基于相关的假设前提(参见前文)。在编制家庭理财方案之前,需要进行大量财经信息的收集、整理与分析工作,以最大限度地保证有关假设前提接近实际情况。

(二)确定家庭理财目标

家庭理财目标的最终确定取决于两个关键因素:一是家庭实际情况和未来各

项消费、投资和保障需求;二是假设前提,即对未来经济与金融发展趋势的基本判断。家庭理财规划目标中需要包括诸如养老、保险、子女教育、投资、遗产等分项目标。为了确保理财规划的实际操作性,可以将总体理财目标分为三个阶段性目标:短期目标(5年以内),如买房、买车、出国旅游等;中期目标(10~20年),如子女教育计划、家庭长辈的养老安排、家庭固定资产转换计划、夫妻双方继续教育计划等;长期目标(20~30年),如夫妻双方养老安排、遗产传承等。

在确定家庭理财总体目标之后,其次是确定各个分项目标,这些目标应该包括足够的意外现金储备、充足的保险保障、双方父母的养老储备基金、夫妻双方的养老保障基金、子女的教育储备基金。

最后,将总体目标和各个分项目标汇总,结合家庭实际情况统筹考虑,最终确定家庭理财目标及各项目标的实现次序。

(三)设计分项理财方案

1. 现金规划

首先要列举出家庭现金储备的种类,即可能用到现金的各方面,一般包括日常生活开支、意外事项开支等。其次要详细列明现金储备的来源,如定期存款、股票套现、信用上学额度等。最后还说明现金储备的使用和管理,如将其转化为活期存款、期限较短的定期存款和货币市场基金等。

2. 消费支出规划

家庭消费支出规划主要包括购房规划、购车规划、信用卡和个人信用消费规划等。每个家庭要根据实际情况选择上述全部或部分内容。

在购房规划中,首先应分析购买一套新房所需的费用,并注明诸如面积、地域、每平方米价格、装修费用等因素。接下来要分析申请银行贷款的有关事项,如贷款总额、贷款利率、月供金额,以及可供选择的商业银行等因素,如果新房买好后,入住新房并将旧房出租,则还需要分析旧房的租金等因素。

购车规划和购房规划有很多类似的地方,即首先分析购车所需的费用,以及车型、牌照费、车辆购置税、耗油量、养路费、车位费、配件价格、保养维修等因素,然后考虑申请贷款的类型,分析贷款总额、贷款期限、贷款利率、月供金额等,并根据当前的汽车市场状况,综合考虑各方面因素,给出购买具体品牌车型的选择对象。

3. 教育规划

教育规划需要在分析家庭的教育需求信息、分析教育费用的变动趋势并估算教育费用的基础上,为家庭成员选择适当的教育费用准备方式及工具,制定并根据情况的变化调整教育规划方案。在制定教育规划时要列明子女将来所需的各项教育费用,一种方案是子女在国内接受教育,要分析国内学校的学费、生活费用及学费的年均增长率等因素;另一种方案是送子女到国外接受教育,要分析国外学校每年的学费、生活费、学费的年均增长率和汇率变动情况。根据家庭的实际情况，选择上述方案中的一种，并制定教育费用储备规划。

4. 风险管理和保险规划

在制定风险管理和保险规划时，首先要将家庭成员已有的险种列举出来，接下来就每位家庭成员所需要的保险种类进行具体分析，比如家庭的支柱成员需要配备什么样的险种，子女和老人需要配备什么样的险种等，再与市场现有保险品种进行对比分析进而确定应补充购买的险种。在制定风险管理和保险规划时，要注意最大程度节约财务成本，避免规划中的不确定性。对于不能用商业保险进行风险保障的家庭成员，应考虑采取其他自保措施。

5. 税收筹划

税收筹划是在遵守国家税法的前提下，分析家庭成员的日常生活、投资活动等行为中涉及到的主要税种，如个人所得税、消费税、营业税、关税、印花税、房产税、车辆购置税等，可以用表格的形式对各税种的税率、征税范围、计算方法、税收优惠等列示。接下来可分别从金融投资、退休养老计划、其他投资等方面分析和说明不同活动中涉及的税种，并分析这类活动中合理的避税空间和方法。

6. 投资规划

投资规划包括金融资产规划和实物资产规划两方面内容。首先要列举家庭现有金融资产和实物资产的主要内容，如现金、银行存款、股票、债券、基金等金融资产，房产、汽车、收藏品等，接下来对上述资产的风险和收益进行分析和评估，分析当前金融资产市场和实物资产市场行情，预测其未来走势，进而提出理想的投资组合计划，并根据这一计划对现有投资组合进行调整和补充。

7. 退休养老规划

退休养老规划首先要明确家庭支柱成员的预计退休年龄、预期退休金收入、现有商业保单在退休后的年金收入，对比其退休后的预期生活开支、医疗费用支出水平，二者的差额即是家庭支柱成员从现在开始需要建立的养老储备基金。为了能储备足够的养老基金，需要制定一个相对独立的养老储备基金投资计划，明确这一投资计划的投资对象、月供款、年回报率、投资期限等，便于在实际中操作。

8. 财产分配和传承规划

财产分配是指为了家庭财产在家庭成员之间进行合理分配而制定的财务规划，以满足不同家庭成员在不同阶段的各种需要。财产传承是指家庭支柱成员在其健在时通过选择遗产管理工具和制定遗产分配方案，将拥有或控制的各种资产进行合理安排，确保在其去世后或丧失行为能力时实现家庭财产的代际相传。

（四）形成总体理财方案并分析预期效果

在各分项理财方案基本确定之后，接下来要对其进行汇总，并分析其预期效果。各分项理财方案将按照调整后的财务状况编制的家庭资产负债表、现金流量表列示于总体理财方案中,表中可同时列示调整前的数字,以方便直观地对比家庭理财方案实施后对家庭财务状况带来的变化和改进。

在此部分中,还要计算出调整后的财务比率数值,如资产负债率、负债收入比率、储蓄比率、流动性比率等,并同时列出这些比率的参考值范围,以方便分析。

三、家庭理财方案实例

(一)家庭基本情况介绍

张先生为某外企高层管理人员,税后年收入约30万元,今年40岁,张太太为私企中层管理人员,税后月工资收入约为6000元,年终奖5万元(含税金7375元),今年36岁,其子张明8岁。目前有一套住房价值90万元,目前还有10万元贷款未还,持有股票的市值约70万元,银行各项存款25万元,另有一套50平方米的住房出租,月租金收入1880元,该房产价值60万元,每月支付双方父母赡养费用2000元,月按揭还贷2000元,家庭日常开支每月4000元,孩子教育费用每月1000元,每年外出旅游等支出12 000元。夫妻双方各买了一份人身意外伤害综合保险,给孩子买了一份两全分红型保险(保险理财产品价值8280元,年缴保费4500元),他们希望在5年内买第三套房子(总价在80万元左右)和一辆车(价格在30万元左右),并打算在10年后送孩子出国留学(本硕连读,约6年,约需60万元)。

(二)家庭理财建议书

1. 假设前提

未来20年内,年通货膨胀率为4%;银行一年期定期存款利率为5%;货币市场基金年收益率为3.5%;债券年收益率为6%;股票型开放式基金年收益率为12%;分红保险和万能寿险的投资账户年收益率为6%;家庭自住房价值为90万元且保持不变;汽车价值每年贬值15%;学费年增长率7%,税率保持不变;张先生年收入增长率10%,张太太年收入增长率为7%;人民币汇率在10年内将升值20%。(上述各项假设的基本理由略)

2. 家庭成员基本情况分析(略)

3. 家庭财务状况分析

1)资产负债分析。具体如表6.6和表6.7所示。

表6.6 张先生家庭负债表(单位:元)

日期:2007—12—31　　　　　　　　　　　　　　　　　姓名:张××

资产	金额	负债	金额
银行存款	250 000	住房贷款	100 000
股票	700 000		
保险理财产品	8280		

续表

资产	金额	负债	金额
自住房	900 000		
投资的房地产	600 000		
资产总计	2 458 280	负债总计	100 000

净资产＝总资产－总负债＝2 358 280

表6.7　张先生家庭现金流量表（单位：元）

日期：2007－1－1 至 2007－12－31　　　　　　　　　　　姓名：张××

收入	金额	支出	金额
工资和薪金	372 000	房屋按揭还贷	24 000
奖金和佣金	50 000	日常生活开支	60 000
租金收入	22 560	商业保险费用	4500
		休闲和娱乐	12 000
		个人所得税（奖金）	7375
		其他支出	24 000
收入总计	444 560	支出总计	131 875

现金结余＝312 685

2）家庭收入与支出分析。该家庭收入主要来源于税后工资，相对单一，这样的收入结构对于风险的抵抗能力较差，万一家庭支柱成员出现失业和意外，极容易对家庭产生不良影响。该家庭开支中，家庭日常生活开支占主要部分，但总量不大，说明该家庭的生活相对传统，储蓄意识较强。

3）家庭财务比率分析。家庭财务比率分析如表6.8所示。

表6.8　张先生家庭财务比率分析

项目	实际值	参考值	分析结论
结余比率	95%	10%	储蓄意识较强
投资与净资产比率	55%	50%	投资意识较强
清偿比率	96%	50%	家庭财务安全度极高，可以更好地利用杠杆效应以提高资产的整体收益率
负责比率	4%	50%	
即付比率	250%	70%	过于注重流动性，财务结构不合理
负债收入比率	7%	40%	短期偿债能力有较强保证
流动性比率	27	3	流动性资产过多

从表6.8可知，张先生家庭财务结构不尽合理，流动性资产过多，结余比率过高，应适当增加投资，充分利用杠杆效应以提高资产的整体收益水平。张先生家庭目前正处于黄金阶段，预期收入会有稳定的增长，投资收入的比例会逐渐加大。同时，现有的支出也会增加，随着年龄的增长，保险医疗的费用会有所增加。另外，购车后，每年会有一笔较大的开销。目前，按揭贷款是唯一的负债，随着时间的推移，这笔负债会越来越少。

总体看来，张先生家庭偿债能力较强，结余比例较高，财务状况较好，其缺陷在于活期存款占总资产的比例过高，投资结构不太合理，家庭的资产投资和消费结构可进一步改善。

4. 分项理财规划

（1）现金规划

张先生家庭目前有流动资金 25 万元，占总资产的 10%，目前每月生活支出约 9120 元，根据流动性比率为 3 的准则，建议保留 30 000 元家庭备用金，其中，10 000 元以活期存款的方式保存，20 000 元购买货币市场基金。

若购车后，每月现金支出约增加 2000 元，家庭备用金需要提高到 36 000 元，其中，12 000 元为活期存款，24 000 元购买货币市场基金。

（2）消费支出规划

1）购车。购车费用主要包括：买车费用约 250 000 元，购置税约 25 000 元，保险费约 7000 元，养路费 110 元/月，其他杂费 700 元，总计 284 020 元。从张先生家庭实际情况来看，可在半年内买车，从存款中取出 22 万元，另外 7 万元从半年的收入结余中支取。

2）购房。张先生家庭结余较大，可在 5 年半后一次性付清第三套房的 80 万元。建议每年投资于债券或债券型基金 15 万元，按 3%（本方案假设是 6%）的保守投资收益率计算，从半年后开始，到 5 年半时即可筹齐 80 万元。

（3）教育规划

张先生为儿子投保了两全分红型保险，该险种保险责任中明确了在孩子 18~21 岁这四年间每年支付教育资金 10 000 元。基于当前实际情况和对将来的分析预测，张先生希望预留 60 万元作为孩子的出国留学费用明显偏低，按每年 18 万元计算，孩子出国留学六年需要 108 万元（静态计算），考虑到保险的分红，到孩子 18 岁时，教育经费缺口 104 万元，目前孩子 8 岁，若投资于股票型基金，按年投资回报率 10% 计算，从现在开始每年需要投资 6.5 万元。

（4）风险管理与保险规划

根据理财规划领域著名的"双十原则"，即保险规划中保额设计为 10 倍的家庭年收入，保费则不宜超过家庭年收入的 10%。张先生家庭的财产和成员都缺少风险保障，张先生、张太太和儿子的风险保障均可以通过补充商业保险完成，考虑到其家庭的收入水平，家庭各项风险保障费用不宜超过 31 000 元，即家庭年结余的 10%。

张先生是家庭收入的主要来源，现有的保险是远远不够的，考虑到张先生家庭比较宽裕，建议张先生购买人寿保险、健康保险和意外伤害保险。

从人寿保险方面来看，张先生的保额宜做到 200 万元，以保证当张先生出现严重意外或疾病时家庭不会出现财务危机。据调查，××公司的××生存死亡两全保险（万能险）比较符合张先生的需要，保额做到 200 万元的话，张先生 40 岁时需要交纳 3440 元，41 岁时交纳 3680 元，以后每年都有递增，但增幅不大；从健康保险方面来看，建议张先生购买 30 万元保额的保险，分 20 年缴清保费，每年约缴纳 14 400 元；从意外伤害保险方面来看，建议买××保险公司的人身意外伤害综合保险，100 元/份，保额 40 万元。

张太太每年收入约 10 万元左右，建议将其保额做到 20 万~30 万元。儿子张明也应补充购买意外伤害保险。

（5）投资规划

1）房地产投资分析。目前张先生家庭投资中房产投资占到了一半以上，而其家庭唯一的负债也自来于住房贷款，共 10 万元。张先生夫妇希望在五年内购买第三套住房（价值约 80 万元），根据当前房产市场实际情况和价格走势预测，他们在五年后支付 80 万元能买到的住房应该是面积在 80 平米方以内的普通型住宅，房子购买后可用于出租，收益相对稳定。

2）股票投资分析。张先生目前持有价值 70 万元的股票，从证券市场实际情况来看，个人投资者基本上是"七亏两平一赚"，张先生和夫人均是企业管理人员，平时工作较忙，能用于关注证券市场的时间有限，建议张先生在适当的时候将股票出手，转而持有股票型开放式基金。

（6）税收筹划（略）

（7）退休养老规划

从张先生家庭目前的经济状况来看，张先生可以选择在 50 岁时退休。以目前的生活水平，按年通货膨胀率 5% 计算，假设张先生的目标是退休后前 20 年日常消费和旅游费用 9 万元，后 15 年的年均消费 6 万元，据此假设，可以计算出张先生在 50 岁退休前要准备 174 万元生活费用。

在接下来的 10 年工作期间，张先生家庭可以为退休储备多少养老金呢？在接下来的 5 年半里，除最初半年会支付购车款外，每年有 45 850 元现金结余，如果选择股票型开放式基金进行长期投资，按 7% 的保守收益率估计，期初的 70 万元金融资产和每年 45 000 元的持续投入，在 10 年之后会有 2 000 740 元，5 年后，按揭贷款还清，第三套住房也买入，每年会有 17 400 元闲置资金，可以将其投资于平衡基金（投资组合中股票和债券各约占 50%），按 5% 的保定收益率估计，到第 10 年时会有 961 460 元。累计起来，张先生到 50 岁时可以拥有 2 962 200 元。

（8）财产分配和传承规划（略）

5. 理财方案预期效果分析

表 6.9 和表 6.10 分别给出一年后张先生家庭的资产负债表和现金流量表，以预测本方案执行后的效果。

表 6.9 张先生家庭现金流量表（单位：元）

日期：2008-1-1 至 2008-12-31　　　　　　　　　姓名：张先生

收入	金额	支出	金额
工资和薪金	372 000	房屋按揭还贷	24 000
奖金	50 000	日常生活开支	60 000

续表

收　入	金　额	支　出	金　额
		商业保险费用	27 240
租金收入	22 560	购车支出	70 000
		休闲和娱乐	12 000
		其他支出	24 000
		个人所得税（奖金）	7375
收入总计	444 560	支出总计	439 615

现金结余＝4945

表 6.10　张先生家庭资产负债表（单位：元）

日期：2008－12－31　　　　　　　　　　　　　姓名：张先生

资　产	金　额	负　债	金　额
活期存款	10 000	住房贷款	76 000
货币市场基金	20 000		
股票型开放式基金	765 000		
其他基金投资	150 000		
保险理财产品	8350		
自住房	900 000		
投资的房地产	600 000		
机动车	290 000		
资产总计	2 743 350	负债总计	76 000

净资产＝总资产－总负债＝2 743 350

本章小结

　　个人理财是家庭理财的前提和基础，生命周期理财是指个人根据一生的收入和支出来安排在各个生命阶段的即期消费和储蓄，目的是获得整个生命周期内的效用最大化。

　　家庭财务分析是编制家庭理财方案的前提和基础。家庭财务分析借助于编制家庭财务报表和分析家庭财务指标等方法和手段来统计和获取家庭财务信息，分析家庭财务状况，为理财方案的制定提供依据。

　　家庭理财方案是在充分获取家庭基本情况、财务状况、理财目标及风险偏好等信息的基础上，运用科学的方法，利用财务指标、统计资料、分析核算等多种信息和手段，对客户的财务现状进行描述、分析和评议，并对家庭理财规划提出方案和措施的书面报告。家庭理财方案由前言和正文两大部分构成。正文是家庭理财方案的核心，一般包括六大部分：家庭基本情况和财务分析，家庭理财目标，分项理财方案，调整后的财务状况，理财方案的执行和附件及相关资料。

参考文献

董藩，刘正山．2004．新编房地产投资学．大连：东北财经大学出版社
李清立．2004．房地产开发与经营．北京：清华大学出版社
李玉周．2006．个人理财．成都：西南财经大学出版社
吕斌，李国秋．2005．个人理财——理论、规划与实务．上海：上海大学出版社
王伟，张锦波．2004．房地产投资．成都：西南财经大学出版社
谢怀筑．2004．个人理财．北京：中信出版社
张启富，谢贯忠．2007．证券投资实训．北京：经济科学出版社
中国金融教育发展基金会金融理财标准委员会．2004．个人风险管理与保险规划．北京：中信出版社
中国就业培训技术指导中心．2006．理财规划师基础知识．北京：中国财政经济出版社
中国就业培训技术指导中心．2006．理财规划师专业能力．北京：中国财政经济出版社
中国就业培训技术指导中心．2006．助理理财规划师专业能力．北京：中国财政经济出版社
中国银行业从业人员资格认证办公室．2006．个人理财．北京：中国金融出版社
中国证券业协会．2007．证券交易．北京：中国财政经济出版社
中国证券业协会．2007．证券市场基础知识．北京：中国财政经济出版社
中国证券业协会．2007．证券投资分析．北京：中国财政经济出版社
朱亚兵，兰锋．2007．房地产开发经营与管理．上海：立信会计出版社

- 高职高专经管类核心课教改项目成果系列规划教材
- 全国财经类高职高专院校联协会推荐教材

投 资 理 财
——个人理财规划实训教程

张旺军　主　编
张启富　副主编

科学出版社
北　京

内 容 简 介

本书全面阐述了个人理财规划基础理论和实践,内容包括个人理财规划基本理论、主要理财领域各理财产品的操作实务(包括银行、证券、保险和房地产理财领域)以及家庭理财规划实务。

本书内容包括总论、银行产品理财、证券产品理财、保险产品理财、房地产投资、家庭理财规划,以及个人理财规划实训教程。读者可根据个人需要选用实训教程,以便检验学习效果。

作为个人理财规划普及性教程,本书适用于各高等院校为非投资理财专业学生开设个人理财公共课程和对个人理财有兴趣的读者。

图书在版编目(CIP)数据

投资理财——个人理财规划实训教程/张旺军主编.—北京:科学出版社,2008

(高职高专经管类核心课教改项目成果系列规划教材)

ISBN 978-7-03-022418-7

Ⅰ.投… Ⅱ.张… Ⅲ.私人投资-高等学校:技术学校-教材 Ⅳ.F830.59

中国版本图书馆 CIP 数据核字(2008)第 096162 号

责任编辑:田悦红/责任校对:赵 燕
责任印制:吕春珉/封面设计:天女来

科学出版社出版
北京东黄城根北街 16 号
邮政编码:100717
http://www.sciencep.com

三河市骏杰印刷有限公司印刷
科学出版社发行 各地新华书店经销
*

2008 年 7 月第 一 版　开本:787×1092 1/16
2016 年 12 月第十四次印刷　印张:4
字数:90 000

定价:28.00 元(共二册)
(如有印装质量问题,我社负责调换〈骏杰〉)
销售部电话 010-62136075　编辑部电话 010-62135763-8007(VF02)

版权所有,侵权必究
举报电话:010-64030229;010-64034315;13501151303

高职高专经管类核心课教改项目成果系列规划教材

编写指导委员会

主　任　周建松（浙江金融职业学院院长、教授）

副主任　申长平（山西省财政税务专科学校校长、教授）

　　　　　钱乃余（山东商业职业技术学院院长、教授）

委　员　（按姓氏笔画排序）

　　　　　王金台（河南经贸职业学院院长、教授）

　　　　　王茹芹（北京财贸职业学院院长、教授）

　　　　　王兆明（江苏经贸职业技术学院院长、教授）

　　　　　华桂宏（无锡商业职业技术学院院长、教授）

　　　　　陈德萍（广东财经职业学院院长、教授）

　　　　　陈光曙（江苏财经职业技术学院院长、教授）

　　　　　郑文海（辽宁金融职业学院院长、教授）

　　　　　骆光林（浙江商业职业技术学院院长、教授）

　　　　　耿金岭（安徽财贸职业学院院长、教授）

　　　　　高力平（四川商务职业学院院长、教授）

　　　　　郭　伟（宁夏财经职业技术学院院长、教授）

　　　　　阎　平（陕西财经职业技术学院院长、教授）

秘书长　郭福春（浙江金融职业学院教授）

序

改革开放以来，我国经济快速发展，经济总量不断增加，对从事经济活动的相关人才的需求空前高涨。社会对经济管理类人才的需求大体上可以划分为两大类。一类是从事理论研究，从宏观和微观角度研究社会经济发展和运行的总体规律，研究社会资源的最优配置及个人满足最大化等问题的学者。另一类是在各种经济领域中从事具体经济活动的职业人，是整个经济活动得以有效运行的基本元素，是在各自不同的领域发挥着使经济和各项业务活动稳定有序运行、规避风险，实现价值最大化的社会群体。从社会经济发展的实际情况来看，后一类人群应该是社会发展中需求数量最大的经济管理类人才。在上述两类人才的培养上，前者主要由普通本科以上的高等院校进行培养，后一类人才的培养工作从我国高等教育的现状来看，培养的主体主要为高等职业教育。

高等职业教育经过近年来的迅猛发展，已经占据了我国高等教育的半壁江山。特别是自2006年教育部、财政部启动的国家示范性高等职业院校建设工作和教育部《关于全面提高高等职业教育教学质量的若干意见》（教高［2006］16号）文件的颁布以来，我国的高等职业教育迸发出前所未有的激情和能量，开放式办学、校企合作、工学结合、生产性实训、顶岗实习等各项改革措施深入开展，人才培养模式改革、课程改革、教材改革、双师结构教学团队的组建、模拟仿真的实验实训环境的进入课堂等项教育教学改革不断推进，使我国高等职业教育得到了长足的发展，取得了令人瞩目的成绩，充分显示出高等职业教育在我国经济发展中的举足轻重的作用和不可替代的地位。

我们依托上述大背景，同时根据技术领域和职业岗位的任职要求，以学生的职业能力培养为核心，组织了全国在相关领域资深的专家和一线的教育工作者，并与行业企业联手，共同开发了这套《高职高专经管类核心课教改项目成果系列规划教材》。这套丛书覆盖了经管类的核心课程，以职业能力为根本，以工作过程为主线，以工作项目为载体进行了教材整体设计，突出学生学习的主体地位是本系列教材的突出特点。

当然，我们也应该看到，高等职业教育的改革有一个过程，今天我们所组织出版的这套教材，仅仅是这一过程中阶段性成果的总结和推广。我们坚信。随着课程改革的不断深入，我们的这套教材也将以此为台阶，不断提升和改进，我们衷心地希望通过高质量教材的及时出版来推动教学，同时使本套教材在实际教学使用过程中不断完善和超越。

  本套教材为全国财经类高职高专院校联协会和科学出版社的首次合作成果，是全国财经类高职高专院校联协会的推荐教材，适合全国各高职高专经济管理类专业使用。

周建松
2008 年 6 月 9 日

前言

2007年，中共十七大报告中首次提出"创造条件让更多群众拥有财产性收入"，意在鼓励居民个人和家庭通过动产、不动产获得收入。一时间，"财产性收入"概念深入人心。这一概念的提出为居民个人和家庭的多渠道创收提供了政策支持。同时，也对居民个人理财能力提出了更高要求。为响应中共十七大政策的号召，提高个人和家庭理财水平，我们及时组织了在理财领域有丰富经验、理论基础扎实的一线工作者和专业教师共同编写此书，目的在于使广大读者能够在最短的时间内掌握理财的基本知识和技能，在理财过程中少走弯路，为提高我国居民生活水平做出应有的贡献。

本书作为个人和家庭投资理财的普及性教材，体现出以下五方面特点：

第一，重视理财的基础理论知识。我国个人理财处于起步阶段，人们思想中还没有形成个人和家庭理财的相关概念和观念。理财大多属于盲目跟随，容易走入理财误区。本书首先从个人和家庭理财的概念和观念入手，帮助广大投资者在理财过程中明确理财目标，选择合理的理财品种，从盲目理财走向理性理财。

第二，重视理财的基本方法和策略。如何选择理财品种和进行投资价值分析，是理财实务中最重要的环节。本书通过对理财的基本方法和策略的详细讲解，为广大投资者选择理财品种提供指导。

第三，重视理财的基本操作。对于理财产品投资实际操作过程，我国大多数投资者并不完全了解，甚至不知道如何进行投资，严重影响了投资效果。本书着重在基本操作方面进行详细阐述。

第四，考虑到本书读者群的非专业特征，本书每章章首为读者设置了总体学习目标，在每节开篇处又为读者设身处地地设置了一些理财方面的问题，引导读者能够更好地理解教程内容，每章结尾处还设置了"本章小结"，增强了本书的易读性。

第五，为了提高本书利用效果，更好地学习和巩固理财知识和技能，本书还配备了实训教程，通过对实训教程的学习，读者可以巩固和深化学习效果。

作为普及性教程，本书主要适用于非投资专业读者用于家庭理财指导，以及各高校为全面提高学生基本素质而为非投资专业学生开设的个人理财课程的教学。

  本书根据编写人员的专业领域进行编写分工：第一章由张旺军编写，第二章由陈博编写，第三章、第六章由张启富编写，第四章由高亚丽和陈红玲编写，第五章由胡平编写。实训教程的编写分工与主教材相对应。全书由张旺军总纂定稿。

  本书在编写过程中，得到了浙江工商职业技术学院副院长姚奇富、教务处长冯建新和经济管理学院副院长王希旗的大力支持，在这里对他们表示衷心感谢。

  由于时间仓促，加之编写水平有限，书中难免有不足之处，恳请广大读者批评指正。

目 录

序

前言

本书使用指南

实训报告 1 ·· 1
    知识准备 ·· 1
    技能训练 ·· 3

实训报告 2 ·· 6
    知识准备 ·· 6
    技能训练 ·· 9

实训报告 3 ·· 13
    知识准备 ·· 13
    技能训练 ·· 16

实训报告 4 ·· 31
    知识准备 ·· 31
    技能训练 ·· 32

实训报告 5 ·· 38
    知识准备 ·· 38
    技能训练 ·· 40

实训报告 6 ·· 46
    知识准备 ·· 46
    技能训练 ·· 48

本书使用指南

本书包括个人理财规划指南和实训教程两册。
- 个人理财规划指南包括学习目标、思考问题、正文以及本章小结。
  - 学习目标按章编写，置于每章首页，以让读者明确本章学习内容和要点。
  - 思考问题按节编写，置于每节的开始。从个人或家庭的角度对本节内容提出问题，引导读者更好地了解本节内容。
  - 本章小结置于每章结尾，对本章内容进行小结，以便于读者对本章有总括性的认识。
- 个人理财规划实训教程按个人理财规划指南章节的先后顺序编写，共分为六个实训报告。每个实训报告分为两部分，即知识准备和技能训练。
  - 在知识准备中先列明每章的知识考查点，再依据知识考查点列出知识考查的题目。意在使读者通过对知识考查题的思考更好地掌握每章理论知识。
  - 在技能训练中，首先列明训练目标，在每一个训练目标后附有相应的实训任务。通过完成实训任务，读者可以检验对理财实务掌握的程度并进一步提高实务操作能力。

实训报告 1

实训项目名称： 个人理财规划基础实训。

实训目的和要求： 了解个人理财规划基础知识，掌握个人理财规划基本理念和时间价值计算。

成绩： 知识考查（30%） 技能实训（70%） 总成绩

知 识 准 备

知识目标：

1. 了解个人理财规划特点及含义。
2. 掌握个人理财规划目标的实现条件。
3. 熟悉个人理财规划内容和步骤。
4. 了解时间价值的概念。
5. 熟悉各种理财产品及其风险收益特征。
6. 了解个人理财规划环境。

知识考查：

1. 论述对个人理财规划目标的认识。

2. 简述个人理财规划目标的各个实现条件在个人理财规划目标实现过程中的作用，并举例。

3. 试用图表说明个人理财规划的步骤。

4. 简述个人理财规划的内容。

5. 论述你对时间价值的认识。

6. 比较分析各种理财产品的优缺点。

7. 结合我国目前的经济形式分析个人理财环境。

技 能 训 练

实训一
目标：能清楚表达本人的理财规划目标。
任务：结合自己的职业生涯规划确立自己阶段性和总体性理财目标。

实训二

目标：熟练运用时间价值计算方法进行投资价值分析。

任务：完成某投资产品投资分析。

资料：甲企业发行三年期债券，面值10 000元，利率5%，到期一次还本付息，债券发行价格为10 500元；乙企业同期也发行三年期债券，面值为10 000元，利率4.2%，债券按面值发行，每年付息一次。

要求：如果你是投资者，你如何做出选择？请说明原因。

实训三

目标：形成基本理财观。

任务：用理财理论解决投资问题。

资料：假设企业、银行和政府在同一时间分别发放五年期债券，债券的面值同为1000元，利率同为4%，第一张债券按面值发行，到期一次还本付息；第二张债券发行价格为800元，到期还本，持有至到期都不付息；第三张债券每年付息一次，到期还本。

要求：用货币时间价值和收益与风险观念指明三张债券的发行主体？

实训四

目标：全面掌握个人理财规划基础理论。

任务：能清楚引用理财基础理论来解释现实问题。

资料：张灵和丈夫华强年终从单位领取奖金 30 000 元，夫妻二人为奖金投资争执不休。张灵主张将 30 000 元奖金全部投资买寿险，华强则想实现自己的股民梦，极力要求将奖金全部投资于股市。两人的具体情况如下：

三年前两人大学毕业后，在你所处的城市找到工作，张灵就职于一家上市公司做销售主管，工作比较稳定，年收益达 40 000 元左右。华强在政府部门做公务员，年收入 60 000 左右。两人 2006 年结婚，婚前由双方父母支助首付款买了一套 68 平方米的房子，共花费 48 万元，装修 10 万元，从银行贷款 30 万元，期限 20 年。现在两人已经通过一年的努力，提前还贷 20 000 元。由于华强的父母在外地，经常来城里探望二人。张灵和华强决定在今年给家里添个宝宝，孩子出生后，由父母来帮助带孩子，并请一个保姆。为此，双方父母则强烈反对，认为应该将现在的住房进行更换，是两人最为迫切和现实的任务。张灵的父母认为，这笔钱应该在银行存一个定期，作为将来买新房的资金，要么就继续用来还贷，减轻两人还贷压力；华强的父母则认为钱存在银行和还贷都不划算，利率太低，应该用来买基金。

要求：

1. 这一案例中涉及几个投资理财产品，它们各有什么优缺点？

2. 结合当前你所处的城市和全国的经济环境为两人近两年的投资理财提出指导性意见，并说明原因。

3. 说明你在提出的指导性意见中使用了哪些理财规划理念？是如何体现的？

实训报告 2

实训项目名称：个人理财银行理财产品实训。

实训目的和要求：了解银行理财产品基础知识，掌握银行理财产品收益的基本计算方法。

成绩：知识考查（30%）　　　技能实训（70%）　　　总成绩

知 识 准 备

知识目标：

1. 了解储蓄存款业务种类。

银行储蓄存款可分为活期存款、定期存款、定活两便存款、个人通知存款和教育储蓄存款等。

2. 掌握定期存款的种类及其特点。

3. 了解我国银行开办的外币存款业务币种。

美元、欧元、日元、英镑、澳大利亚元、加拿大元、瑞士法郎、新加坡元。另外，我国还开办了港币存款业务。

4. 了解银行信用卡的种类和功能。

5. 了解我国国内目前纸黄金理财产品的种类。

6. 掌握个人外汇投资的方式。

7. 了解影响个人存款的主要因素。

知识考查：

1. 分析活期储蓄存款的计息金额、计息时间与方式。

2. 综合分析定期存款的种类、存取款方式、起存金额、存取期类别和特点。

3. 请说明银行外汇交易报价方法。

4. 结合自己生活谈谈如何使用信用卡。

5. 谈谈我国纸黄金交易的特点与方式。

6. 试述个人投资外汇理财产品应考虑的因素。

7. 结合自身实际谈谈影响个人存款的因素及其影响方式。

技 能 训 练

实训一

目标：掌握年利率、月利率和日利率的换算。

任务：准确写出年利率、月利率和日利率之间的换算公式。

实训二

目标：能准确地计算活期存款的本利和。

任务：完成一项活期存款案例。

资料：某客户在 2006 年 1 月 8 日存入一笔 12 345.67 元的活期存款，假设年利率为 0.78%。

要求：计算一年后该笔存款的本利和是多少？

实训三

目标：能准确地计算定活两便储蓄存款的利息。

任务：完成一项定活两便储蓄存款案例。

资料：某客户 2006 年 7 月 31 日存入 10 000 元定活两便存款，若该客户 2007 年 3 月 10 日全额支取。支取日，银行确定的半年期整存整取利率为 1.89%。

要求：计算该客户能获得多少利息？

实训四

目标：能准确计算整存整取定期存款的本利和。

任务：完成一项整存整取定期存款案例。

资料：某客户在 2007 年 1 月 8 日存入一笔 12 345.67 元的一年期整存整取定期存款，假设年利率为 3.00%。

要求：计算到期时该笔存款的本利和是多少？

实训五

目标：能准确计算零存整取定期存款的本利和。

任务：完成一项零存整取定期存款案例。

资料：某客户每个月存入1000元，一年期本金为1.2万元，利率按照一年期零存整取3.33%来计算。

要求：计算该客户到期可以获得多少本利和？

实训六

目标：能准确计算存本取息存款利息。

任务：完成一项存本取息存款案例。

资料：2007年7月1日存入1万元存本取息储蓄，定期三年，年利率1.89%，约定每月取息一次。

要求：

1. 计算利息总额是多少？

2. 每次支取利息额是多少？

实训七
目标：能清晰地表达信用在当今社会对个人生活的影响。
任务：结合自己的理财规划，谈谈如何正确运用信用。

实训报告 3

实训项目名称：证券交易投资实训。

实训目的和要求：熟知证券交易流程，能迅速、准确地实现交易意图，熟练运用证券投资基本分析的理论与方法和技术分析的理论与方法，对大盘进行分析。

成绩：知识考查（30%）　　　技能实训（70%）　　　总成绩

知 识 准 备

知识目标：

1. 了解证券交易基本流程。
2. 掌握证券交易基本规定。
3. 掌握证券投资基本分析的基本理论和内容。
4. 掌握证券投资基本分析的主要方法。
5. 掌握证券投资技术分析的基本理论和内容。
6. 掌握证券投资技术分析的主要方法。

知识考查：

1. 简述证券交易基本流程。

2. 简述是涨、跌停制度。

3. 什么是除权？有哪种形式的除权？

4. 简述宏观分析的主要内容。

5. 简述行业分析的主要内容。

6. 简述公司分析的主要内容。

7. 公司财务分析报表有哪几种？其各自的作用是什么？

8. 有哪几类主要的财务比率？各自反映何种财务信息？

9. 简述证券投资技术分析的主要框架。

10. 简述证券投资技术分析的主要方法。

技 能 训 练

实训一

目标：能准确理解证券交易所计算机主机搓合成交机制。

任务：写出对交易搓合的步骤和结果。

资料：宏图高科股票（代码600122）交易收到下列委托单。

委买价/元	委托数量/股	委卖价/元	委托数量/股
19.81	300	19.56	600
19.78	700	19.61	200
19.68	500	19.64	300
19.60	800	19.68	700
19.55	700	19.74	700
19.80	400		

要求：模拟证券交易所交易主机，按照时间优先、价格优先原则，对上列委托单进行成交搓合，写出搓合的步骤和结果。

实训二

目标：能准确计算除权报价。

任务：判断除权分配结果和进行与除权相关的股票投资分析。

资料：某上市公司于2005年实施分红送配，其方案是向全体股东每10股送现金3元，转增2股送2股，另按10：3的比例配股，配股价为每股人民币10.12元。股权登记日为2005年6月6日，当天收盘价为7.21元。

要求：

1. 某投资者于2005年6月6日13：40买入该股票，该投资者能不能获得此次分配权？

2. 某投资者于 2005 年 6 月 7 日 10：40 买入该股票，该投资者能不能获得此次分配权？

3. 计算 2005 年 6 月 7 日该股票开盘的参考报价？

4. 若一投资者于 2005 年 5 月 12 日以每股 9.30 元的价格买入并一直持有该股，假设其参与了此次送配，计算该投资者配股后的每股成本？

实训三

目标：能顺利实现证券交易意图，并准确记录证券交易日记账。

任务：记录证券交易明细账，分析证券交易结果，制定后续交易策略。

要求：

1. 进入模拟证券交易系统（或登录证券公司网站）进行模拟证券交易。
2. 记录证券交易日记账，分析和总结模拟证券交易得失与经验。

说明：模拟证券交易（一般以模拟股票交易为主）需要持续一段时间才能取得较为满意的结果，任课教师最好安排学生在课余时间持续进行，建议持续时间不少于1个月、每个交易日内买入和卖出证券各不超过2只、累计持有证券不超过8只，请任课教师自行复印证券交易日记账，要求学生每个交易日结束后记录证券交易日记账。

证券交易日记账（　年　月　日）

1) 资产构成状况表。

（单位：元）

收盘资产总值		收盘证券市值		现金余额	
总投入资产		盈亏额		盈亏率/%	

注：收盘资产总值＝收盘证券市值＋现金余额；收盘证券市值＝Σ每种证券持有数量×证券收盘价；总投入资产指模拟累计投入的资金额；盈亏额＝收盘资产总值－总投入资产；盈亏率＝$\frac{盈亏额}{总投入资产}\times100\%$

2) 今日买进/卖出证券记录。

（单位：元）

买进证券							
证券代码	证券名称	买入数量/股	买入价格	交易费用	保本价	今日收盘价	浮动盈亏

卖出证券							
证券代码	证券名称	卖出数量/股	卖出价格	交易费用	保本价	净盈亏	

注：收盘市值＝收盘价×持有数量；浮动盈亏＝（收盘价－保本价）×持有数量；保本价参照例3.6计算。

3) 今日买进（卖出）证券的主要原因分析：

4）今日收市持有证券明细账。

（单位：元）

证券代码	证券名称	持有数量/股	保本价	收盘价	收盘市值	浮动盈亏

5）后一个交易日的操作策略。

实训四

目标：能收集主要宏观经济指标。

任务：收集国民经济总体指标等宏观经济指标。

登录相关网站，获得我国主要宏观经济指标近三年的数值，填入下表。

提示：上述绝大多数指标可以在中国统计信息网 http://www.stats.gov.cn 查询。

指标类别	具体指标	去 年	前 年
国民经济总体指标	国内生产总值		
	失业率		
	通货膨胀率		
	进出口总额		
投资指标	全社会固定资产投资总额		
	实际利用外资总额		
消费指标	社会消费品零售总额		
	城乡居民储蓄存款余额		
金融指标	货币供应量		
	利率		
	汇率		
	外汇储备		
财政指标	财政收入		
	财政支出		
	赤字或结余		

实训五

目标：能准确分析和评判宏观经济走势对股票价格指数的影响。

任务：比较 GDP 和股票指数。

要求：上网查询近 10 年我国 GDP 年增长率（%）数据，对比深综指（399106）年增长率（本年末收盘点位比上一年收盘点位的增长率），填写下表，画出我国 GDP 增长率与深综指增速对比图，以此图为依据，对近年来深综指走势进行点评与研判。

提示：GDP 年增长率数据可以到中国统计信息网（http://www.stats.gov.cn/）查询历年的国民经济和社会发展统计公报，深综指的年增长率数据可以通过证券交易软件的查询并计算得出。

年 份										
GDP 比上年增长率										
深综指年增长率										

实训六

目标：能快速收集到宏观经济政策的相关信息与数据，并分析和判断宏观经济政策的走势。

任务：收集有关资料，分析近年来我国财政政策与货币政策的具体内容及其变动情况，判断其类型，并分析其政策效应。

提示：可以到财政部网站、人民银行网站、国研网、中宏网等网站去查询有关资料。

实训七

目标：能运用基本分析的理论与方法，对大盘进行分析和评价。

任务：对目前的大盘进行基本分析。

要求：综合实训四至实训六三个实训任务，结合当前沪深大盘股价走势，分析判断大盘的中长期走势，并将自己的结论与同学进行讨论。

实训八

目标：能对上市公司进行行业分类。

任务：对上市公司行业分类进行列表。

要求：

1. 登录中国证监会网站，查询《上市公司行业分类指引》明细，列出"制造业"下属的二级行业分类。

2. 登录上交所和深交所网站，查询"采掘业（B）"所包括的上市公司，将其中的"煤炭采选业（B01）"单独列出，完成下表，并在证券交易软件中将"煤炭采选业（B01）"的上市公司设成自选股。

煤炭采选业上市公司一览表

序 号	代 码	名 称	所在交易所	序 号	代 码	名 称	所在交易所

3. 登录上交所和深交所网站,查询"金融、保险业"中的"银行业"所包括的上市公司,完成下表,对我国银行业的市场竞争结构与行业生命周期进行分析与评价,分析每家银行业类上市公司在行业中的竞争地位,提出银行业上市公司的中长期投资策略。

银行业上市公司一览表

序 号	代 码	名 称	所在交易所	序 号	代 码	名 称	所在交易所

4. 由任课教师进行组织与分工,将全班同学分成若干个组,每组负责若干个行业中类,对沪深证券交易所现有全部上市公司所属行业进行划分并汇总列表。(注:本项任务内容繁重,可以要求同学以一至二周为限,在课外时间完成)

实训九

目标：能对行业或上市公司进行初步的财务分析。

任务：分析同行业企业投资价值。

要求：利用第三章所学的方法，查询收集沪深证券市场中的电力生产企业（行业编号为 D0101），对这些上市公司进行财务比较分析，完成下表并写出分析结论。

_____年度电力生产企业（D0101）主要财务指标一览表

股票简称	流通 A 股/亿股	总资产/亿元	主营收入/亿元	净利润增长率/%

分析结论：

实训十

目标：能准确画出 K 线图，依据单根 K 线或 K 线组合的基本形态判断多空双方的力量对比。

任务：绘制 K 线图，并进行 K 线判断。

要求：

1. 根据下表中的价格，画出 K 线图。

(单位：元)

交易日期	开盘	收盘	最高	最低
3月21日	6.20	6.30	6.35	6.15
3月22日	6.25	6.40	6.40	6.25
3月23日	6.30	6.25	6.35	6.25
3月24日	6.40	6.20	6.45	6.15

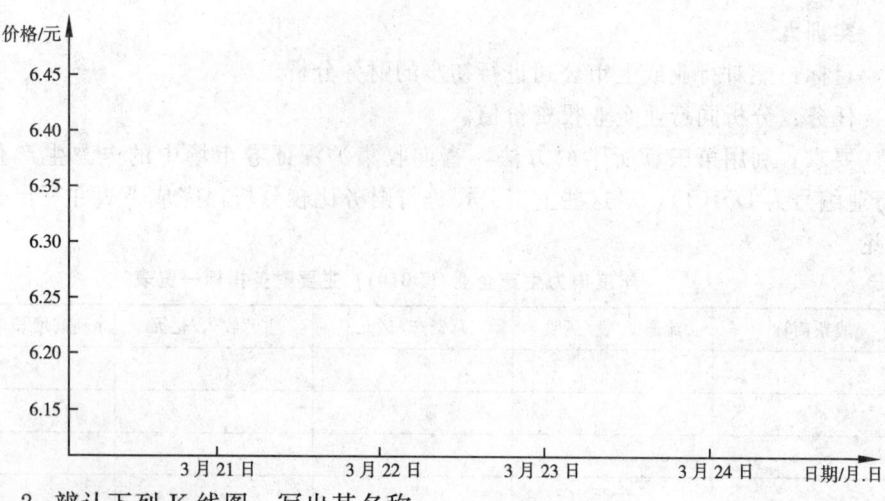

2. 辨认下列 K 线图，写出其名称。

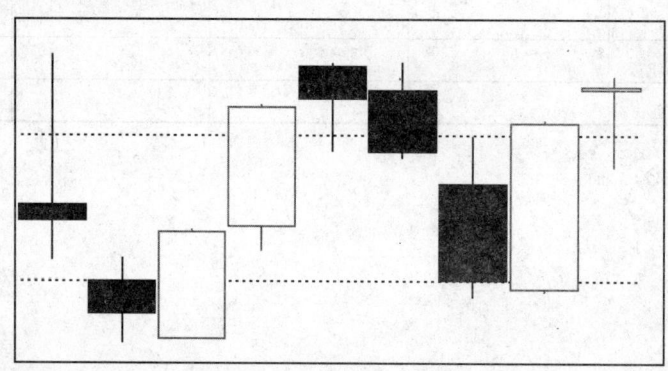

第一根 K 线：_____　　第二根 K 线：_____
第三根 K 线：_____　　第四根 K 线：_____
第五根 K 线：_____　　第六根 K 线：_____
第七根 K 线：_____　　第八根 K 线：_____

3. 指出下列 K 线组合的名称，分析买卖双方力量对比，并判断其后市走势。

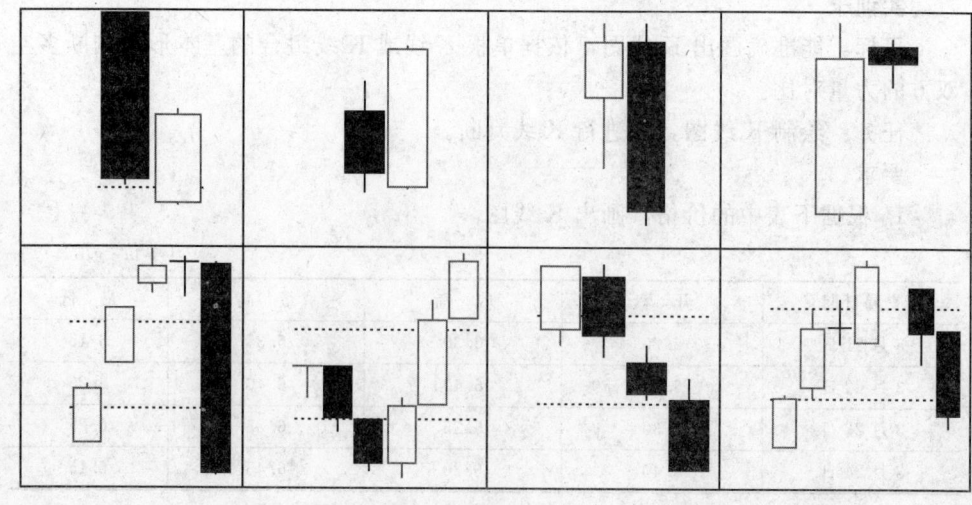

实训十一

目标：能准确判断大盘或个股的主要趋势和次要趋势、压力位和支撑位，能准确判断突破真伪。

任务：绘制趋势线、轨道线，标出主要趋势、次要趋势、支撑位、压力位，判断并计算出支撑位、压力位。

要求：

1. 下图是上证指数（1A0001）1990年12月31日至2007年4月22日月K线走势图，请仔细研究，并在图中画出趋势线、轨道线，标出主要趋势、次要趋势、支撑位、压力位。

2. 下图是深圳成指（390001）1990年4月30日到2007年4月20日的月K线图，请运用所学方法，判断并计算出其主要的支撑位与压力位。

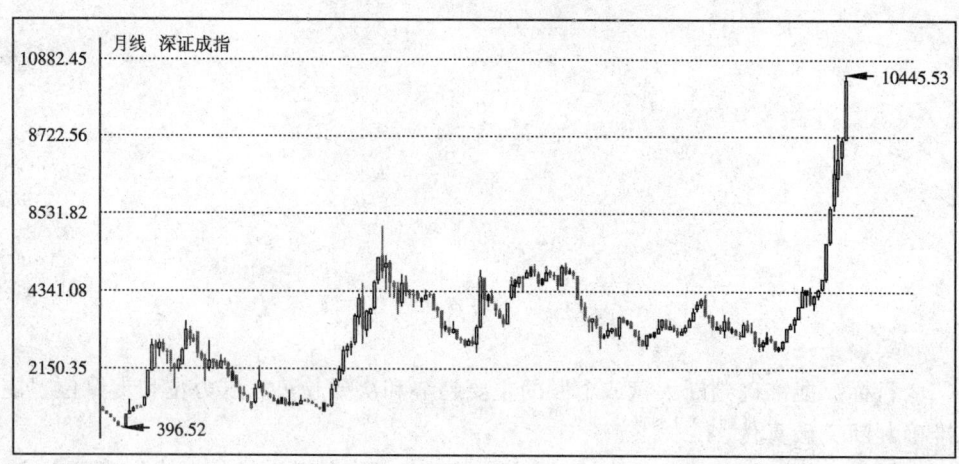

3. 判断下图中A、B、C、D的技术分析意义，并提出在每一点的操作策略。

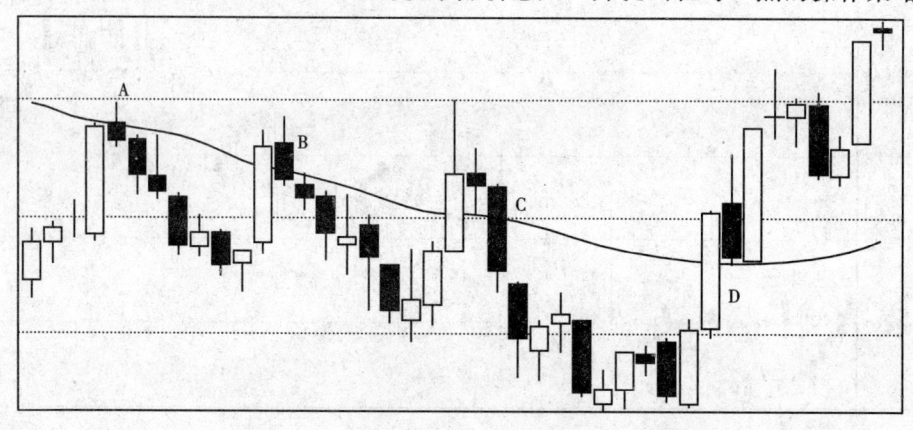

实训十二

目标：学会运用均线理论与方法，分析和判断股票买卖时机。

任务：运用均线理论与方法，分析和判断某只股票买卖时机。

要求：

1. 下图是某股票的日K线与30日均线图，根据图中数据，计算股价为2.94元和2.61元时市场投资者的平均收益（亏损）率，分析说明可以在这两点卖出（买入）该股票的原因。

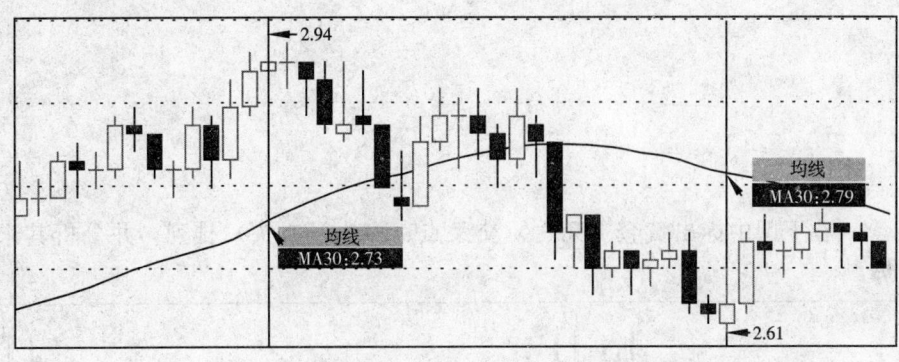

2. 运用葛兰维尔八大法则，在下图中找出所有买入点和卖出点，分析在该点买入（卖出）的理由。

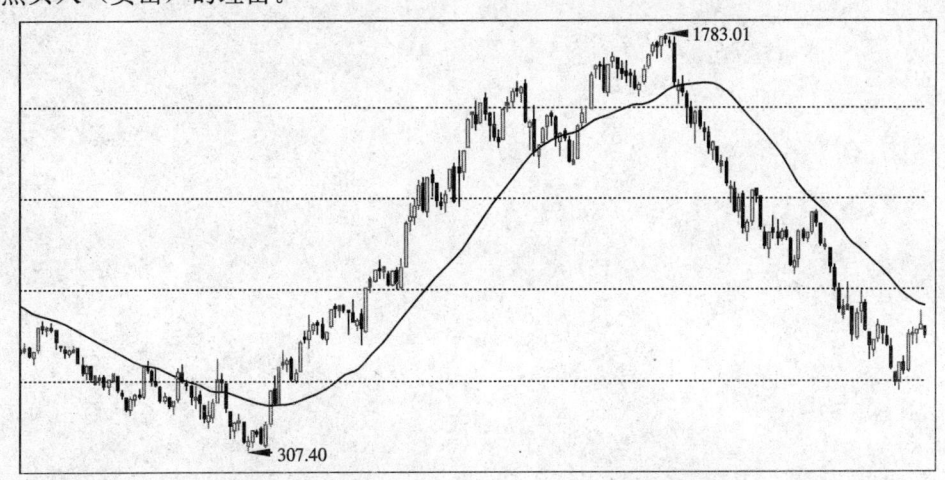

3. 在下图中标出黄金（死亡）交叉点、多头（空头）排列，并分析其未来走势。

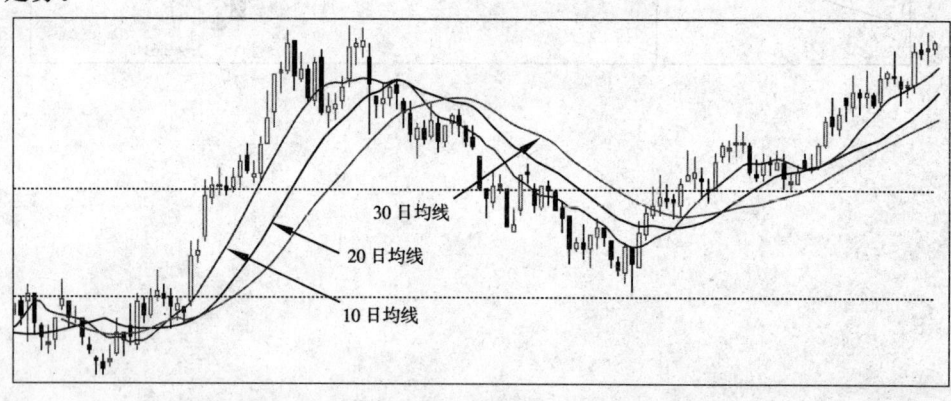

实训报告 4

实训项目名称： 保险产品理财规划实训。

实训目的和要求： 了解保险学基础知识，掌握投资型寿险产品的种类和特点。针对个人和家庭资产状况，通过投资型保险产品的组合实现家庭保障和投资理财规划。

成绩： 知识考查（30%）　　　技能实训（70%）　　　总成绩

知 识 准 备

知识目标：
1. 了解我国个人和家庭的风险管理手段。
2. 熟悉我国社会保险种类和内容。
3. 熟悉商业保险职能及产品分类。
4. 熟悉商业保险投保的流程。
5. 掌握投资型寿险产品的种类和特点。

知识考查：
1. 简述社会保险与商业保险的区别。

2. 简述社会保障体系的构成。

3. 简述商业保险的分类。

4. 简述投资型险种的分类及特点。

技 能 训 练

实训一
目标：帮助个人及家庭进行寿险投保、理赔实务操作。
任务：用流程图来说明寿险的投保、理赔流程。

实训二

目标：帮助个人及家庭实现车辆保险理赔。

任务：用流程图画出车辆保险索赔流程。

实训三

目标：熟练掌握投资型寿险产品的特点。

任务：用图表对投资型寿险产品进行分析比较。

实训四

目标：熟练掌握万能寿险产品。

任务：用万能寿险产品解决个人及家庭健康、养老问题。

资料：张先生今年40岁，国家公务员，年收入6万左右，有一个12岁的男孩，房屋按揭贷款早就还清，家庭收入较为宽裕。由于多年的伏案工作，常感觉自己身体不适，加上最近几年的医疗费用攀升很快，很担心将来的生活，自己是家庭的经济支柱，希望通过保险投资理财产品实现养老、医疗补充，同时也希望儿子的教育基金得到补充。

要求：

1. 说明设计万能产品组合方案的思路。

2. 用图表来直观地反映投资理财收益，科学合理地解释万能产品组合的优势。

3. 阐述万能产品组合的特色。

实训五

目标：熟练掌握投连产品。

任务：用投连产品解决个人及家庭的保障投资理财规划。

资料：李先生42岁，合资公司销售主管，年收入10万元，家中有一定的储蓄，妻子在机关工作，儿子今年进入初中。他希望通过保险投资产品组合来实现投资计划，让资产升值。个人投资风格较开放，有较强的风险承担能力，同时希望拥有一份保障，也希望大病医疗得到补充。

要求：

1. 说明产品组合设计思路。

2. 阐述产品组合收益。

3. 保额如何设计，才能使受益最大化？

4. 用图表来直观地反映投资理财收益，科学合理地解释投连产品的组合优势。

实训六

目标：熟练掌握分红产品。

任务：用分红产品来解决家庭子女教育及保障问题。

资料：小娜，3岁，她是父母的掌上明珠，父母收入不是很高，一年总计6万元左右，父母想为她的未来做好财务规划，希望她拥有专项教育基金同时获得一份保障，企盼她享有幸福的人生。小娜的父母希望通过分红产品组合方案来实现。

要求：

1. 说明设计分红组合产品方案的思路。

2. 阐述所设计组合方案的优势。

3. 用文字表述该分红产品组合带来的保险收益。

实训七

目标：考查对投资类寿险产品组合设计的综合能力。

任务：针对具体案例，运用投资类寿险产品进行不同组合设计，实现客户投资理财及保障需求。

资料：王先生，35岁，某企业部门经理，年收入10万元，妻子32岁街道办事员，年收入4万元，有一位两岁女儿，希望通过保险，实现投资理财规划，让家庭拥有保障。

要求：

1. 通过投资类寿险产品组合实现王先生一家的投资理财保障计划，要求保费利益最大化，性价比最高。

2. 阐述设计思路。

3. 表述所设计组合方案的优势。

4. 阐述组合设计给王先生带来的保险收益。

实训报告 5

实训项目名称：房地产投资实务实训。

实训目的和要求：通过本实训，进一步巩固房地产投资实务的专业知识，并能将所学的专业知识运用到房地产投资工作中去。

成绩：知识考查（30%） 　　　技能实训（70%） 　　　总成绩

知 识 准 备

知识目标：

1. 熟知房地产和房地产投资概念、类型和特征。
2. 掌握房地产投资三要素。
3. 掌握房地产投资的优缺点。
4. 熟知房地产投资的收益与风险特征。
5. 掌握房地产投资策略。

知识考查：

1. 什么是房地产？这一投资品种存在哪些形态？

2. 房地产包括哪些类型？

3. 简述房地产投资的特征。

4. 阐述对房地产投资要素的认识。

5. 简述房地产投资优缺点。

6. 简述房地产投资的收益类型。

7. 试论对房地产投资风险的认识。

8. 结合本地和本人情况，试论商铺投资和住宅投资策略。

技 能 训 练

实训一

目标：掌握购房面积出现误差时的处理方法。

任务：结合实际案例给出购房面积出现误差的具体处理方法。

资料：李先生在某开发商处购得一房产，合同上建筑面积为 100 平方米，价格为 8000 元/平方米，总价 80 万元。该房屋经房产管理部门测量，实际建筑面积为95平方米。

要求：

1. 此套房产存在什么问题？

2. 请帮李先生向开发商提出相关谈判条件。

实训二

目标：了解公积金贷款和商业贷款。

任务：通过具体案例计算公积金贷款和商业贷款的利息差。

资料：李先生在某地区从开发商处购得一套100平方米，单价为6000元的现房，李先生首付20万元，贷款40万元，贷款期限为15年。李先生以前在银行及电信等各部门没有不良信用记录。

要求：

1. 计算李先生在商业贷款和公积金贷款两种贷款方式下各自的月供。

2. 计算李先生在商业贷款和公积金贷款两种贷款方式下的总利息。

3. 公积金贷款可以为李先生节省多少利息支出？（等额本息还款法）

实训三

目标：了解几种常见的购房还款方式。

任务：根据个人实际情况选择科学合理的还款方式，并能根据宏观经济及个人情况作出正确的还款选择。

资料：李先生42岁，有一孩子上中学，听新闻说又要加息了，就把自己银行里的存款、股市上的资金、基金等能变现的变现，能"赎回"的"赎回"，再加上父母的支持，总算凑够30万元，准备提前将自己三年前买的一套住房的贷款结清，免得一听到"银行加息"的消息心里就不痛快。

要求：

1. 双周供还款方式、等额本金还款方式和等额本息还款方式各有哪些特点？各适合什么样的人群？

2. 请结合所学的知识分析李先生提前还贷是否合适。

实训四

目标：了解房地产交易税费的种类及税率。

任务：计算具体案例中房产交易的税费。

资料：2002年8月，李先生在某地区购置一套商品房，建筑面积为120平方米，购买时价格为5000元/平方米，总价为60万元。2006年10月李先生打算将该套房屋以8000元/平方米的价格出售给张女士，总价为84万元。

要求：计算李先生、张女士分别要承担多少税费？

实训五

目标：掌握房地产转让合同的内容及注意事项。

任务：通过具体案例对房地产转让合同进行分析。

资料：

甲方（转让方）：李某

乙方（受让方）：张某

甲、乙双方经过协商，就下列房地产转让事项达成如下协议：

一、甲方同意将坐落于××市××区文化路星光小区3幢301室房屋所有权转让给乙方。

二、甲方转让房地产中房屋建筑面积 100 平方米。其中，套内建筑面积 80 平方米，公用部位与公用房屋分摊建筑面积 20 平方米。

三、双方约定按套方式计算房地产价款，合计（人民币）大写捌拾万元，800 000 元。

四、付款方式：乙方于 2008 年 3 月 10 日向甲方付购房款（人民币）大写贰拾万元，200 000 元。余款通过银行贷款还清。

五、双方同意甲方于 2008 年 4 月 1 日将房屋正式交付乙方使用。

六、商品房售后因质量问题尚在保修期内需要维修的，按中华人民共和国建设部《商品住宅实行住宅质量保证书和住宅使用说明书制度的规定》执行。超过保修期的，甲、乙双方协商议定。

七、甲方保证上述房地产权属清楚，若发生与甲方有关的产权纠纷或债务，概由甲方负责清理，并承担诉讼责任，因此给乙方造成的经济损失，甲方负责赔偿。

八、违约责任：乙方不能按期向甲方付清房款，或甲方不能按期向乙方交付房地产，每逾期一日，由违约的一方向对方给付相当于上述房地产总价款千分之一的违约金。

九、本合同未尽事宜，甲乙双方可另行议定，其补充议定书经双方签章后与本合同具有同等效力。

十、本合同一式两份，甲、乙双方各执一份。

十一、本合同在履行过程中发生的争议，由双方当事人协商解决；协商不成的，依法向人民法院起诉。

十二、本合同自双方签订之日起生效。

甲方（盖章）　　　　　　　　　　　　　　　乙方（盖章）
2008 年 3 月 1 日　　　　　　　　　　　　　2008 年 3 月 1 日

请根据上述合同回答以下问题：

1. 上述合同包括了房地产转让合同中的哪些要件？

2. 合同中有哪些地方存在问题？

实训六
目标：掌握房地产交易流程。
任务：绘制一手房交易流程图。

实训七
目标：综合所学知识进行个人置业规划。
任务：结合具体案例进行个人置业规划。
资料：30岁的张先生在一家报社工作，月收入5000元，作为报社的业务骨干，工作上得心应手，生活上也有一个与自己相知、相爱交往了2年的女朋友。女友是老师，月收入2000元。今年两人决定结婚。目前两人存款有20万元。可是，买什么样的房子却让二人不知如何选择。
要求：请你帮他们设计一下应买多大面积的房子？总价是多少？还款期限以及采用什么样的还款方式？（采用公积金贷款方式）

实训报告 6

实训项目名称：家庭理财规划实训。

实训目的和要求：能够运用持久收入理论、生命周期储蓄理论制定简单的生命周期理财计划；学会编制家庭财务报表；依据特定的条件编制家庭理财方案。

成绩：知识考查（30%）　　　　技能实训（70%）　　　总成绩

知 识 准 备

知识目标：

1. 掌握持久收入理论、生命周期储蓄理论的主要观点和内容。
2. 掌握制定生命周期理财计划的基本方法。
3. 掌握家庭财务报表的主要构成部分及内容。
4. 掌握编制家庭理财方案的基本流程。
5. 掌握编制家庭理财方案的主要方法和技巧。

知识考查：

1. 简述持久收入理论的主要观点和内容。

2. 简述生命周期储蓄理论的主要观点和内容。

3. 简述家庭财务报表的类型及作用。

4. 简述家庭现金流量表的主要内容。

5. 简述家庭财务比率分析的主要内容。

6. 简述编制家庭理财方案的基本流程。

技 能 训 练

实训一

目标：能运用持久收入理论、生命周期储蓄理论制定粗略的生命周期理财计划。

任务：制定生命周期理财计划。

资料：小王今年29岁，预计到60岁退休，退休后继续生活15年，直到75岁，其现在年收入为35 000元，且尚未积累任何资产。为了使问题简单化，假定没有税收，没有通货膨胀因素，小李在退休前收入保持不变，年利率保持为3%。

要求：请运用退休前收入目标替代率法和维持相同的消费水平法为小王制定生命周期理财计划。

方法一：退休前收入目标替代率法。

方法二：维持相同的消费水平。

实训二

目标：会编制家庭资产负债表。

任务：编制家庭资产负债表。

资料：小王家截止到2007年12月31日，其家庭资产和负债情况如下：现金12 850元，各类银行存款12 350元，股票（市值）260 000元，自住住房产510 000元，其他实物资产65 000元，住房贷款780 000元，未付电话费、电费、水费等700元，汽车贷款36 000元，教育贷款15 000元。

要求：请根据上述情况，编制小王的家庭资产负债表。

实训三

目标：会编制家庭现金流量表。

任务：编制家庭现金流量表。

资料：小王家2007年的各项收入与支出有：工资收入94 000元，资金和津贴21 500元，银行存款利息600元，股票投资收益68 000元，另有稿费收入2000元、获赠收入500元；住房贷款还款22 000元，保险费用支出5000元，医疗费用7400元，衣物购置支出5400元，旅游支出10 400元，吃饭等日常生活支出45 000元。

要求：请根据上述情况，编制小王的家庭现金流量表。

实训四

目标：能准确计算家庭财务比率，并对其进行初步分析。

任务：依据实训一和实训二的数据，对小王家的财务比率进行分析。

项 目	实际值	参考值	基本评价
结余比率			
投资与净资产比率			
清偿比率			
负债比率			
即付比率			
负债收入比率			
流动性比率			

实训五

目标：能编制可操作性较强的家庭理财方案。

任务：编制家庭理财方案。

资料：小李为公务员，今年32岁，税后年收入约8万元，妻子为国企普通员工，今年30岁，税后收入约6万元，其女李芳，今年5岁。目前有一套价值60万元的自住房，持有股票型基金市值5万元，银行存款1万元，尚有银行住房按揭贷款12万元，每月支付双方父母赡养费用1000元，月按揭还贷1500元，家庭日常开支每月2000元，孩子教育费用每月500元，每年外出旅游等支出3000元。他们希望能在5年内还清贷款并购买一辆价值10万元的轿车，并打算在10内为李芳储蓄大学教育费用（本科四年，约10万元）。

要求：请根据上述情况，为小李编制家庭理财方案。